唐王朝と古代日本

榎本淳一著

吉川弘文館

目次

第二部　中国文化と古代日本

序章　本書の視角と構成

本書は、唐王朝と古代日本の外交関係を制度的な観点から明らかにし、中国文化の古代日本への流入と影響について論じるものである。

古代日本が中国文化の多大な影響を受けたことは言うまでもないことだが、高度な中国文化が文化水準の低かった古代日本に自然に流れ落ちてきたわけではなく、中国文化はあくまでも古代日本と中国諸王朝との間の直接的な外交関係、もしくは中国文化の影響を先に受けた朝鮮諸国などとの外交関係を介してもたらされたのである(1)。本書では主に八世紀以降の時代を扱うことから、中国唐朝と日本との関係に焦点を絞って検討することになるが、朝鮮諸国や渤海など中国以外の国々の影響を無視・否定するものではない。

古代日本への中国文化流入のあり方は、まず日本と中国王朝との外交関係に規定されるわけだが、現実の外交関係は単純な一対一の関係ではなく、諸外国との関係も複雑に絡んでくる。それ故、中国王朝と、日本も含めた諸外国との関係を総体的に捉える視点が必要になってくる。また、前近代の中国と諸外国の関係は決して対等・平等なものではなく、圧倒的な国力・文化水準などの違いから、中国中心の国際秩序が作られていた。本書が対象とする時代においても同様で、東アジア地域には唐朝を中心とする国際秩序が存在したとされている。これまではこうした中国中心の国際秩序の構造を説明する理論として、西嶋定生氏の「冊封体制」論や「東アジア世界」論が影響力を持っていた(2)が、近年さまざまな問題点が指摘されている(3)。ここで西嶋氏の理論の是非をいちいち論じることはしないが、中国と諸外国との外交関係を総体的かつ構造的に捉えようとした視点は継承したいと思う。

本書は、冊封関係ではなく、朝貢関係を基軸とした外交体制＝朝貢体制から日唐関係そして諸外国との関係を構造的に捉えようとするものだが、その理由は以下の通りである。まず、唐と日本の間には冊封関係が存在しなかったということがある。唐と冊封関係にあった新羅や渤海などとの関係から、間接的に冊封体制の影響があったことは認められるが、日本と唐の直接的な関係を規定したのは朝貢関係であったということを重視したいと考える。二つめの理由としては、広く諸外国との関係を考えた場合、唐は冊封関係ばかりではなく、和蕃公主や羈縻州などいろいろな関係を取り結んでいたが、もっとも一般的で基本的な外交関係が朝貢関係であったということがある。(4) 諸外国の範囲を東アジア諸国に限定せず、唐を取り巻くより広い国際関係を包摂するためにも、朝貢体制という視点は有効と考える。

本書で取り上げる唐代の朝貢体制とはどのようなものか、筆者の考えをここで簡単に説明しておきたい。唐代の朝貢体制は、天下（全世界）の支配者たる中華の天子（中国皇帝）の下には蕃夷（諸外国、国家のみならず部族などの政治勢力も含む）の君長が朝貢するべきであるという中国の伝統的な世界観（中華思想）や儒教的理念を実現するための外交体制であった。(5) ただし、それは唐朝が一方的に諸外国に強制することで成り立つものではなく、唐朝のみならず諸外国の主体性にも基づくものであった。唐皇帝が上位、諸外国の君長は下位という政治的関係は明確であったが、唐朝にとっても諸外国にとっても朝貢体制から得るものが大きかったのである。唐朝にとっては、朝貢国の存在は天子（皇帝）の威徳や権威を輝かせる役割を果たし、支配体制の安定に寄与するものであった。また、周辺諸国を朝貢国として自らの政治的な影響下に置くことは、周辺の地域秩序を安定化させるなど国防上のメリットもあった。他方、諸外国にとっては、朝貢することにより国王の政治的権威を高めるとともに先進文物・情報などを独占的に入手できるという利点があり、こちらも国内支配の強化に役立ったのである。すなわち、唐朝と諸外国が朝貢関係を結ぶことにより、相互の支配を安定・強化することができたのであり、さらには唐朝と諸外国の関係を安定化させることにもなったのである。以上要するに、唐代の朝貢体制とは、東アジア地域に限定されない唐代の国際関係に安寧秩序をもたらした（もたらすことが期待された）外交の枠組みであったと考える。また、唐朝が諸外国に先進文物などを受け渡す形式であったことから、中国文化の諸外国への普及（流出）の仕方を定めたものでもあったと言えるであろう。

唐代の朝貢体制の下で古代日本がどのような外交制度を構築したかということも、中国文化の流入・摂取を考える上で重要な問題と考える。それは古代日本がどのように唐朝や朝鮮諸国などと関わりを持とうとしたのか、またどのような方法で中国文化を入手しようとしたのかという問題にほかならないからである。上述したように、中国文化は外交関係を介してもたらされるものであり、両者の関係性を闡明するためには、唐朝の外交制度のみならず古代日本の外交の仕組みも解明しなければならないであろう。また、日本の律令外交制度の手本は唐朝であったことから、日本の外交制度史料の検討から唐代の制度を明らかにできる部分もあると考える。以上に述べてきた唐代の朝貢体制と日本の外交制度については、本書第一部において論じることになる。

唐朝の衰亡は、必然的に朝貢体制の変質・崩壊を招くことになったが、朝貢体制の下で規定されていた中国文化の諸外国への流出の仕方にも当然変化が生じたと思われる。朝貢体制下とその変質・崩壊後とでは、古代日本への中国文化の流入にどのような変化が生じたか、またその変化は日本文化にいかなる影響を及ぼしたのか。従来は、唐の衰亡に伴う遣唐使の廃止により中国文化の影響が薄れ、日本独自の文化＝国風文化が発達したとされる(6)。しかし、こうした見方においては遣唐使（外交関係）の有無だけが問題とされ、文化伝播が外交関係の枠組み・形式に規定されるという視点が欠落しており、従うことができない。少なくとも前近代においては、文化は無制限に自由に流通するものではなかった。文化は政治的に利用されるものであり、支配の手段でもあったことを忘れてはならないだろう。第二部では、第一部の成果を基に、朝貢体制下における中国文化の日本への流入の実態と、朝貢体制変質・崩壊後の日本文化の変容の問題を扱うことにしたい。

以下、本書に収録した論文について、その成立・発表の経緯と概要を記すことにしたい。

第一部

第一章　律令国家の対外方針と「渡海制」

旧稿名「『小右記』に見える「渡海制」について――律令国家の対外方針とその変質――」（山中裕編『摂関時代と古記録』吉川弘文館、一九九一年）

本書中でもっとも古い論文で、山中裕先生の古稀記念論文集に掲載して頂いたものである。山内晋次氏の渡海禁制についての研究(7)に触発されて、『小右記』に見える「渡海制」がどのような法律・法令に該当するのかを検討し、賊盗律謀叛条であることを明らかにした。また、「渡海制」が律に基づくものであることから、「渡海制」が意味する公使以外の出入国禁止という外交方針は、律令法を媒介として唐から継受した中国の伝統的な外交規範であったことを指摘した。律令的な対外方針が変化する過程から、日本古代国家の変質についても簡単な見通しを述べている。

補論一　広橋家本「養老衛禁律」の脱落条文の存否

旧稿名「広橋家本「養老衛禁律」の脱落条文の存否再論――利光三津夫氏の御批判に答える――」（皆川完一編『古代中世史料学研究』上巻、吉川弘文館、一九九八年）

第一章の論文への利光三津夫氏のご批判に対する反論であり、皆川完一先生の還暦記念論文集に収載されたものである。利光氏は、広橋家本「養老衛禁律」には脱落条文があり、その中に唐律の越度縁辺関塞条に相当する条文があったのであり、「渡海制」とはその脱落条文を指すとして、筆者の説を批判された。この補論では、広橋家本「衛禁律」には脱落条文は無かったことを論証し、利光氏の根拠とされた裁判例をも検討して、自説の補強を行った。

補論二　渤海が伝えた「大唐淄青節度康志曀交通之事」について

（佐藤信編『日本と渤海の古代史』山川出版社、二〇〇三年）

二〇〇一年九月に行われた史学会例会シンポジウム「古代の日本と渤海」における報告を中心にまとめられた論文集に寄稿したもので、佐藤信氏のご推挙で書かせて頂いた。天長四年（八二七）来日の渤海使が伝えた情報について検討し、淄青節度康志睦が日本との通交を要望しているという内容であったことを推定した。また、この情報に対する日本側の対応から、「臣下に外交無し」という律令制的な外交体制が九世紀においても堅持されていたことを指摘した。

第二章　唐代の出入国管理制度と対外方針

旧稿名「『性霊集』に見える「竹符・銅契」と「文書」について」（佐伯有清先生古稀記念会編『日本古代の伝承と東アジア』吉川弘文館、一九九五年）

西嶋定生先生の遣唐使の国書研究[8]に導かれ、先生が利用された『性霊集』中の「為大使与福州観察使書」という史料に着目して生まれた論考で、佐伯有清先生の古稀記念論文集に載せて頂いたものである。「竹符・銅契」と「文書」というキーワードから、唐代の出入国管理制度と対外方針の変化について論じた。八世紀末から九世紀初めの頃に、唐朝は私的な対外通交を認め、「公憑」による出入国管理を行うようになったことを明らかにした。

第三章　律令貿易管理制度の特質

旧稿名「律令貿易管理制度の特質——日唐関市令の比較を中心として——」（『工学院大学共通課程研究論叢』三八—一、二〇〇〇年）

大学院在学中に池田温先生と東野治之先生に提出した学期末レポートの一部を増補してまとめた論文で、勤務先の紀要に掲載された。日唐の関市令の比較から、両国の貿易管理制度の違いを論じたもので、先進文物の流出を防ごうとした唐と先進文物の独占的入手を図った日本という対照的なあり方を描き出した。

補論三　北宋天聖令による唐関市令朝貢・貿易管理規定の復原

（新稿）

大津透氏を研究代表とする科学研究費補助金による共同研究「日唐律令比較研究の新段階」の研究会（二〇〇七年一月二十七日）で口頭発表した内容をまとめたものである。『天一閣蔵明鈔本天聖令校証　附　唐令復原研究』（中華書局、二〇〇六年）に収められた孟彦弘氏の「唐関市令復原研究」を批判的に検討し、第三章で行った唐関市令の復原について修正・補足を行った。

第四章　唐代の朝貢と貿易

（『古代文化』第五〇巻第九号、一九九八年）

堀敏一先生が雑誌『古代文化』で組まれた特輯「東アジアから古代日本をみる」に寄稿した論文であるが、唐代の朝貢体制と民間貿易を視点として唐朝や東アジア諸国と古代日本の関係や東アジア地域の変貌について論じており、第一部を総括した内容となっている。なお、旧稿では朝貢システムという用語を用いていたが、浜下武志氏の用語(9)との区別を行うために本書では朝貢体制に改めている。

第二部

第一章　遣唐使と通訳

（平川南ほか編『文字と古代日本2　文字による交流』吉川弘文館、二〇〇五年）

平川南先生からお勧めを受けて、書かせて頂くことになった論文である。遣唐使の歴史を概観し、遣唐使が唐においてどのようにしてコミュニケーションをとったかという問題について論じたものである。会話が苦手で、文書や筆談によるコミュニケーションが行われたことを述べ、文字中心の中国文化摂取の実態との関連に触れた。

付論一　『太平寰宇記』の日本記事について

（『工学院大学共通課程研究論叢』三四、一九九六年）

宋代の地理書『太平寰宇記』巻一七四・倭国条の史料典拠について考証した論文である。『唐会要』の倭国・日本国条も引用されていることから、同書の通行本の不備を補い得ることなど、『太平寰宇記』の史料的価値・有用性について述べた。

付論二　北京大学図書館李氏旧蔵『唐会要』の倭国・日本国条ついて

（『工学院大学共通課程研究論叢』三九―二、二〇〇二年）

坂上康俊氏を研究代表者とする科学研究費補助金による共同研究「中国法制文献の日本への伝来状況に関する基礎的研究」において実施された海外史料調査の成果の一端である。抄本系『唐会要』の一つである北京大学図書館所蔵本の史料的な性格について検討を加え、付論一と併せて日唐関係の基本史料を修補するための素材を提供した。

第二章　遣唐使による漢籍将来

（新稿）

筆者の「唐代の書禁」論（本書終章の一部）に対する坂上康俊氏のご批判への反論として書いたものである。ただし、単なる反論という形は取らず、遣唐使の漢籍蒐集活動全般を見通すことを第一の目的としている。従来は将来漢籍の量的評価のみ行われてきたことに対し、時間と質という新たな観点から評価し、遣唐使の蒐書活動の困難な実態について述べた。

第三章　「国風文化」の成立

旧稿名「国風文化」（『歴史と地理』五〇二、一九九七年）

高校の社会科教員向けの解説として書いたものである。「国風文化」とはどのような性格の文化か、またどのような時代背景・原因から生まれたのかということについて、中国文物の流入・受容のあり方から論じたものである。

第四章　「蕃国」から「異国」へ

（『日本史研究』四六四、二〇〇一年）

二〇〇〇年度日本史研究会大会古代史部会の共同研究報告(10)における、コメント報告を成稿したものである。東アジアにおける民間交流の拡大により十世紀に対外認識が変化し、次第に外交方針や外交体制が形骸化していったことを指摘した。

終章　文化移入における朝貢と貿易

旧稿名「『国風文化』と中国文化――文化移入における朝貢と貿易――」（池田温編『古代を考える　唐と日本』吉川弘文館、一九九二年）

池田温先生主催の研究会のメンバーが中心となって執筆した本の一章として書いたものである。題が示す通り、朝貢体制の時期と民間貿易が展開した時期における中国文化の流入の仕方の変化から、「国風文化」誕生の背景・理由を述べたものである。第二部第三章と内容的に重なるところも多いが、本書の主題ともいうべき外交と文化の関係をより具体的に論じていることから、終章とした。

収載した論文は、公表の事情がそれぞれ異なっているので、初出のままでは形式的に整わないところが多い。そのため、「はじめに」を書き足したり、註のついていないものは註形式に改めたりするなど一部改変を加えたところがある。また、誤植など明らかに誤りと思われる箇所については修正を加えたが、基本的に旧稿の内容を留めることにした。旧稿に対する批判やその後の研究についてのコメントは、補註や補記の形で書き加えることとした。

註

(1) このような文化と外交との関係について、西嶋定生氏は「中国王朝の政治的権力ないしは権威と無関係に諸文化が独自に波及するということは見られないのである」と述べられている。西嶋定生「序説——東アジア世界の形成」(西嶋定生著・李成市編『古代東アジア世界と日本』岩波書店、二〇〇〇年、八頁。初出一九七〇年)を参照。

(2) 西嶋氏のこの方面の主要研究は、註(1)書ならびに『西嶋定生東アジア史論集』第三・四巻(岩波書店、二〇〇二年)にまとめられている。

(3) 村井章介「〈地域〉と国家の視点」(『新しい歴史学のために』二三〇・二三一合併号、一九九八年)、山内晋次「日本古代史研究からみた東アジア世界論——西嶋定生氏の東アジア世界論を中心に——」(『新しい歴史学のために』二三〇・二三一合併号、一九九八年)、李成市『東アジア文化圏の形成』(山川出版社、二〇〇〇年)、甘粕健・金子修一「解題」(『西嶋定生東アジア史論集』第四巻、岩波書店、二〇〇二年)などを参照。

(4) 堀敏一『中国と古代東アジア世界　中華的世界と諸民族』(岩波書店、一九九三年)、同「古代東アジア世界の基本構造」(『律令制と東アジア世界——私の中国史学(二)』汲古書院、一九九四年、初出一九九三年)を参照。

(5) 中国の伝統的な世界観や外交思想・理念については、註(2)(4)の西嶋氏・堀氏の著書を参照。

(6) 従来の「国風文化」に関する通説的理解に、最初に明確な批判をされたのは村井康彦「国風文化の創造と普及」(『文芸の創成と展開』思文閣出版、一九九一年、初出一九七六年)であったと思われる。その後三〇年を経た現在、ようやく高校用の日本史教科書の記述には多少変化が生まれてきたようにも思えるが、これまでの通説のイメージが一変されるところまでは至っていないように思う。

(7) 山内晋次「古代における渡海禁制の再検討」(『待兼山論叢』史学篇二二、一九八八年)。

(8) 西嶋定生「遣唐使と国書」(『西嶋定生東アジア史論集』第三巻、岩波書店、二〇〇二年、初出一九八七年)。

(9) 浜下武志氏が主たる研究対象とされている明・清時代と、本書で扱う唐時代では、朝貢関係自体に違い・変化があり、超歴史的に同一用語を用いることは避けるべきであろう。浜下氏の朝貢システム論については、『近代中国の国際的契機』(東京大学出版会、一九九〇年)、『朝貢システムと近代アジア』(岩波書店、一九九七年)を参照。

(10) 共同研究のテーマは「転換期の東アジア世界と日宋貿易」で、主報告は山内晋次「平安期日本の対外交流と中国海商」であった。『日本史研究』四六四(二〇〇一年)を参照。

第一部　唐代朝貢体制と古代日本の外交制度

第一章　律令国家の対外方針と「渡海制」

はじめに

東アジアの国際関係が、日本の古代国家の成立・展開に及ぼした影響の大きさを考えるならば、当然、古代国家の変質、中世国家への移行を考える場合にも、当時の対外関係を無視することはできないであろう。すでに、こうした東アジア史的観点から古代国家の変容を考察した研究も生み出され、多くの成果があげられてきている。(1)

このような諸研究の対外関係の理解に、多大な影響を与えたのが森克己氏の一連の研究である。(2)氏の研究は、東アジア全体を見地に入れた、網羅的かつ高水準のものであり、日本史のみならず東洋史の研究にも有益なものである。しかしながら、森氏以降、他の分野の研究水準は日々高められているのに対し、平安時代——とりわけ十世紀以後——の対外関係史については、論文自体も少なく、氏の研究水準を克服できていない。このため、上述のような研究視点も、今や十分に生かしきれていない状況にある。

こうした停滞的状況において、近年、森氏の十世紀外交史の理解に見直しを迫るすぐれた研究が発表された。一つは、外交過程の詳細な分析から十世紀の外交を捉え直した石上英一氏の研究であり、(3)もう一つは、森氏が十世紀の「鎖国方針」を示す政策とされた渡海禁制について再検討を行った山内晋次氏の研究である。(4)両氏の研究により、森氏の説にも修正すべき点が少なからず出てきたように思われる。

そこで本章では、石上・山内両氏の研究成果をもとに、古代国家の対外方針とその変質について考えてみようと思う。対外方針は、支配体制と密接な結びつきをもつものであり、その内容と変質を究明することは、変動する国際情勢の中で古代国家が変質した原因・過程を考える上で重要な視点になりうると考えるからである。ただし、現在の私には古代国家の外交全般について論じる力はないので、森氏以来対外方針を示す主要な政策とされる渡海禁制を中心に考察することにしたい。渡海禁制については、先述したように山内氏のすぐれた研究があるので、これを導きとしてその実体を明らかにするところから考えてゆくことにする。

一　広橋家本「養老衛禁律」の脱落条文の存否

山内氏の論文を要約すると、次の三点にまとめられるであろう。

① 森氏が根拠とされた諸史料からは、延喜期に渡海の禁制が制定されたということは証明できない。

② 『小右記』寛仁三年（一〇一九）八月三日条所収の同年七月十三日付大宰府解文には海外渡航の禁制（＝「渡海制」）が見えており、この禁制が寛仁三年以前に制定されていたことを示す。しかし、現存史料には、渡海の禁令やその制定を示す史料が発見できない。

③ 国境関係の諸規定を含む唐衛禁律越度縁辺関塞条に相当する日本律は現存していないが、当該部分の広橋家本の養老衛禁律の写本には脱落があった可能性があり、その脱落した条文の中に渡海の禁制が規定されていたと推定される。

山内説のもっとも大きな意義は、十世紀の対外政策の通説となっている森氏の重要な論点であった渡海禁制の延喜制定説の否定を行ったという点にある。これまで当該期の外交を「退嬰的」・「鎖国的」として評価してきた根拠がなくなることにより、改めて平安時代の対外政策の見直しが可能となった点は、大いに評価されるべきものと思う。私も、この山内氏の①の論点については賛同するものだが、②・③の論点については従うことができない部分がある。そこで、この点についての私見を述べる前に、まず山内説が成り立たないことを明らかにしておこうと思う。

山内氏は、養老衛禁律の逸条に『小右記』に見える「渡海制」が存在したと想定されているが、私は現広橋家本にそのような条文の脱落はないと考える。そもそも山内氏が、脱落条文存在の可能性を考えられたのは、瀧川政次郎氏の説[5]に拠ったためであることから[6]、瀧川氏の説が不適当であることを示すことにより、山内説が成立しないことの証明としたい。

広橋家本の養老衛禁律写本では、前半が欠けており、後半一四条が残存している。ところが、この後半部分に相当する唐律には一七条あり、三条分日本律の方が少ない。瀧川氏は、養老衛禁律の写本が広橋家本のみであることから条文脱落の可能性を考えられ、広橋家本に対応条文のない唐律三条分の内容を逐一検討された。その結果、三条のうち22犯廟社禁苑罪名条（唐律の条文番号は、律令研究会編『訳註日本律令』律本文篇、東京堂出版、一九七五年による）は削除されたとするが[7]、31越度縁辺関塞条については写本で脱漏したもので、本来は日本律にも存在したものとし、30賫禁物私度関条はもともと日本律にあったかどうかに関しては未詳であるとされた[8]。そこで以下、瀧川氏が存在の可能性を示された衛禁律二条の存否について検討を加えることにする。

まず、賫禁物私度関条に関しては、その後小林宏氏によって日本律での存在が否定されている[9]。すなわち、唐闘訟律56教令人告事虚条の疏文には「告㆘賫㆓禁物㆒度㆑関、及博戯盗賊之類㆖、令有㆓賞文㆒」とあるのに対し、養老律疏では

「告二博戯盗賊之類一、令有二賞文一」となっており、「齎禁物度関」の文が見えないことから、養老律では唐衛禁律30齎禁物私度関条に相当する条文が存在しなかったと推断されている。

私も、小林氏の結論を妥当と考えるが、その推断の過程に飛躍があるので、その点を補っておくことにする。小林氏の指摘された闘訟律の疏文では、「齎禁物度関」と「博戯」と「盗賊」を告した場合の賞文（報賞規定）が令に有ることを述べているのであって、律に賞文があったとしているのではない。つまり、「博戯」に関しては養老捕亡令13博戯条（養老令の条文番号は、井上光貞ほか『律令』、岩波書店、一九七六年による）に相当する唐令が存在し(10)、また「盗賊」に関しては『唐令拾遺』捕亡令第三条が存在するように、「齎禁物度関」に関しても唐令に報賞規定が存在したことを示しているのである。この規定は、『唐令拾遺』以外でもまだ復原されていないので(補註1)、一応その復原私案を次に示すことにする(11)。

〔関市令〕

〔開二五〕諸齎禁物（私）度関(一)、過所関司捉獲者、其物没官、若已度関及越度、被人糺獲、三分其物、二分賞捉人、一分入官(二)。

右の唐令に合致する日本令は存在しない。従って、日本律令編纂者は、この規定を削除したと考えられるのであり(12)、当然この令文に対応する衛禁律30齎禁物私度関条も削除したと考えてよいであろう。

次に問題となる越度縁辺関塞条だが、まず、左にその律本文を掲げることにする。

諸(一)越二度縁辺関塞一者、徒二年。共(二)二化外人一私相交易、若取与者、一尺徒二年半、三疋加二一等一、十五疋加役流。私(三)与二禁兵器一者、絞。共為(四)二婚姻一者、流二千里。未(五)レ入、未レ成者、各減二三等一。即因(六)レ使私有二交易一者、準レ盗論。

（括弧内の番号は、後掲の瀧川氏の内容分類に対応）

瀧川氏は、この条文の内容を次の六つに分けて、それぞれの内容に関して日本律での存在の可能性を検討しておられる。

（一）縁辺（国境）の関所を越度する罪
（二）官許を得ない私貿易を行う罪
（三）禁兵器を輸出する罪
（四）化外の民（異邦人）と婚姻を結ぶ罪
（五）前三罪の未遂罪
（六）遣外使節の私貿易を行う罪

私も、瀧川氏の内容分類に従って、その存否について検討しようと思うが、その前に唐律本条の構造について確認しておきたい。瀧川氏は、（一）から（六）までの諸罪を、まったく別個の罪のように分けて考えておられるが、（二）から（五）の諸罪は（一）の「越度縁辺関塞」という罪に付加・派生したものであり、（六）も同じく国境を出入するということに関連した罪ということで、（一）を中心に（二）から（六）が密接に連関しているのである。例えば、（二）の部分もただ単に化外人との私交易を問題としているのではなく、あくまでも縁辺の関塞を越度（私度）して化外人と私交易をした場合を問題としているのである。[13]このことは疏文に明記されているが、本文においても（二）の部分の刑量が、「越度縁辺関塞」の罪をベースにして、交易物の多少により引き上げられていることにもよく表われている。以下の検討では、この唐律の構造について十分考慮しておく必要がある。

（一）　越度縁辺関塞者、徒二年。

瀧川氏もこの部分は存在しなかったと考えておられるように、私も存在しなかったと考える。唐のような大陸国家と違って、四面を海に囲まれ、基本的に陸上国境をもたない日本は、(14)あまりに国情が違うために、この規定を継受しなかったと考えられる。この推定は、養老衛禁律私度関条で、唐律疏議にあった「縁辺関塞」の字句が削除されている(15)ことからも裏づけられる。この推定が正しいものとして認められるならば、さきほど確認したように、「越度縁辺関塞」をベースにした本条全体が日本律には存在しないことをさらに推測させるが、以下の個々の内容の検討を通じてこのことを確認することにしたい。

（二）　共化外人私相交易、若取与者、……

瀧川氏は、次に示す養老関市令8官司条が化外人との私交易を禁じた日本令文であり、この令文に対応する延喜三年（九〇三）八月一日付太政官符所引の律逸文こそ、養老衛禁律の逸文であり、唐律越度縁辺関塞条のこの部分に相当する条文であるとされている。

〔養老関市令8官司条〕

凡官司未二交易一之前、不レ得下私共二諸蕃一交易上。為レ人糺獲者、三二分其物一、一分賞二糺人一、一分没官。若官司於二其所部一捉獲者、皆没官。

〔延喜三年太政官符所引律逸文〕(16)

律曰、官司未二交易一之前、私共二蕃人一交易者、准盗論。罪止二徒三年一。

瀧川氏が養老衛禁律の写本に脱落条文ありとする最大の根拠が、右に掲げた律逸文の存在であるが、果してこの律逸文を「衛禁律逸文」としてよいものであろうか。唐律はさきほども述べたように「越度縁辺関塞」を前提としたものであるが、この逸文の場合、対応する関市令文から見て、そのような前提をもった規定とは考えられない。衛禁律は、「皇帝とその周囲の警護に関する規定を中心とする『衛』の系統と、関所におけるとりしまりに関わる規定である『関禁』の二系統[17]」から構成されているが、この律逸文はその二系統どちらの内容も含んでいない。従って、内容上からこの逸文を「衛禁律逸文」とするのは不適当だと考える。恐らくは、この逸文は、交易関係の規定が存在する雑律に含まれていたと考える[18]。広橋家本「養老衛禁律」にこの逸文が見えないのは、脱落したためではなく、もともとこの逸文が衛禁律ではなかったからであると考えるべきであろう[19]。これにより、瀧川氏の養老衛禁律写本に脱落条文ありとする最大の根拠が無くなったことになる。

(三)　私与禁兵器者、絞。

この部分の存否を立証する明確な史料は、管見の限りでは見当らない。瀧川氏は、この部分に対応する令として、養老関市令9禁物条を挙げられているが、「禁物」は禁兵器に限られるわけではないので[20]、これをもってこの部分の存在の証拠とすることはできないであろう。

(四)　共為婚姻者、流二千里。

瀧川氏は、この部分に関しては、存在を推測しつつも判断は留保されている。外国人（化外人）との婚姻に関して、唐の令式や格にいろいろと規定のあったことはよく知られているが[21]、それに対して日本の令格式にはそうした規定が一切存在しない。令格式に規定がないのであるから、その罰則規定も律にあるとは考えられない。従って、この部分は存在しないと考えてよいであろう。

(五)　未入、未成者、各減三等。

この部分は、これ以前の諸罪の未遂罪についての規定なので、特に検討の必要はないと考える。

(六)　因使私有交易者、準盗論。

瀧川氏の挙げられた養老関市令7蕃客条や延喜玄蕃寮式の規定は、確かに外国使節の貿易行為の管理に関わるものと推測されるが、しかし文面上では外国使節の貿易行為についてはまったく触れておらず、ましてや貿易行為を禁じたものとは読み取れず、この部分が存在した証拠とはなりえない[22]。

以上の検討の結果を振り返るならば、唐衛禁律越度縁辺関塞条に相当する日本律の存在を示す明証はなく、むしろ反対に存在しなかったことを示す証拠を挙げることができた。本条のみならず、犯廟社禁苑罪名条も齎禁物私度関条も日本律には存在しなかったと考えられる以上、広橋家本「養老衛禁律」の写本は養老衛禁律の原形どおりで、脱落条文は無いと結論する[23]。

瀧川氏の説が不適当であることを明らかにしたが、当然、これにより、養老衛禁律逸条に「渡海制」が存在したとする山内氏の③の論点も成立しないことになろう。山内氏の述べられたように、延喜の頃のみならず、それ以前においても渡海の禁制が特別に出された徴証がないとすると、『小右記』に見える「渡海制」とは、それでは一体どのような法令なのであろうか。この問題については、節を改めて私見を述べることにしたい。

二　『小右記』に見える「渡海制」

山内氏が『小右記』に見える「渡海制」の史料としての重要性に気づかれたのは、卓見というべきであろう。しかし、残念ながら、氏はこの史料を「渡海制」（＝海外渡航禁止の法令）が存在することの証拠としてしか利用されておらず、史料の内容自体を十分に検討されていない。氏が誤まった結論を導き出されたのも、ここに原因があると思われる。この「渡海制」がどのような法令であるのかという問題は、やはりこの史料の検討によってのみ明らかになるものと考える。

問題の「渡海制」は、『小右記』寛仁三年（一〇一九）八月三日条の裏に記された同年七月十三日付の大宰府解案に見える。この大宰府解案は長文なので、まずその概要を述べておこう。(24)

　この年、有名な刀伊の入寇があったが、その際、家族共々刀伊の捕虜となった対馬島判官代長岑諸近が、単身脱出に成功したものの家族の安否を確かめるために、「渡海制」を破り、高麗国に渡った。ところが、伯母以外の家族は皆殺されてしまったということで、帰国することにした。しかし、重い「(向二異)国一之制」を破った以上、確たる証拠が必要であると考え、日本人捕虜を証人として受け乞い、一緒に帰国した。七月七日対馬に帰着した諸近は、島司の下に出頭した。対馬島司は、すぐさま諸近を証人の女三人と共に大宰府に送り、その間の事情を報告した。これを受けた大宰府が、取り調べの上、七月十三日付で太政官に報告したのである。

　史料のあらましは以上だが、次にその検討に移ることにしたい。史料が長文のため、「渡海制」に関連する部分のみを以下に引用することにする。

A爰諸近独身逃脱罷二留本嶋一、而竊惟、離二老母・妻・子一独雖二存命一已有二何益一。不レ如下相二尋老母一委中命於刀伊之地上、欲レ申二事由於嶋司一、渡海制(向異カ)重。仍竊二取小船一罷二向高麗国一。

B欲レ罷二還本土一之処、本朝□(向異カ)国之制已重。無レ故罷還者定可レ当二公譴一。縦雖レ得二書牒一、無二指証一、更不レ可レ被二信用一。因レ之受二乞日本人一為二証件人一、欲二罷還一□(由申請カ)処、高麗国且以二賊虜十人一充給。

C投二若(マヽ)異国一、朝制已重、何況近日其制弥重。仍召二諸近身一、相二副件女三人一、差二嶋使前掾御室為親一進上如レ件者。

D異国賊徒刀伊・高麗其疑未レ決。今以二刀伊之被レ撃、知レ不二高麗之所一レ為。但新羅者元敵国也、雖レ有二国号之改一、猶嫌二野心之残一。縦送二虜民一、□(不レ可レカ)為レ悦。若誇二勝戦之勢一、偽通二成好之便一。抑諸近所レ為先後不□(詳カ)也。越二渡異域一、禁制素重、況乎賊徒来侵之後。誡云、以二先行者一為下与二異国一者上。而始破二制法一而渡海、無二書牒一而還。

召以(若カ)レ将ニ来虜者一優而無レ坐ニ其罪一、恐不ニ後憲一、愚民偏思ニ法緩一輙渡海。

A・Bは、諸近の対馬島司に対する供述の一部で、Aは「渡海制」を破った経緯を述べた部分で、Bは高麗から帰国するにあたって「証件人」を連れ帰ることにした事情を語った部分である。Cは、大宰府解文に引用された対馬島司の解の地の文、Dは大宰府解文の地の文にあたる。

まず、注意されるのは、これまでは表現をすべて「渡海制」に統一してきたが、史料中ではいろいろないい回しがされていることである。Aでは「渡海制」となっているが、Bでは「(向ニ異)国一之制」、Cでは「投ニ若(マヽ)異国一」の「朝制」、Dでは「越ニ渡異域一」の「禁制」となっている。内容的には、渡海して異国へ行くことの禁止ということで、同一の禁制をいいかえたものと見做してよいと思われる。このことは、史料中ではあまり厳密に法文を引用しておらず、その法令の解釈を含んだ形で述べていることを推測させる。従って、あくまでも内容から、その法令がどのようなものであるかを考えなくてはならない。

法令の内容をもっとも詳しく述べているのがDの部分である。「越渡異域」とは、国家の許可なく不法に異国へ行くことと考えるが[25]、史料では、こうした違法行為は、もともと重く禁じられており、賊徒が侵攻した後においては、ますます重く禁じられるところであると述べ、さらに「先行者」を異国に与する者とすると誡めている。「先行者」の「先行」の意味は確定しがたいが、文脈から考えて「越渡異域」・「破制法而渡海」という行為と同じ意味をもつのではないかと考える。このように考えるならば、「誡云」以下の文も、不法に異国に渡った者を異国に与した者とするという解釈に落ち着くであろう。

さて、異国に与するというのは、日本を裏切って異国側につくということであり、これは正に「謀ニ背レ国従レ偽」[26]という律の謀叛罪にあたる。また、養老賊盗律4謀叛条の律疏は、謀叛を「欲レ背ニ本朝一、将レ投ニ蕃国一」と定義しているが、[27]これは正統な現王朝から離脱して蕃国（異国）へ行くということであり、[28]謀叛も逃亡同様帰還することが考慮されて立法されていることを考えるならば、諸近の高麗への違法的渡航・帰国という犯罪内容に合致するものといえよう。[29]さらに、Cの「投若《マヽ》異国」という表現も、賊盗律謀叛条の律疏の「投蕃国」に基づいたものではないかということを類推させる。

以上の検討の結果、『小右記』に見える「渡海制」とは、律の謀叛にあたるものと考える。このように考えるならば、賊徒来攻直後であるから禁制がますます重みをもつとされたことや、諸近が帰国にあたって日本人を証人として連れ帰ったということも理解しやすいだろう。とりわけ後者の場合、高麗国に与したわけではないことを証明するために、高麗国の書牒だけを持って帰っても信用されないということで、捕虜となっていた日本人に証明してもらう必要があったと考えられる。また、特別に渡海禁令が出された徴証が見えないのも、律の謀叛条に基づくものであったと考えれば納得がゆくであろう。

「渡海制」の法的根拠を賊盗律謀叛条であると考えた場合、当然、なにゆえ「謀叛」の罪名が明示されなかったのかという疑問が生じることと思う。この点に関しては、私は以下のように考える。ひとつには、当時、謀叛と謀反が混用されていたため、[30]積極的な国家反逆罪である謀反との誤解を避けるためということが考えられる。[31]もうひとつの理由としては、現地では「謀叛」という難解な法律用語よりも、「渡海制」などのように具体的で分りやすい表現の方が実際的であるため、そのような表現で通用していたからではないかと考える。このことについては、先述したように、「渡海制」、「（向異）国之制」などのように、法文の解釈を含んだ形で何通りものいい方がされていたという事実が参考になるであろう。

さて、「渡海制」が律に規定されていたとすると、海外渡航の禁制が律令制定当初から存在したことになる。さらに、謀叛という罪自体唐律によったものである以上、唐における「渡海制」の問題についても考える必要が生じてくる。そこで、以下唐の海外出国禁止の制度について考えてみることにしたい。この問題に関して、一節で取り上げた唐衛禁律31越度縁辺関塞条の疏議に注目すべき説明が見られる。すなわち「出二入国境一、非二公使一者不レ合」とあり、公使以外の国境の出入は認めないという原則が示されているのである(32)。この原則が現実のものであったことは、唐初に厳勅により「禁二約百姓一不レ許レ出レ蕃」が命ぜられたことや(33)、天宝二年(七四三)にこの原則の徹底を命じた勅が出されている(34)ことからも知られる(35)。また、唐商船の海外進出が史上確認されるのが、律令体制が大きく変質した九世紀以降であった(補註2)ことも、この原則に関わるのではないかと思われる。これらの史料や事実によるならば、唐も日本も、律令制下では、原則として公使以外の出国・海外渡航は認められていなかったと考えられるのではないだろうか。律令本文上には、こうした公使以外の出国を禁じた明文が見えないが(36)、これは恐らく、律令の上級規範である礼に関わる原則であったからだと思われる。礼典には、「為二人臣一者無二外交一、不レ敢弐レ君也」(37)、「天子内臣不レ得二外交一」(38)、「卿非二君命一不レ越レ境」(39)など、君主以外の外交を否定する記述が多く見られる。唐代の礼的通念からしても皇帝のみが外交権を行使しうる主体であり(40)、臣下以下が外交することは認められないということは(41)、あえて律令に規定するまでもなかったのであろう。ただし、この礼に示された皇帝の外交権独占の規範を侵害した場合は、律で処罰することになっていたのである(42)。すなわち、皇帝の許可なく国境を出た場合、蕃国にまで到らないならば衛禁律31越度縁辺関塞条により処罰され、蕃国にまで到ったならば賊盗律4謀叛条により処罰されることになっていたのである(43)。

以上の内容をまとめ直して述べるならば、以下のようになろう。中国の礼的な外交規範(44)をもとに唐律令が作られたが、それを継受した日本も律令制下では唐同様に国家君主たる天皇のみが外交権を独占し(45)、公使以外の外国との通交を認めていなかったと考えられる(46)。このように考えるならば、律令制下では商船など私的来航者に対して、帰化安置か放還・廻却かという二通りの対応の仕方しかなかったことも納得がゆくと思われる。[47] 律令制では臣下以下の私的な海外通交を認めない以上、帰投・帰化（帰投者の本国にとっては謀叛となる）以外には、外国人（化外人）を国内に受け入れるシステムが存在しなかったのである。[48] すなわち、儒教における王の徳化思想により王化を慕って帰投した者については例外的に安置・在住を認めるが、そうではない単なる私的来航者は放還したのである。[49] このような国家君主が外交権を独占し、君主の徳化を前面に打ち出す対外方針は、中国の礼的外交規範に基づくものであるが、律令制を媒介にして日本のみならず唐の周辺諸国家に受容され、当時の東アジアにおける外交形式を規定する一大要因となったものと考える。

のちに、明王朝のとった海禁政策も、単に貿易統制のためだけのものではなく、以上述べた中国の伝統的な対外方針によるものであったのではないかと考える。[50] この点については、機会を改めて論ずることにし、ここでは次に、律令制的対外方針が平安時代にどのように変質していったかを「渡海制」を中心に述べることにする。

三　対外方針の変質過程

(1)　延　喜　期

森克己氏は、遣唐使廃絶後、貴族階級に「消極的な、自己封鎖的方針に偸安を求める退嬰的風潮」が発生し、延喜以降「鎖国的孤立方針」がとられるようになったと説かれた。[51] しかし、その根拠として挙げられた「海外渡航禁止方針」にしても、また後百済王や呉越国王らの通交要求を陪臣（臣下）の外交行為として拒絶したことも、前節で見たように律令制以来の外交方針によるものであり、[52]森氏の十世紀前半を対外政策の転換点とする見解は修正されるべきであろう。むしろ、この十世紀前半は、東アジア情勢の変化の中で、律令制的な対外方針を堅持しようとした時期であると評価するべきものと考える。また、石上英一氏は、「一〇世紀前半期の外交の政策基調を、中央政府の主体的な情勢判断に基づいた積極的な孤立主義と規定すべきである[53]」と述べられたが、その「積極的な孤立主義」とは、ただ単に内外の情勢判断からのみとられたものではなく、外交方針も含めて律令体制の維持を図ろうとした当時の支配層の政治方針に関わるものとしても捉え直されるべきであろう。この時期定められた、いわゆる「年紀制」という唐商船の来航を制限した制度も、官司先買権の確保、海外との私交制限という立場からの律令体制維持のための施策と評価できる。[54]

日本が十世紀前半においても律令制的な対外方針を固守しようとしていたのに対し、唐・新羅においては、すでに八世紀後半以降、その対外方針は大きく変質していたと考えられる。[55]八世紀末以降新羅商船が、そして九世紀には唐商船が相次いで日本に来航していたように、[56]律令制下では禁じられていた私的な海外通交が行われるようになっていた。しかし、こうした私的通交もまったく自由なものであったわけではなく、原則として国家管理の下にあったことを注意しておかなければならない。例えば唐の場合、私的通交といっても国家の発行した渡航許可証である「公憑」[57]を所持した者のみが許されるものであって、「公憑」のない者は以前同様に原則として海外通交は認められなかったのである。[58]こうした通交制度は、宋代以降にも引き継がれていった。

(2) 摂関期

東アジアにおける通交関係の変質は、次第に日本の対外方針にも影響を及ぼすことになる。天暦元年（九四七）の呉越国王に対する左大臣藤原実頼の返書に「所レ恵土宜、有レ憚二容納一。既恐レ交二於境外一、何留二物於掌中一。然而遠志難レ拒。忍而依領[59]」とあるように、律令制以来の私交禁止という対外方針の原則を尊重しつつも、実際には臣下の外交を認めるなど、天暦以降は次第に律令制的対外方針にも揺らぎが見え始めることになる。この背景には、貴族層の唐物需要の高まりが考えられるが、一方こうした唐物輸入の増大は、日本国内における商工業の発達にも大きな影響を与えたと考えられる[60]。手工業や商品流通の発展は、さらに貿易のために海外へ渡航しようとする勢力を生み出すことになる。「渡海制」が史料上に現われることになった十一世紀初頭とは、そうした勢力が現われ始めた時期にほぼ対応するのではないかと思う。律令制定以来存在した「渡海制」が、この十一世紀以降問題とされるようになったのも、そのような歴史的背景があってのことだと考えるべきであろう[61]。実際、この頃海外への私的通交の動きが生じていたことは、「愚民、偏えに法の緩きを思ひて、たやすく海を渡る[62]」という大宰府官吏の判断に示されるだけでなく、長徳三年（九九七）の高麗からの使が日本人であったことや[63]、長和元年（一〇一二）高麗へ帰化した日本人がいたことな[64]どからも確認される。このように、十一世紀前後には私的な海外渡航が問題化することになったが、当時の支配層は「渡海制」を維持し、律令制以来の対外方針を守ろうとしていたのである。

　しかしながら、貴族層を中心とする唐物需要の高まりなど現実の貿易を拡大しようとする動きはますます強まり、このような対外方針を次第に形骸化させていった。このことは、当時の唐商船（実際には宋商船）の安置決定の理由や、その安置許可増加の傾向にも示されている。延喜期に律令体制維持のために、「年紀制」が設けられ、それ以来、一定期間を空けなければ来航・安置を認めない政策をとってきていた。しかし、十一世紀に入ると、「帰化[65]」とか「咸（感）二当今之徳化[66]一」とか「深蒙二徳化[67]一」とかのため来航したという理由で、年紀を守っていないにもかかわらず、唐商船の安置が許可されていくようになるのである。この場合、唐物の不足[68]、登載貨物中の特定物資の必要性[69]という現実的な理由が根底にあり、「帰化」は「年紀制」を破り、唐商船の安置を認めるためのあくまでも口実にすぎない。しかし、口実とはいえ、「帰化」という理由が持ち出されなければならない所に、当時の支配体制と現実との間の矛盾が表われているといえよう。すなわち、貿易拡大を促す社会の変化に、律令制以来の対外方針では対応しきれなくなってきたことを示しているのである。

(3) 院政期

摂関期に明らかとなった対外方針と現実との矛盾は、結局は現実に即応した方針の転換という形で決着されることになる。その際には、貿易の拡大はあくまでも現実的要求に従って認められるものであり、「帰化」などという礼的外交規範に基づく形式をとる必要はなくなる。十一世紀の後半、正確には延久二年(一〇七〇)十二月七日の陣定(70)以降、「帰化」が安置の理由に持ち出されることはなくなるのである。十一世紀後半に、帰化安置のための施設でもあった鴻臚館(71)が史上から消え去るのも(72)(補註3)、この対外方針の転換によるものであろう。

また、十一世紀後半になると、日本商船の高麗への渡航記事が、史上に散見するようになる(73)。しかし、こうした商船渡航は、国家統制が無くなり、私的海外通交が自由になったために現われたわけではない。というのは、この一方では、「渡海制」を厳しく実行していたことを示す記事も見られるからである。寛徳二年(一〇四五)の清原守武らの渡宋事件(74)、寛治六年(一〇九二)の僧明範らの契丹渡航事件(75)では、政府の許可なく外国へ渡った(ないしは、渡ろうとした)ために重く罰せられた(76)。このほかにも、成尋や戒覚ら僧侶が、密航により宋に渡る際、大宰府の監視の目を逃れるため、大変な苦労を強いられた話なども有名である(77)。たとえ、一部の官吏の不正により違法な海外渡航が行われていたとしても(78)、原則としては「渡海制」を維持しようとしていたことは明らかである。それならば、日本商船の高麗への渡航は密航かといえば、私はそうではないと考える。

承暦四年（一〇八〇）、高麗国王文宗の病気治療のため医師の派遣を日本に要請してきた際[79]、公卿の中には当時両国間を往来する日本商人が存在した事実を知っている者もいたし[80]、また、大宰府側でもその違法性を問題にしてはいなかった[81]。それどころか、そうした商人に高麗への返牒を託そうとしたことなどを考えあわせてみると[82]、この当時、高麗への商船の渡航は公認されていたと考えてよいだろう。一般商船の渡航以外に、「壱岐島勾当官遣藤井安国等[83]」、「日本国薩摩州遣使[84]」、「日本国対馬島遣使[85]」など地方官による遣使渡航が散見されることも、この時期の高麗渡航が国家公認のものであったことを示している[86]。ただし、高麗国の医師派遣要請の牒をもたらした日本人商人王則貞が高麗への渡航を禁じられたように[87]、あくまでも国家管理の下での海外渡航であった点は見逃してはならない。律令制的対外方針が大きく変質したことは事実だが、国家の外交管理制度が崩壊したわけではないのである。

唐・新羅に大きく遅れることになったが、貿易拡大を進める社会変化により、日本も十一世紀後半には私的な海外通交を一部の国に対しては認めることになったのである。

さて、本節の最後に、古代国家の対外管理制度が崩壊した時期について私見を述べることとしたい。結論を先に述べると、十二世紀中葉の鳥羽院政期を境として国家統制が大いに後退し[88]、古代国家の滅亡と共に、十二世紀後半に完全に崩壊することになったと考える。その論拠としては、十二世紀中葉から公憑を所持しないと思われる日本商人の「漂着船」が多く渡宋することになったことが挙げられる[89]。公憑を持たない者は、宋に正式な入国を認めてもらえないので、貿易を行うためには「漂着船」という形をとらざるをえなかったものと考える[90]。そうした公憑のない商船、すなわち日本政府の許可をえない者が多く渡宋するようになったことは、まさに国家の統制力の弱体化を示すものといえよう。また、このことは、ちょうどこの頃、平忠盛が大宰府の貿易管理を排除する[91]など国家の貿易先買権が維持できなくなったという事実とも対応するものと考える。[92]この後、平氏が日宋貿易の拡大により財力を蓄え、やがて古代国家を瓦解させるに至ったことは周知の通りである。

おわりに

本章では、古代国家の変質を変える一視点として、対外方針とその変化を明らかにすることを主題としたが、その分析対象を「渡海制」に絞ったため、いくつかの重要な論点を欠落させることになった。論じ残した点については、今後の課題としたい。

最後に、本章で述べた外交方針変化の過程を振り返り、対外方針さらには支配体制を変質させた対外的要因について見通しを述べることにしたい。

「渡海制」から見る限り、律令制成立以来摂関期に至るまで、私的な海外通交の禁止など基本的に一貫した対外方針の維持が図られており、国家体制としての連続性が窺われる。しかし、この摂関期は、次の時期に活発化する海外との私的通交が表面化した時期でもあった。十一世紀後半の院政期には、国家管理の下、高麗への商船渡航が容認されるなど、対外方針も大きく変質した。そして、十二世紀中葉の鳥羽・後白河院政期には、平氏の台頭と重なるように、国家の外交・貿易管理体制が崩壊の途を辿ることになったのである。このように、対外方針の変化と古代国家の画期が実によく符合しているわけだが、こうした対外方針の変化は、常に貿易の拡大によってもたらされたものであることは注意される。対外方針は支配体制と密接に結びついているので、貿易の拡大が何らかの形で支配体制の変質と関わっていたと考えられる。時期的な違いはあるが、同様なことは唐・新羅にもあてはまると思われる。経済の発展段階や地理的条件などの違いにより、貿易の展開に時期的なズレがあったにしても、東アジアの諸国家には、貿易の拡大とともに変質・崩壊していったという同一のパターンを想定できるのではないだろうか。律令制下では制限されていた民間貿易の展開にこそ、東アジア世界、そして日本の古代国家を変質させた要因を見出せるのではあるまいか。

註

（1）　石母田正「古代史概説」（『石母田正著作集』第一二巻、岩波書店、一九九〇年、初出一九六二年）、旗田巍「十―十二世紀の東アジアと日本」（『岩波講座日本歴史』4、一九六二年）、永原慶二「古代国家の変容と中世への移行」（『永原慶二著作選集』第三巻、吉川弘文館、二〇〇七年、初出一九六四年）、藤間生大『東アジア世界の形成』（春秋社、一九六六年）、松本新八郎「東アジア史上の日本と朝鮮」（『世界の歴史』6、筑摩書房、一九六八年）、三浦圭一「一〇世紀～一三世紀の東アジアと日本」（『講座日本史』2、東京大学出版会、一九七〇年）、小山靖憲「古代末期の東国と西国」（『岩波講座日本歴史』4、一九七六年）、義江彰夫「日本における中世世界の成立」（『中世史講座』1、学生社、一九八二年）など。

（2）　主要なものは、『森克己著作選集』（国書刊行会、一九七五年）に収められている。

（3）　石上英一「日本古代一〇世紀の外交」（『東アジア世界における日本古代史講座』7、学生社、一九八二年）。

（4）　山内晋次「古代における渡海禁制の再検討」（『待兼山論叢』史学篇二二、一九八八年）。

（5）　瀧川政次郎「衛禁律後半の脱落条文――律令時代の私貿易の禁――」（『律令格式の研究』角川書店、一九六七年、初出一九六三年）。

（6）　養老衛禁律の脱落条文の存否については、削除を推測される仁井田陞氏と瀧川氏との間に論争があった。仁井田陞・牧野巽「故唐律疏議製作年代考」（律令研究会編『訳註日本律令』一、東京堂出版、一九七八年、初出一九三一年）。瀧川政次郎「律の逸文」（『律令の研究』刀江書院、一九三一年）、同「律令禁物考」（『国学院大学政経論叢』一一―一・二、一九六二年）、同「衛禁律後半の脱落条文」〈註(5)参照〉。

（7）　瀧川氏のほかにも、利光三津夫「大宝律考」（『律の研究』明治書院、一九六一年）、小林宏編「律条拾遺」（川北靖之氏執筆部分）（国学院大学日本文化研究所編『日本律復原の研究』国書刊行会、一九八四年、初出一九七三年）などが、本条の削除について述べている。

（8） 瀧川氏は、註（6）「律令禁物考」では齎禁物私度関条も日本律に存在したと主張されたが、註（5）論文ではその存否は未詳であると考えを改められた。

（9） 小林宏「律条拾塵」〈註（7）前掲『日本律復原の研究』所収、初出一九七三年〉。

（10） 池田温「〈唐令拾遺補〉編纂をめぐって」（唐代史研究会編『律令制――中国朝鮮の法と国家』汲古書院、一九八六年）によれば、仁井田陞氏は、闘訟律56教令人告事虚条の疏文をもとに養老捕亡令13博戯条相当の唐令の復原を考えられていた。

（11） 復原根拠は、次の通りである。

一〈唐闘訟律巻二十四教令人告事虚条疏議〉〈宋刑統闘訟律巻二十四同上〉 告齎禁物度関、及博戯、盗賊之類、令有賞文、

二〈唐衛禁律巻八齎禁物私度関条疏議〉〈宋刑統衛禁律巻八同上〉 過所関司捉獲者、其物没官、若已度関及越度被人糾獲、三分其物、二分賞捉人、一分入官、

復原案では、「齎禁物（私）度関」と「私」を補ったが、これは復原根拠二の律本文に拠ったものである。

また、復原根拠の一と二がそのまま直接接続するかは問題が残るが、一応文意は通じると考え、そのまま接続させた。

復原根拠二は、令文の引用である旨明記されていないが、内容上復原根拠一の「賞文」の規定と考えてよいだろう。なお、『唐律疏議』では、このように令文の引用であることを明記しない場合がある。そうした例としては、雑律30器用絹布行濫条疏議に引用された関市令（『唐令拾遺』関市令第一三条）の例を挙げることができる。また、複数の条文を引用し、それらが同一の令篇目の場合、先の条文で令文の引用であることを示すと、後の条文については令の引用であることを触れないことも多い。その例としては、詐偽律1偽造皇帝宝条疏議に引用された公式令（『唐令拾遺』公式令第一八・一九条）がある。

参考

〈唐六典巻六司門郎中条〉〈旧唐書巻四十三職官志〉 凡関呵而不征、司貨賄之出入、其犯禁者、挙其貨、罰其人、

（12） ただし、この唐令の後半の賞文規定は、日本の関市令8官司条の賞文規定のもとになった可能性が高いと考える。

（13） 窪添慶文「衛禁」（律令研究会編『訳註日本律令』六、東京堂出版、一九八四年）九八～一〇二頁。

（14） 蝦夷は「夷狄」であって「外蕃」ではなかったように、蝦夷との境を国境とすることができるものかどうか、いろいろと

考慮する必要はあると思われる。

(15) 日唐の衛禁律の条文比較については、つとに内藤虎次郎「三井寺所蔵の唐過所に就て」(『内藤湖南全集』七、筑摩書房、一九七〇年、初出一九三一年)が行っており、養老衛禁律私度関条で「縁辺関塞」の字句が省かれていることも指摘している。

(16) 『類聚三代格』巻一九、禁制事。

(17) 窪添氏註(13)論文、六頁。

(18) 関市令の規定に対応する律文は、衛禁律か雑律に収められている。

(19) 本来的には唐衛禁律31越度縁辺関塞条の一部(「共化外人私相交易、……」)をもとに作った可能性は捨てきれないが、それにしても改変の度合いが大きく、内容が変わってしまえば、所収篇目も変更されたと考えられる。改変により篇目が変更された例としては、唐賦役令に収められていた租条が、日本では田令に変更された例がある。

(20) 養老関市令9禁物条に対応する唐令は、張鷟「鴻臚寺中土蕃使人素知物情慕此処綾錦及弓箭等物請市未知可否主客二条」(『全唐文』巻一七二、『龍筋鳳髄判』巻二)、劉穆之「恩賜綾錦出関判」(『文苑英華』巻五四五)などの判史料により、その存在が確認できる。これらの判によれば、「禁物」の中には、狭義の禁物(禁兵器、禁書、禁器)以外に「禁約物」(「私家応有之物」にして禁約により関を渡ることのできないもの)も含まれることになる。なお、この唐令に直接対応する唐律は、衛禁律30齎禁物私度関条であり、31越度縁辺関塞条ではないと考える。

(21) 窪添氏註(13)論文、一〇〇頁、註9。

(22) 東野治之氏の一連の研究「鳥毛立女屛風下貼文書の研究——買新羅物解の基礎的考察——」(『正倉院文書と木簡の研究』塙書房、一九七七年、初出一九七四年)、「正倉院氈の墨書と新羅の対外交易」(同上書)、「正倉院文書からみた新羅文物」(『遣唐使と正倉院』岩波書店、一九九二年、初出一九八〇年)「遣唐使の文化的役割」(同上書、初出一九七九年)によれば、彼我の外交使節による貿易活動が、実態としては盛んに行われていたことが知られる。

(23) 写本を実見することはできなかったが、写真版(律令研究会編『訳註日本律令』四、東京堂出版、一九七六年)による限りでは、外見上も条文の脱落を思わせる不審点はない。

(24) 土田直鎮『日本の歴史5　王朝の貴族』(中央公論社、一九六五年)、石井正敏「日本と高麗」(『海外視点・日本の歴史』

5、ぎょうせい、一九八七年）などは、当時の状況も含め、この長岑諸近の高麗密航事件について分りやすく述べてある。

(25) 唐衛禁律1闌入太廟門条疏議によれば、「越」とは「不従門」であるとする。また、同律25私度関条疏議によれば、「越度」とは「関不レ由レ門、津不レ由レ済、而度」であるとする。すなわち、「越」とは官吏の検査をうけるべき所を通過しないで、違法な方法で通過することを意味する。

(26) 養老名例律6八虐条律疏。

(27) この部分の唐律の疏議では「欲二背レ国投一レ偽」となっており、日本律疏はしかるべき理由があって改変されたものと考える。吉田孝「名例律継受の諸段階」（弥永貞三先生還暦記念会編『日本古代の社会と経済』上、吉川弘文館、一九七八年）は、大宝律の八虐条には疏がなかったという仮設を前提に、「大宝律制定者は、賊盗律4謀叛条の疏をより明確にするために、換言すれば、謀叛についての本条である賊盗律謀叛条の構成要件を正確にするために、永徽律疏の十悪条謀叛の疏によって補った」（二九三頁）と解されている。しかし、唐律十悪条の疏には「有レ人謀レ背二本朝一、将レ投二蕃国一。或欲二翻レ城従一レ偽、或欲二以レ地外奔一」とあり、「有レ人謀レ背二本朝一、将レ投二蕃国一」の部分だけを取り出し、賊盗律謀叛条の疏の解釈に加えたことの理由が明らかにされていない。私は、その理由のひとつとして、「渡海制」としての法内容を明示するためではないかと考える。

(28) 滋賀秀三「名例」（律令研究会編『訳註日本律令』五、東京堂出版、一九七九年）三六頁。

(29) 養老名例律37自首条。また、この点については、養老戸令41官戸自抜条も参考になる。

(30) 梅村恵子「六国史にみえたる官人の犯罪」（『お茶の水史学』二〇、一九七七年）。ただし、こうした用語の混用は、唐においても見られる。

(31) 註(28)参照。

(32) 註(13)参照。

(33) 『大慈恩寺三蔵法師伝』巻一（中華書局、中外交通史籍叢刊本では、一二頁）。この勅の出された日付は不明だが、玄奘三蔵の西遊出発前に出されたことは明らかなので、武徳元年（六一八）から貞観三年（六二九）の間に出されたと考えられる。なお、三蔵法師の出発年については、異説があり、下限は貞観元年（六二七）の可能性もある。

(34) 『唐会要』巻八六、関市。

天宝二年十月勅。如レ聞、関已西諸国、興販往来不レ絶。雖二託以レ求レ利、終交三通外蕃一。因循頗久、殊非二穏便一。自レ今已後、一切禁断。仍委二四鎮節度使及路次所由郡県一、厳加二捉搦一、不レ得三更有二往来一。

(35) 唐代前半期においても、唐国内には多くの未登籍ソグド人が存在し、商業活動を行っていたことが知られている（姜伯勤〈池田温訳〉「敦煌・吐魯番とシルクロード上のソグド人」『季刊東西交渉』一七〜一九、一九八六年）が、彼らは自由に唐と外国との間を行き来し、外国貿易を行っていたわけではないと思われる。というのは、「開元戸部格残巻」（Tatsuro YAMAMOTO, On IKEDA, Makoto OKANO, *TUN-HUANG AND TURFAN DOCUMENTS I Legal Texts*, THE TOYO BUNKO, 1980）に次のような格が見られるからである。

勅、諸蕃商胡、若有三馳逐、任二於内地興易一、不レ得レ入レ蕃。仍令三辺州関津鎮戍、厳加二捉搦一。其貫三属西・庭・伊等州府一者、験有二公文一、聴下於二本貫已東一来往上。

垂拱元年（六八五）八月廿八日

この格によれば、「馳逐」により唐国内に流入した諸蕃商胡が存在し、彼らは必ずしも登籍されたわけではなく、未登籍のまま商業活動をすることを許されていたことが知られるのである。その彼らにしても、唐国外に出ることは禁じられていたのである。なお、「馳逐」とは「往来」などとは違って自発性は含まれず、戦争などにより逃げこんできたというニュアンスがあると、池田温先生のご教示を受けた。

(36) 『冊府元亀』巻九九九、外臣部、互市所収の建中元年十月六日勅に見える「准二令式一、中国人不レ合下私与二外国人一、交通・買売・婚娶・来往上」という規定が、あるいはこの原則と関わるのではないかと思われるが、取意文のため、正確な内容はつかめないので、現段階では本文のように理解しておく。

(37) 『礼記』郊特牲。

(38) 『春秋左伝正義』巻二、隠公元年経、祭伯来疏。

(39) 『春秋左伝正義』巻一〇、荘公廿七年伝。

(40) 唐代の外交儀礼が皇帝の主催であり、皇帝が外交権を掌握していたことは、田島公「日本の律令国家の『賓礼』――外交儀礼より見た天皇と太政官――」（『史林』六八―三、一九八五年）を参照。

(41) 古典的礼制では「礼は庶人に下らず」（『礼記』曲礼）といわれたが、唐代には庶民＝良民も礼的秩序内の存在と観念されたことから、こうした礼的外交規範は唐代では百姓まで含みこむものであったと考えられる。この点、西嶋定生「中国古代奴婢制の再考察――その階級的性格と身分的性格――」（『西嶋定生東アジア史論集』第五巻、岩波書店、二〇〇二年、初出一九六三年）を参照。

（42）礼と律の関係については、菊池英夫「律令法系の特質の成立過程について――礼と法と刑――」（唐代史研究会編『中国律令制の展開とその国家・社会との関係』刀水書房、一九八四年）を参照。

（43）管見の限りでは、唐代に蕃国に到ったため謀叛罪に処ぜられた明確な実例を挙げることはできない。玄奘三蔵が西域行を終えて、于闐において「冒二越憲章一、私往二天竺一」の許しを請う上表を著わし、ようやく帰国が叶った例（『大慈恩寺三蔵法師伝』巻五）。そして、隋代になるが、宇文化及が「遣人入蕃、私為交易」し、その処罰が問題となった例（『隋書』巻八五、宇文化及伝）など、わずかな関連史料も肝心な罪名などが記されていないため、決め手となりえない。唐では国外へ出ることはすべて衛禁律31越度縁辺関塞条で処罰することになっており、謀叛条を「渡海制」として適用するのは、その衛禁律の規定を削除した日本のみの特殊な法適用である可能性も否定できない。しかし、衛禁律31条は陸上国境のみを問題にしていると思われるし、国境を出ることと、外国にまで到ることとはやはり区別されるべきであると思われ、現段階では一応本文に書いたように理解しておきたい。なお、私的海外通交が行われるようになってからは、謀叛は謀反と混用されるなど、その解釈に混乱や変化が生じたのではないかと考える。

（44）礼的な外交規範といっても、単なる観念的なものではなく、自国民の流出防止、国防、治安維持などの現実的な必要性に基づいていることは忘れてはならないだろう。

（45）田島氏註（40）論文は、中国皇帝同様、日本の天皇も外交権を握っていたとする。

（46）公使以外の出国の際には、勅許が必要であった。例えば、僧侶が修学のため渡唐する場合も、勅許を得て、公使に准ずるかたちで出国した。そうした早い例としては、『日本書紀』斉明天皇四年七月是月条を挙げることができる。また、『善隣国宝記』上、天智三年条所引の「海外国記」には、「人非二公使一、不レ令二入京一云云」とあり、律令制形成の進められた七世紀後半には、公使以外の外交は認めないという礼的外交規範が受け入れられていたことが知られる。

（47）唐の商船との貿易にあたって、帰化に准じて安置供給が命ぜられている（例えば、『日本三代実録』貞観十六年七月十八日条、同十八年八月三日条など）が、帰化という形をとらない限り、一時的にも入国が認められなかったことは注意される。

(48)　平野邦雄「国際関係における〝帰化〟と〝外蕃〟」(『大化前代政治過程の研究』吉川弘文館、一九八五年、初出一九八〇年)は、国際関係の実態重視の立場から〝帰化〟と冊封体制などの外交形式とは無関係であるとされるが、一考の余地があると思われる。すなわち、律令制以前と以後の「帰化」は区別し、礼的外交体制との関連を考えるべきではないか。

(49)　『続日本紀』宝亀五年五月乙夘条。

勅二大宰府一曰、比年新羅蕃人、頻有二来着一。尋二其縁由一、多非二投化一。忽被二風漂一、無レ由二引還一、留為二我民一、謂二本主何一。自レ今以後、如レ此之色、宜三皆放還以示二弘恕一。如有二船破及絶レ粮者一、所司量レ事。令レ得二帰計一。

(50)　中国の伝統的な外交思想については、重松俊章「漢人の外交思想に就て」(『歴史地理』二九―二・三、一九一七年)、『西嶋定生東アジア史論集』第三・四巻(岩波書店、二〇〇二年)などを参照。

(51)　森克己『日宋貿易の研究』(国立書院、一九四八年)第二編第一章、同「転換期十世紀の対外交渉」(『続日宋貿易の研究』国書刊行会、一九七五年)。両書とも註(2)に収められている。

(52)　九世紀における日本商人の海外渡航の例とされる神御井(大神宿祢巳井)については、山内氏が公的な使人として派遣されたものであり、当時渡航の禁制が存在しなかったことの例にはならないとされている〈註(4)論文〉。このほかにも、律令制以来、十世紀に至るまで特に対外方針の変更を示すような事例はないと思われる。なお、東野治之「遣唐使の諸問題」(『遣唐使と正倉院』〈註(22)参照〉、初出一九九〇年)は、大神巳井が「入唐使」であったことを明らかにしている。

(53)　石上氏註(3)論文、一三六頁。

(54)　「年紀制」については、石上氏註(3)論文、林呈蓉「大宰府貿易の再検討」(『海事史研究』四七、一九九〇年)など参照。

(55)　例えば唐の場合、註(35)のような勅を出さなければならなかったように、私的対外通交が問題化していた。この背景には、市舶使の設置に見られるような開元以降の対外貿易積極政策が存在したと考える。

(56)　唐商船の日本来航が確認できるうちで、もっとも早いものとされているのが、承和九年(八四二)春の李隣徳の船である。しかし、『日本文徳天皇実録』仁寿元年(八五一)九月乙未条の藤原岳守卒伝によると、承和五年(八三八)にも唐の商船が来日していたと考えられ、あるいは国史に記載されない唐商船の来航はこれ以前にもあった可能性がある。

(57)　森氏註(51)書、第一編第二章は、すでに唐代に「公憑」による国家管理が行われていたことを推定されていたが、最近、湯浅幸孫「遣唐使考弁二則」(『日本歴史』四六四、一九八七年)・森公章「古代日本における対唐観の研究――「対等外交」

と国書問題を中心に――」（『古代日本の対外認識と通交』吉川弘文館、一九九八年、初出一九八八年）は唐代での「公憑」の存在を指摘している。

(58) 円珍が渡唐にあたって、大宰府に公憑（公験）の交付を申請したのもそのためであると考えられる（『大宰府・太宰府天満宮史料』二、二〇〜二三頁所収北白川文書）。

(59) 『本朝文粋』巻七奏状下、書、後江相公「為二清慎公一報二呉越王一書」。このほか、同様な例としては、同上所収菅三品「為二右丞相一贈二大唐呉越公一書状」がある。

(60) 義江氏註(1)論文。

(61) これ以前、貞観年間には、郡司・国司・大宰府官人らの新羅との通謀事件が相次いだが、この時の他国との私交が、謀反に結びつけて処罰されている点など、十一世紀前後の海外私交とは質的に大きな違いがある。

(62) 本章第二節史料D参照。

(63) 『小右記』長徳三年六月十二日条。

(64) 『高麗史』巻四顕宗、壬子三年八月戊戌条。

(65) 『権記』長保五年（一〇〇三）七月廿日条。

(66) 『小右記』寛仁四年（一〇二〇）九月十四日条。

(67) 『小右記』万寿四年（一〇二七）八月卅日条、万寿四年九月十四日条。以上の例以外には、『左経記』長元元年（一〇二八）十一月廿九日条。『小右記』長元二年三月二日条、『百錬抄』永承五年（一〇五〇）九月条、『帥記』治暦四年（一〇六八）十月廿三日条などがある。

(68) 『小右記』寛弘二年（一〇〇五）八月廿一日条。

(69) 『朝野群載』巻五朝儀下、陣定、延久二年（一〇七〇）十二月七日陣定定文。

(70) 註(69)参照。

(71) 鴻臚館は、外交使節の迎賓館というイメージが強いが、養老公式令70駅使至京条に基づく蕃人帰化の際、「置レ館供給」するための施設でもあった。

(72) 鴻臚館の最終史料は、従来は寛治五年（一〇九一）八月の日付をもつ「熾盛光仏頂大威徳銷災大吉祥陀羅尼経」の扉書

（『大宰府・太宰府天満宮史料』五、四二〇頁）とされてきた。（補註３）を参照。

(73) 森氏註(51)書、第三編第三章（二八八〜二九〇頁）には、『高麗史』に見える日本人の渡航記事が一覧表にまとめられている。

(74) 『百錬抄』寛徳二年（一〇四五）八月廿九日条、永承二年（一〇四七）十二月廿四日条。『扶桑略記』永承二年十二月廿四日条。『西宮記』巻二一臨時着鈦例所引『宗金記』永承二年十二月廿四日条。

(75) 『後二条師通記』寛治六年（一〇九二）十月廿三日条。同七年二月十九日条、三月十二日条、十月十四日、十五日条。『中右記』寛治六年九月十三日条、同七年二月十九日条、十月十五日条、同八年二月廿九日条、三月六日条、五月三日、十四日、廿五日、廿八日条。『百錬抄』嘉保元年（一〇九四）三月六日条、五月廿五日条。『十三代要略』堀河院、嘉保元年五月廿五日条。

(76) 山内氏は、この二つの事件を渡海禁令から切り離して考えておられるが、〈註(4)論文〉、どちらの場合もやはり渡海禁制を破ったことに中心があると考えるべきであろう。清原守武の場合は、史料上では渡唐行為のみが問題にされているとしかとれない。また僧明範の場合も、『中右記』寛治六年九月十三日条に「件明範越土趣二契丹国一」とあるように、「越土」という違法性が問題にされていたと考えられる（補註４）。山内氏は、兵具を契丹に売買したという関市令６弓箭条違反の行為を重視されるが、違令罪にしては事件の主謀者藤原伊房らにとられた処置はあまりに重すぎるのではないかと思う。この問題について詳しくは、本書第一部補論一を参照。

(77) 成尋の入宋は、延久四年（一〇七二）のことで、『参天台五台山記』に詳しい。戒覚は、永保二年（一〇八二）に入宋した。その入宋について記した『渡宋記』には、「依レ恐二府制一、隠如レ盛レ嚢臥二舟底一、敢不レ出レ嗟、有二大小便利之障一、仍不レ用二飲食一、身惄々如経二三箇年一、無レ附二驥尾一」と密航の際の苦しい体験が生々しく述べられている。『渡宋記』の引用は、橋本義彦「『渡宋記』——密航僧戒覚の日記——」（『平安の宮廷と貴族』吉川弘文館、一九九六年、初出一九九〇年）に拠った（補註５）。

(78) 対外管理における大宰府の実権強化など管理体制の変化を反映した部分もあり、単純に支配体制の弱体化、崩壊に結びつけるべきではないと考える。

(79) 事件の経緯については、石井氏註(24)論文が簡単に述べてある。

(80)『師記』承暦四年九月四日条。
(81)『朝野群載』巻二〇、異国、承暦四年三月五日付大宰府解。
(82)『師記』承暦四年九月四日条。
(83)『高麗史』巻九、文宗二十七年七月丙午条。
(84)『高麗史』巻九、文宗三十四年閏月庚子条。
(85)『高麗史』巻九、文宗三十六年十一月丙戌条。
(86)三浦氏註(1)論文。
(87)『師記』承暦四年九月四日条。ちなみに、『師守記』貞治六年（一三六七）五月九日条に引用された承暦四年十月二日付太政官符に「但至二商人王則貞一者、宜レ任二法罪科一云々」とあるが、この処罰はどういう性格のものか今後検討する必要があると考える。
(88)石井進「院政時代」（『石井進著作集』第三巻、岩波書店、二〇〇四年、初出一九七〇年）の院政時代、とくに鳥羽院政以後は、旧来の国家体制の分裂・解体の時代であるとする指摘と対応する。
(89)森氏註(73)書、第三編第四章（三二四～三二五頁）に、日本商人・商船の渡宋記事が一覧表にまとめられている。
(90)森氏は、「漂着」は偶然のものであるとする〈註(89)参照〉が、かつて新羅商船が日本に来航した際も「漂着」という形をとったことを考えるならば、意図的な「漂着」と考えるべきではないかと考える。
(91)『長秋記』長承二年（一一三三）八月十三日条。
(92)十二世紀のこの時期までは、国家の貿易管理機能が基本的に存続していたことについては、山内晋次「荘園内密貿易説に関する疑問」（『奈良平安期の日本とアジア』吉川弘文館、二〇〇三年、初出一九八九年）を参照。
(補註1)本規定については、北宋天聖令が発見されたことにより、さらに精度の高い復原が可能になっている。本書第一部補論三を参照されたい。

(補註2)この部分は、旧稿では「唐の商船が海外に進出していったのが、律令制が大きく変質した八世紀後半以降であった」となっていたが、誤解を避けるために、本書第一部第二章の表現に合わせて修正した。

(補註3)田島公「大宰府鴻臚館の終焉――八世紀～十一世紀の対外交易システムの解明――」（『日本史研究』三八九、一九九九五年）に拠れば、大宰府鴻臚館の史料上の確実な例は十世紀前半までという。但し、その後も「鴻臚所」「蕃客所」などの存在が知られており、これらをどう考えるかという問題はまだ残っていると思われる。なお、これまで大宰府鴻臚館の最終史料とされてきた「熾盛光仏頂大威徳銷災大吉祥陀羅尼経」の扉書だが、田島氏は扉書に見える鴻臚館とは平安京の鴻臚館の可能性が高いとされる。従うべきであろう。

〔補註4〕　註(76)に引用した『中右記』寛治六年九月十三日条は、旧稿では「件明範越立趣契丹国」となっていたが、森哲也「唐衛禁律越度縁辺関塞条の日本への継受に関する覚書」（『前近代東アジア海域における交易システムの総合的研究』平成9年度〜平成11年度科学研究費補助金〈基盤研究（B）（2）〉研究成果報告書、二〇〇〇年）の指摘を承けて、「越立」を「越土」に改めた。

〔補註5〕　註(77)の『渡宋記』の引用において、「怒々」とすべきところを旧稿では「恐々」となっていた。橋本義彦氏には、失礼をお詫び申し上げる。

〔補記〕　本章で取り上げた「渡海制」については、稲川やよい「『渡海制』と『唐物使』の検討」（『史論』四四、一九九一年）においても検討されている。「渡海制」の法源について山内説を踏襲されている点は従えないが、本章の視点と重なる部分も少なくなく、併せて参照されたい。

村井章介「一〇一九年の女真海賊と高麗・日本」（『朝鮮文化研究』三、一九九六年）は、本章旧稿の山内説批判の問題点として以下の二点を指摘している。①山内氏が、唐衛禁律の越度縁辺関塞条と直後の縁辺城戍条との不可分性をふまえて、日本律に後者が存在しながら前者を欠くことの不自然さを指摘したことに対して触れていない。②唐衛禁律越度縁辺関塞条を「陸上国境のみを問題にしている」という誤った前提のもとに解釈している。

山内説の重要な論点を取り上げなかった旧稿の不備を指摘いただいたことについては村井氏に心から感謝するが、その指摘内容は不当と思う。①については、確かに唐のような陸上国境においては縁辺関塞と縁辺城戍の間に不可分性が認められるが、日本においては該当しない。そもそも唐においては縁辺の関塞は、陸上国境に設置されるものであり、海辺（海上国境）に設置された例を知らない。要するに、唐においても関塞と城戍の不可分性が確認されるのは陸上国境においてのみである。従って、海上国境を主眼とした日本律令において、陸上国境の規定である越度縁辺関塞条を削除して、縁辺城戍条のみを継受したことは、何ら不自然ではないと思われる。

②については、国境に陸上と海上の双方があるのは村井氏の指摘の通りだが、上述したように唐において縁辺関塞は陸上国境に置かれるものであったのであり、縁辺城戍条が陸上のみならず海上の国境をも対象とするものであったからといって、越度縁辺関塞条が陸上・海上双方の国境をも念頭に置いた規定であったことにはならないだろう。なお、本書第一部第二章において、唐代の出入国管理制度と対外方針について検討しているので併せて参照されたい。

補論一　広橋家本「養老衛禁律」の脱落条文の存否

はじめに

日本律は令に比べ写本の伝来に恵まれず、現存するのは、大宝・養老二律のうち養老律の一部（名例律上巻、衛禁律の後半、職制律、賊盗律、闘訟律断簡）の写本だけであり(1)、残りの部分については諸書に引用された逸文から窺い知るしかない(2)。また、名例律を除けば写本の系統が複数あるものはなく、写本が現存する部分でも十分な校勘ができないため、テキストとしての信頼性に不安を残している。以上のような史料的制約のため、母法たる唐律を参考にするとしても、日本律の全体像を正確に把握することはきわめて困難なことといえるだろう。

さて、本補論で取り上げる広橋家旧蔵の「養老衛禁律」の写本（現在は、国立歴史民俗博物館所蔵）は、衛禁律の後半部分だけが伝存したものだが、唐律の該当部分と比較すると、犯廟社禁苑罪名条、齎禁物私度関条、越度縁辺関塞条の三条に相当する条文が見えない。ほかに対校すべき写本がないために、その三条が日本律では削除されてもともと存在しないのか、はたまた本来あったものが写本の段階で脱落したのかが問題とされている(3)。現在までに、犯廟社禁苑罪名条と齎禁物私度関条については削除されたことが明らかにされているが(4)、残る越度縁辺関塞条については養老衛禁律には存在しなかったとする筆者(5)と、写本での脱落を唱える利光三津夫氏(6)との間に意見の対立がある。この問題は、ただに条文一条の存否や広橋家本の史料価値に止まるものではなく、日本律の特質、日本古代の外交・貿易管理体制などとも関わる重要な問題と考える。本補論ではそのような問題関心の下、前章（本書第一部第一章）に対する利光氏のご批判に答えることにより、改めて日本の衛禁律には越度縁辺関塞条が存在せず、広橋家本「養老衛禁律」に脱落条文がないことを確認することにしたい。

一　前章にたいする批判の検討

筆者は先に、「渡海制」などと称された古代の海外渡航の禁止について考察し、勅許などを得ず不法に海外に出国し異国（蕃国）に渡った者は賊盗律の謀叛条により処断されたことを明らかにした。[7] その際、「渡海制」は衛禁律の脱落条文に規定されていたとする山内晋次氏の説[8]を否定するために、山内氏が従われた瀧川政次郎氏の論説[9]を再検討した。その結果、養老衛禁律には越度縁辺関塞条に相当する条文が置かれていたが広橋家本では脱落したという瀧川氏の説には十分な論拠が認められず、反対に養老衛禁律にはそのような条文が本来存在しなかったと考えるべき証拠を示すことができた。その要点を示すにあたって、参考のため唐衛禁律越度縁辺関塞条[10]（本文のみ）と行論中に引用する律逸文[11]を次に掲げておく。

〔唐衛禁律〕31越度縁辺関塞条（本文）

諸越二度縁辺関塞一者、徒二年。共二化外人一私相交易、若取与者、一尺徒二年半、三疋加二一等一、十五疋加役流。私与二禁兵器一者、絞。共為二婚姻一者、流二千里。未レ入、未レ成者、各減二三等一。即因レ使私有二交易一者、準レ盗論。

〔延喜三年太政官符所引律逸文〕

律曰、官司未㆓交易㆒之前、私共㆓蕃人㆒交易者、准㆑盗論。罪止㆓徒三年㆒。

瀧川氏は越度縁辺関塞条の内容を次の（一）～（六）の六つに分類されたが、それぞれ矢印の後に私見を記したように、その六つの内容に応じた規定の存在を示す徴証はなく、逆にその存在に否定的な明証すらあることが確認できる。

（一）縁辺（国境）の関所を越度する罪
→養老衛禁律私度関条では、唐律疏議にあった「縁辺関塞」の字句が削除されている。

（二）官許を得ない私貿易を行う罪
→瀧川氏が存在の論拠とされた延喜三年（九〇三）八月一日付太政官符（『類聚三代格』巻一九）所引の律逸文は、衛禁律ではなく雑律と思われる。[12]

（三）禁兵器を輸出する罪
→瀧川氏が存在の論拠とされた養老関市令9禁物条は、禁兵器について直接規定したものではない。

（四）化外の民（異邦人）と婚姻を結ぶ罪
→唐の令格式には化外人との婚姻について関連規定がいろいろあるが、日本の令格式にはそうした関連規定がまったく存在しない。

（五）前三罪の未遂罪　→（二）～（四）に同じ。

（六）遣外使節の私貿易を行う罪
→瀧川氏が存在の論拠とされた養老関市令7蕃客条や延喜玄蕃寮式の規定は、貿易については何ら触れていない。

上に示した私見のうち、(二)、(三)、(六)については、瀧川氏の論拠が不十分であることを指摘しただけであり、越度縁辺関塞条が日本律にはなかったとする積極的根拠とはなりえないが、(一)、(四)はその不在を想定するに足るものと考える。すなわち、養老衛禁律私度関条で「縁辺関塞」の字句が削除されたのは、越度縁辺関塞条が日本律には存在しなかったためと考えるのがもっとも自然であり、また日本の令格式には化外人との婚姻についての規定が一切ないにもかかわらず、律にのみ規定があったとする必然性はないと考えるからである。ちなみに、(四)の私見については、利光氏は何ら触れられていない。

以上のような筆者の前章での主張に対し、利光氏は(ア)越度縁辺関塞条と名例律謀叛条の対象とする犯罪の性格や科刑方式の違い、(イ)律逸文を雑律とすることに対する疑義、(ウ)「縁辺関塞」の字句が削除されたことは必ずしも越度縁辺関塞条の不存在を意味しない、という三点から批判を加えられ、さらに「渡海制」に関わる犯罪の裁判例をもとに日本の衛禁律にも唐律とほぼ同じ内容の越度縁辺関塞条が存在することを述べられた[13]。

利光氏のご批判により、前章の論証の至らない点が明らかになったことは感謝に堪えない。しかしながら、利光氏のご高説をもってしても越度縁辺関塞条相当条文の存在が証明されたとは思われない。むしろ、利光氏の挙げられた論点や史料などを正しく解釈することにより、越度縁辺関塞条が日本律には存在しなかったとする私見の補強ができるものと考える。

まず、前章に対するご批判から答えてゆくことにしたい。

(ア)利光氏は、「越度縁辺関塞条は、越境すること、及び外国人と売買、交換をなすことという形式犯であって、謀叛の如く、政治的意図の下に、朝廷に背をむけ、これより離脱せんとする主観的違法要素を要件とするものではない。仍って、前者は雑犯であり、後者は名教違反の八虐の一つであって、両者は、本質的に異る別罪といわざるをえない」と述べられた上で、「渡海制」に関わる犯罪の裁判例における科刑方式は雑犯の例に従っているとされた[14]。現代的な法理論によれば、確かに利光氏が述べられたようにその犯罪の性格を区別できるかもしれないが、そうした現代法の理論をそのまま律令法の理解に適用するのは果して妥当であろうか。名例律37自主条などにおける叛と逃亡との扱いの類似性[15]を考えるならば、主観的違法要素の有無などといった区別はあまり意味をなさないように思われる。また、裁判例における科刑方式についても、後述のように論の前提となっている刑の復原自体に問題があると思われ、利光氏のご批判に従うことはできない。

（イ）延喜三年の太政官符所引の律逸文は、「衛」・「関禁」という衛禁律の内容にふさわしくなく、交易などの規定を含む雑律に属すべきものとする筆者の推定に対して、利光氏は①「日本律が、母法の律条文に倣った条規を、他篇に移しかえたという例は、いまだ見出し難い」、②唐衛禁律には立法技術上の必要より公使の交易のように「衛」・「関禁」以外の条規も存在する、として批判された[16]。①は、「（律逸文の規定は）本来的には唐衛禁律越度縁辺関塞条の一部（「共化外人私相交易、……」）をもとに作った可能性は捨てきれないが、それにしても改変の度合いが大きく、内容が変わってしまえば、所収篇目も変更されたと考えられる。改変により篇目が変更された例としては、唐賦役令に収められていた租条が、日本では田令に変更された例がある」という前章の註[17]で述べたことに対してのものである。利光氏が述べられたことはあくまでもこれまでそうした例が確認されていないというだけのことであり、上述したように日本律の全貌を把握しがたい史料的制約がある現状において、絶対にありえないと断定できるものではないであろう。一般に律は唐律の模倣・準拠の傾向が顕著とされるが、写本が残っている律の一部分と断片的な逸文をもとにした評価であることを忘れてはならないと思う。写本の残る衛禁（後半）、職制、賊盗の三篇だけでも唐律の規定が七条も削除されている[18]ことを思うならば、律も令ほどではないにしても国情に合わせ適宜改変されたと考えるべきではないだろうか。改変の内容によっては、令のように篇目の移動ということもありえたと考える。②の点だが、利光氏は公使の交易は「関禁」とまったく関係のないことと考えられているようであるが、越度縁辺関塞条の疏議を読めば「関禁」に関する規定であることは明白である。国境（＝縁辺関塞）の出入は、公使のみが許されるものであるが、その場合でも私交易は罰するという趣旨なのであり、まさに衛禁律の規定にふさわしいものと言えるであろう。

（ウ）　養老衛禁律私度関条で唐律疏議にあった「縁辺関塞」の字句が削除されたのは、代わりに「等」という一字を加えることで疏文の省略をしただけである、とされる。[19] 確かに、本条だけをもとに考えるならば、利光氏の言われることにも蓋然性があるように思われる。しかし、越度縁辺関塞条のみならず唐律令の貿易管理規定にあった縁辺関塞に関わる字句は、日本の規定では一切削除されているのであり、[20] 利光氏の推測は当たらないと思われる。唐律令では対外貿易の場として「縁辺」の諸州や関塞が想定されているのに対し、日本の規定にはそうした特定の地域や場に限定しないという一貫した改変が加えられているのである。「縁辺関塞」の字句の削除は、やはり越度縁辺関塞条が日本律にはなかったことを示していると考えるべきであろう。

以上、利光氏のご批判を検討した結果、前章の論旨に修正の必要がないことを確認することができたと思う。次に節を改め、利光氏が日本律にも越度縁辺関塞条が存在したと主張される証拠として挙げられた裁判例について考えてみたい。

二　裁判例の検討

利光氏が越度縁辺関塞条存在の論拠とされたのは、⑴永承二年（一〇四七）に判決の下った「清原守武の「入唐」

事件」と、(2)嘉保元年（一〇九四）に判決の下った「僧明範の契丹密航・兵具交易事件」の二つの裁判例である（利光氏は「永承　寛治の越度交関事件」と一括されているが、年号が事件発覚時のものと判決時のものと統一がとれておらず、また両事件を区別すべきと考えるので、上記のように事件名を書き改めた）。それぞれ(1)(2)の順に、利光氏の説を検討することにしたい。

(1)　清原守武の「入唐」事件

利光氏の挙げられた本事件の関連史料は、次の通りである。

〔百練抄〕寛徳二年（一〇四五）八月二十九日条

諸卿定二申法家勘申筑前国住人清原守武入唐事一。

〔扶桑略記〕永承二年（一〇四七）十二月二十四日条

渡海清原守武、配二流佐渡国一。

〔西宮記〕巻二十一、与奪事

宗金記云、永承二年十二月二十四日、今日渡唐犯人之首、清原守武配二流佐渡国一。（中略）但有レ可二着鈦一云々。仍乗レ馬、並持二弓胡簶一参二本府一。是則於二左獄門前一可レ行之故也。而依二大殿令レ奏給一、被レ免二着鈦一。又類門五人、任二勘文一、可二徒三年一宣旨同下了。然而依二殿下仰一不レ令二着鈦一、只禁獄計也。

〔百練抄〕永承二年十二月二十四日条

渡唐者清原守武配二流佐渡国一、同類五人可レ浴二徒年一之由被二宣下一。件守武大宰府召進之、於二貨物一者納二官厨家一。

利光氏は「「貨物」が没官され、また「渡唐」とある処より、北宋へおもむき、私貿易を行った既遂犯に対する科刑例であることは疑いを容れない」と断言された上で、本事例では造意首清原守武が遠流、随従五人が徒三年と首従の区別があることから、上道者は首従の別なく「皆斬」である賊盗律謀叛条の適用ではないとされた。そして、私度、越度にも首従の別がないことから、単に越度、渡海したことだけの処罰ではないとして、化外人との交易や禁兵器取与などの規定を含む唐越度縁辺関塞条に相応する条文が適用されたと想定された(21)。

利光氏の論の前提には本事例が既遂犯に対する科刑ということがあるが、そのように断言できるものか疑問がある。利光氏は、「名例律彼此倶罪之贓を構成して、貨物没官なる附加刑を科されていること等よりみて、未遂とは考えられない(22)」とされるが、養老関市令8官司条(23)による没官と考えれば、必ずしも既遂と考える必要はないであろう。山内晋次氏が未遂の可能性も考慮されているように(24)、「渡唐」・「入唐」とあるからといって既遂と決めつけることはできないと考える。既遂というにはあまりに事件についての記述に具体性がなく、ただ「貨物」と素っ気なく表現していることも異国の品のような特別なものではなかったことを想定させ、むしろ「渡唐」は未遂であった可能性が高いのではないかと考える。

本事例を「渡唐」の未遂犯に対する科刑と仮定すると、その科刑の内容は「渡海制」(海外渡航の禁制)の違反者には賊盗律謀叛条が適用されたという前章の主張に合致する。

律文では謀叛の未遂の場合、首犯は絞、従犯は遠流となっているが、当時の慣例として死罪は天皇の叡慮によって一等減じられ遠流とされることになっており(25)、首犯清原守武が遠流とされ、随従五人もそれに応じて遠流から一等減じられて徒三年になったものと考えられる。『百練抄』(永承二年十二月二十四日条)の「同類五人徒年に浴すべきの由宣下せらる」という表記は、まさに流罪から徒刑への減刑の恩典に浴したことを示していると思われる。

清原守武の「入唐」事件については、既遂とも未遂とも断定できる材料が現在のところないように思われる。従って、利光氏と筆者の論の正否は、もう一つの事件の裁判例を検討することにより決することになる。

(2)　僧明範の契丹密航・兵具交易事件

本事件は、大宰権帥藤原伊房が商人僧明範らを朝廷に隠れて契丹（遼）国に派遣し、兵具を売却したというものである。本事件の科刑については、利光氏が、次に示す『十三代要略』の記事をもとに「単なる「渡海越度の罪」ではなく、異域に「越土」（『中右記』）して、かつ「交関貨物」せる罪の条文が適用されたもの」と述べられ(26)、明言されてはいないがまさに越度縁辺関塞条が適用されたものとして論を立てられている。

〔十三代要略〕堀川院、嘉保元年（一〇九四）五月二十五日条

前大宰帥伊房卿解二中納言一、降二従二位一。是以二明範一遣二於契丹国一、交二開（関）貨物一之科也。

確かに、異域への「越土」と「交関貨物」が違法行為として問題にされていたことは、次の『中右記』の記事からも読み取れるが、「越土」した上で「交関貨物」したことが問題というよりも、「越土」と「交関貨物」がそれぞれ問題にされているように思われる。また、『中右記』の記事によれば、兵具という「貨物」の内容が問題にされていることにも注意する必要があるだろう。

〔中右記〕寛治六年（一〇九二）九月十三日条（補註1）

検非違使等於二左衛府一、勘二問商人僧明範一。件明範越土趣二契丹国一、経二数月一帰朝、所レ随レ身之宝貨多二云々。仍日者為レ勘二問事一、元雖レ賜二使庁一、例幣先後之斎間、引二及今日一也。契丹是本是胡国也。有二武勇聞一。僧明範多以二兵具一売却金銀条、已乖二此令一歟。

〔養老関市令〕6弓箭条

凡弓箭兵器、並不レ得下与二諸蕃一市易上。其東辺北辺、不レ得レ置二鉄冶一。

契丹（遼）国での兵具売却は、右の関市令の規定に反するものであり、『中右記』の記主藤原宗忠もそのように認識していることが分かる。利光氏は「『中右記』の著者宗忠は、この事件を最初は、関市令条文違反とみたようである。（中略）宗忠は、宋代詩人のいう、万巻の書を読むも、律を読まざる気質の人物であったのであろう」として、(27)越度縁辺関塞条相当条文の存在を前提にして宗忠の認識を誤りとされているようである。しかし、後に宗忠は刑罰を扱う検非違使の別当に任じられ、その職務を無難にこなした人物であることを考えるならば、宗忠の認識を簡単に否定することはできないのではないだろうか。このことは逆に、宗忠が越度縁辺関塞条相当条文を想起しなかったことから、そもそもそのような条文が存在しなかったことを意味しているともとれるのではないだろうか。ただし、本事件において単に違令の罪を問われたわけではないことは、首犯の藤原伊房、従犯の藤原敦輔以下の科刑の重さから明らかであり、実際に適用された律の規定が何であるかは別途考える必要があるだろう。その上で、宗忠の認識の意味するところを考えてみたい。

〔百練抄〕嘉保元年五月二十五日条

伊房卿解却降二位一等。縁坐者多。随二法家勘状一所レ被レ行也。（以前度々有二仗議一。）

〔中右記〕嘉保元年五月二十五日条

次前帥権中納言伊房卿、己依二契丹国事一、減二一階（正二位）一、被レ止二中納言職一。又依二同事一、前対馬守敦輔（元従五位下）追二位記一云々。

〔中右記〕嘉保元年五月二十八日条

今朝有レ政、是伊房卿并藤原敦輔、（罪過之残贖銅各十斤云々、）贖銅官符請印等事者。

利光氏は、「伊房は、正二位の位階を奪われ、「公卿補任」「中右記」等によれば、「歴任之官」従二位に降ぜられている。即ち、それは、名例により、一官を以て、徒三年にあてられたものである。更に、彼は、贖銅十斤を科されたとあるが、これを半年徒を贖したものであるとすると、彼に科された本刑は、徒三年半ということになる。但し、かかる刑は、律に不存在であるから、この贖銅の記載は、彼については誤りであるといわざるをえない。恐らくは、伊房は計画をたてた造意者と認定され、首犯とされて、徒三年を科され、官当に及んだものと思われる。而して、伊房は、議貴として、流刑以下一等を減ぜられるから、彼の犯罪に適用された条規の法定刑は、徒三年に一等を加えた流刑であった」と考えられた(28)。筆者も伊房に科された法定刑は流刑であったと考えるが、利光氏の推断の過程にはいささか誤りがあるので、それをまず正しておきたい。

伊房は正二位から従二位に一階減ぜられているが、これは利光氏の述べられたように名例律17官当条の「一品以下、三位以上、以二一官一当二従三年一」という規定が適用されたもので、その上贖銅十斤科されたのは官当だけでは贖しきれず、徒半年分の罪が残ってしまったことを示している。利光氏は徒三年半という刑はないので、この贖銅の記載は誤りとされるが、そうではあるまい。伊房は三位以上なので議貴として名例律8議条の「流罪以下、減二一等一」という規定の適用を受けるので、本来は徒三年半の一等上の徒四年が科されるべき刑であったと考えられる。そして、名例律17官当条には「以レ官当レ流者、三流同比二徒四年一」とあることから、その法定刑は流刑であったと復原できる。ちなみに、伊房が中納言を解任されているのは、同じく官当条の「行守者、各以二本位一当、仍各解二見任一」という規定によるものであろう。藤原敦輔については、同様に官当条の「五位以上、以二一官一当二徒二年一」という規定の適用と贖銅による徒半年、そして名例律9請条の「五位及勲四等以上、(中略)流罪以下、減二一等一」の適用を考え併せることにより、徒三年と復原できる。

以上のように伊房と敦輔の法定刑は復原されるが、それが律のいかなる条文の適用によるものかを考えるにあたって、『百練抄』の「縁坐者多」という記載に注目したい。利光氏は、この記事に対して「衛禁律当該条は、重罪ではあるが、雑犯であって、賊盗律にみえる縁坐の限りではない。従って、これは高官の官当、それにともなう考課令による解官に関連して、連累者が多数であったということであろう」と本事例を越度縁辺関塞条の適用例であるということを前提にして苦しい解釈をされている(29)。しかし、当記事が「法家の勘状に随いて行わるところなり」と明法家の勘申に基づいた刑の執行について記したものであることから、その刑の表現も律令の規定に従ったものと考えるのが当然であり、むしろ賊盗律の「縁坐」の適用を受けた者が多かったと解するべきものと考える。また、当時の用例として考課令による解官の連累者を「縁坐者」と称したか、ということ自体疑問である。縁坐は謀反・大逆・謀叛の三罪のほか、造蓄蠱毒・征討告賊消息・殺一家非死罪三人及支解人などの犯罪に限られるものであり(30)、当事例において該当するものといえば、謀叛以外には考えられない。『百練抄』に「縁坐」とある以上、本事例において賊盗律4謀叛条が適用されたことは明らかである。

　しかしながら、伊房、敦輔に科された法定刑は、謀叛上道の場合は皆斬という賊盗律謀叛条の規定そのものには合わない。この点については、多少説明を要する。本事件においては、明範らは不法に渡遼したものの、数ヶ月後には帰国しているのである。名例律自首条逸文には「亡叛而自首者、減二罪二等一坐之。即亡叛者、雖レ不二自首一、能還二帰本所一者亦同」とあることから、謀叛の実行に及んだとはいえ、本所に帰還（帰国）したことにより、首従ともに斬刑ではなくそれより二等下の徒三年に減刑されることになったものと考えられる(31)。縁坐者も流刑から二等減じられた徒二年半が科されることになったのではないかと想定する。それでも、伊房の科刑については先に復原した流刑という法定刑との間に開きがある。これについては、次のように考える。先掲の『中右記』寛治六年の記事では、「越土」と「兵具売却」がそれぞれ問題にされていたように、本事件については二つの犯罪という視点からその科刑について考える必要があると思われる。名例律二罪以上倶発条によれば、同時に複数の罪が発覚したときは、その中のもっとも重い刑を科することになっていた。伊房の場合、「越土」の罪に対して科せられる刑（賊盗律謀叛条を二等減じた刑＝徒三年）と、「兵具売却」の罪に対して科せられる刑（先に復原した法定刑の流刑と推測する）とを比較すると、後者の刑の方が重いために、徒刑ではなく流刑が科せられることになったのではないかと考える。なお、敦輔の徒三年は、謀叛条による斬刑の二等減とも、「兵具売却」の従犯として首犯の流刑の一等減ともどちらにも考えうる。

契丹（遼）での「兵具売却」が養老関市令6弓箭条に違反する行為であると、藤原宗忠が認識していたことは先に述べた。しかし、このことは、宗忠が「兵具売却」の罪は違令罪（雑律違令条）で処罰されると考えていたことまでは意味しないと思う。『中右記』寛治六年九月十三日条では、あくまでも僧明範らの行為の違法性のみが述べられているのであって、その処罰についてまでは問題にされてはいない。日本律の写本の現存部分や逸文には関市令6弓箭条前半部分（交易禁止規定）に直接対応する規定が確認できないため、「兵具売却」は違令罪に問われたと考えるむきもあるが[32]、限られた日本律の現存部分や逸文だけでそのように即断することは適当ではないと思う。

筆者は、以下の理由により関市令6弓箭条前半部分に対応する「兵具売却」の処罰規定が日本律に存在した可能性が高いと考える。まず第一に、唐律同様に日本律においても交易品の内容によりその処罰を区別する必要があったということがある。唐律では、禁物（「私家不応有」の「禁兵器及諸禁物」）とそれ以外のもの（「私家応有」の物）との違いのほか、後者については「禁約不合度関」の物（『唐令拾遺』関市令第四条などに規定される物品など）とそうではない物との間に処罰や扱いに差が設けられていた[33]。養老関市令6弓箭条で交易禁止品に指定された「弓箭兵器」には禁兵器も含めて兵器一般が該当するものと考えるが、当然禁兵器とそれ以外の兵器とでは処罰に違いがあったと考えるべきであり、また禁兵器以外の兵器でも特に令に交易禁止の規定を設けている以上、兵器以外の物資などとは区別されるべきものと考える。諸蕃との不法交易に対する処罰規定としては、先掲の律逸文の「官司未二交易一之前、私共二蕃人一交易者、准レ盗論。罪止二徒三年一」という規定が知られるが、この規定だけではそのような交易品の性格に応じた処罰ができない。従って、この逸文以外にも諸蕃との不法交易を罰する規定が存在したはずであり、その規定こそ関市令6弓箭条の前半部分に対応するものであると考える。理由の二番目としては、伊房の流刑という法定刑は、徒三年と絞首の中間に位置するということがある。伊房の「兵具売却」の兵具には特に言及がないことから禁兵器は含まれていなかったと思われ、もし禁兵器以外の兵器交易の処罰規定がないとしたら、律逸文の規定により徒三年どまりとなる。また、唐律では禁兵器を化外人に私与した場合、絞刑である(34)ことを参考にするならば、禁兵器以外の兵器の交易の罪に対する量刑としてその一等下の流刑はちょうど適合する。以上の理由により、養老関市令6弓箭条前半部分に対応する処罰規定が日本律に存在したと考える。恐らくは、その規定は律逸文と同じく交易関係の規定として雑律に収められていたものと考える。(35)

以上、きわめて煩瑣な考証に終始したが、利光氏が衛禁律越度縁辺関塞条相当条規の論拠として挙げられた二つの裁判例を検討した。その結果、(1)の「清原守武の「入唐」事件」については利光氏の想定を必ずしも否定するものではないが、積極的に衛禁律該当条規の存在を示すものでもなく、むしろ「渡海制」違反者は賊盗律謀叛条により処罰されたという筆者の説も十分成立しうることが確認できた。(2)の「僧明範の契丹密航・兵具交易事件」では、契丹での「兵具売却」の罪に対する処罰規定についていささか推定を含むものの、賊盗律謀叛条が適用されたことは確実であり、利光氏の説が成り立ち得ないことを明らかにすることができたと思う。

おわりに

二節にわたって、前章に対する利光氏のご批判と衛禁律越度縁辺関塞条相当条規が存在したとするご高説の検討を行ってきたが、基本的に前章の論旨に修正の必要はなく、むしろその検討を通して筆者の説を補強できたものと思う。すなわち、日本の衛禁律には越度縁辺関塞条は存在せず、広橋家本「養老衛禁律」には脱落条文はない、という前章の結論を再確認することができたものと考える。また、裁判例の検討により、「渡海制」の違反者は賊盗律謀叛条により処罰されたこともより明確になったと思う。

養老衛禁律には、唐律にあった齎禁物私度関条と越度縁辺関塞条が存在しなかったと考えられる。(36)両条ともに対外貿易の管理に関わる規定であり、このことは日本の貿易管理体制が唐のものとは大きく異なっていたことを示していると思われる。従って、越度縁辺関塞条が日本の衛禁律に存在しないことを論じるには、日本の貿易管理体制の構造や特質についても考える必要があったと思うが、この問題については後章において論じることにしたい。(補註2)

最後になるが、前章の不備を補う機会を与えていただいた利光三津夫氏には、心より感謝申し上げる。

註

（1）律の伝本については、早川庄八・吉田孝「解題」（井上光貞ほか『律令』岩波書店、一九七六年）、小林宏「解説」（律令研究会編『訳註日本律令』四、東京堂出版、一九七六年）を参照。

（2）日本律の逸文については、律令研究会編『訳註日本律令』二・三（東京堂出版、一九七五年）、高塩博「日本律復原論考一覧並びに条文索引」（国学院大学日本文化研究所編『日本律復原の研究』国書刊行会、一九八四年）などを参照。

（3）仁井田陞・牧野巽「故唐律疏議製作年代考」（律令研究会編『訳註日本律令』一、東京堂出版、一九七八年、初出一九三一年）。瀧川政次郎「律の逸文」（『律令の研究』刀江書院、一九三一年）、同「律令禁物考」（『国学院大学政経論叢』一一―一・二、一九六二年）、同「衛禁律後半の脱落条文――律令時代の私貿易の禁――」（『律令格式の研究』角川書店、一九六七年、初出一九六三年）。

（4）犯廟社禁苑罪名条については、利光三津夫「わが律に削除せられた唐律」（『律令及び令制の研究』明治書院、一九五九年）、同「大宝律考」（『律の研究』明治書院、一九六一年）、瀧川政次郎「衛禁律後半の脱落条文」〈註（3）参照〉、小林宏編「律条拾遺」（川北靖之氏執筆部分）（国学院大学日本文化研究所編『日本律復原の研究』国書刊行会、一九八四年、初出一九七三年）など参照。齎禁物私度関条については、小林宏「律条拾塵」（『日本律復原の研究』〈同上〉、初出一九七三年）、および本書第一部第一章を参照。

（5）本章第一部第一章。以下、「前章」と略する場合もある。

（6）利光三津夫「衛禁律後半写本における条文脱落の存否について」（『律令研究続貂』慶應通信、一九九四年、初出一九九三年）。

（7）本章第一部第一章。

（8）山内晋次「古代における渡海禁制の再検討」（『待兼山論叢』史学篇二二、一九八八年）。

（9）瀧川氏註（4）論文。

（10）唐律、日本律の引用・条文番号は、『訳註日本律令』二・三〈註（2）参照〉による。また、唐令の引用・条文番号は、仁井田陞『唐令拾遺』（東京大学出版会、一九六四・一九八三年、初出一九三三年）による。養老令の引用・条文番号は、『律令』〈註（1）参照〉による。

（11）『類聚三代格』巻一九、禁制事。

（12）瀧川氏も「日遼密貿易事件」（『満支史説史話』日光書院、一九三九年）という論考では、律逸文を養老雑律の条文と考えられている。田島公「大宰府鴻臚館の終焉――8世紀～11世紀の対外交易システムの解明――」（『日本史研究』三八九、一九九五年）を参照。

（13）利光氏註（6）論文。

(14) 利光氏註(6)論文、八〇頁。
(15) 滋賀秀三「名例」(律令研究会編『訳註日本律令』五〈唐律疏議訳註篇一〉、東京堂出版、一九七九年)、三六頁を参照。
(16) 利光氏註(6)論文、八〇～八一頁。
(17) 本章第一部第一章、註(19)、一八二頁。
(18) 利光氏「わが律に削除せられた唐律」〈註(4)参照〉、二八頁。
(19) 利光氏註(6)論文、八一頁。
(20) 復旧唐関市令の第四条や第五条には、「西辺北辺諸関」、「縁辺諸州」、「縁辺互市」などの表現が見られるが、対応する養老関市令の諸規定には特定の場や地域に限定する用語はない。また、先掲の律逸文も養老関市令8官司条〈註(23)に、条文を引用〉との対応から、「縁辺」などの限定のない規定と考えられる。なお、弓箭条の後半の「其東辺北辺、不レ得レ置二鉄冶一」という規定は、唐令では対外交易の規定と別条を成していたと考えられ、ここで問題にする交易規定の例からは除外して考える。池田温編集代表『唐令拾遺補』(東京大学出版会、一九九七年)七九七頁を参照。
(21) 利光氏註(6)論文、八三～八四頁。
(22) 利光氏註(6)論文、八四頁。
(23) 凡官司未二交易一之前、不レ得下私共二諸蕃一交易上。為レ人糺獲者、二二分其物一、一分賞二糺人一、一分没官。若官司於二其所部一捉獲者、皆没官。
(24) 山内氏註(8)論文、七〇頁。
(25) 大津透「摂関期の律令法——罪名定を中心に——」(『山梨大学教育学部研究報告』四七、一九九六年)を参照。
(26) 利光氏註(6)論文、八七頁。なお、利光氏の論文原文では、「越土」は「越立」となっているが、明らかな誤りであるため改めた。(補註1)を参照されたい。
(27) 利光氏註(6)論文、八九～九〇頁、注(2)。
(28) 利光氏註(6)論文、八七～八八頁。
(29) 利光氏註(6)論文、八九頁。
(30) 滋賀氏註(15)論文、二二一頁を参照。なお、征討告賊消息(擅興律9条)が日本律にあったかは不明〈註(2)参照〉。

(31) 名例律称加条逸文に「唯二死三流、各同為㆓一減㆒」とあるように、減刑の場合は二つの死刑（斬・絞）と三つの流刑（遠・中・近）はそれぞれまとめて一等と計算されたので、斬刑の二等減は「死刑→流刑→徒三年」となる。

(32) 山内氏註(8)論文、七二頁。

(33) 唐衛禁律30齎禁物私度関条疏議、同31越度縁辺関塞条等を参照。

(34) 唐衛禁律31越度縁辺関塞条。

(35) 律逸文の規定の後に弓箭条前半部分に対応する規定が存在し、一条にまとまっていた可能性もあると考える。

(36) あくまでも、衛禁律という篇目の中にそうした規定がないということであって、唐律の両条に対応する規定が全く日本律に継受されなかったということまでは意味しない。むしろ、唐律両条の規定が大きく改変されることにより、日本律では他篇目に移された可能性を想定している。具体的には、本文でも述べたように、越度縁辺関塞条の規定の一部をもとに「雑律逸文」の規定が作られたことなどを考えている。

（補註1） 旧稿では、史料大成本の『中右記』に拠って、「件明範越土趣契丹国」の部分の「越土」を「越立」としてあったが、森哲也「唐衛禁律越度縁辺関塞条の日本への継受に関する覚書」（『前近代東アジア海域における交易システムの総合的研究』平成9年度〜平成11年度科学研究費補助金〈基盤研究（B）（2）〉研究成果報告書、二〇〇〇年）の指摘を承けて改めた。

（補註2） 本書第一部第三章、および補論三を参照。

〔補記〕 本補論の元となった旧稿が出た後に、利光三津夫「再び養老衛禁律脱落条文について」（『法学研究』七二―四、一九九九年）が発表された。利光氏は拙論に対し全面的な批判を加えられているが、その多くは史料解釈の相違に基づくものであり、新史料などにより新たな論点を提示しない限り水掛け論になると思われる。なお、「国境の禁を犯し違法に出国或いは入国した者には、唐律が、これに科するに越度縁辺関塞条を以てするに対して、日本律は、賊盗律謀叛条後半の山沢亡命条が適用されたと主張する榎本淳一氏の説を批判した」（一頁）と書かれているが、拙論において、違法に出国（密出国）した者に対し賊盗律謀叛条後半の山沢亡命条が適用されたと主張したことは一度もない。拙論では、謀叛条前半で「欲背本朝、将投蕃国」と規定される謀叛罪が適用されたことを主張した。また、入国した者に対し、山沢亡命条が適用されたなどということもまったく述べたことがない。拙論に対する利光氏の理解には、大きな誤りがあるように思われる。

森哲也「唐衛禁律越度縁辺関塞条の日本への継受に関する覚書」〈(補註1)参照〉は、史料大成本『中右記』寛治六年(一〇九二)九月十三日条では「越立」となっている部分を、大日本古記録や古写本に拠って「越土」と読むべきことを指摘した。本補論や第一部第一章もこれに従い、修正した。しかし、森氏が「越土」とあることから、唐衛禁律越度縁辺関塞条に対応する規定が日本衛禁律にも存在したと想定されていることは認めがたい。そもそも問題の部分は、「件明範越土趣契丹国」となっており、律文を引用した表現ではない。「越土」も、律文ならば「越度」でなければならないところである。森氏は、音通で「越度」のつもりで「越土」と書いたと理解されているようだが、そうであったとしても律文の意味で利用されていた可能性は低いと思われる。この時代には既に、「越度」(おつど・おちど)は「越渡」・「落度」などとも書かれ、不法行為や過失、過ちなどの意味で広く使用されており、問題の箇所も「明範が不法に契丹国に赴いた」というほどの意味に取るべきであろう。「越土」という用語のみで、日本衛禁律に越度縁辺関塞条に対応する規定が存在したと判断することはできないと思われる。なお、「越度」が不法行為などの意味でこれ以前から用いられていたことは、『朝野群載』巻二〇に幾つか用例が見えることから確かである。院政期・鎌倉時代以降に多くの用例があることは、辞書類にあたれば確認できるだろう。

補論二　渤海が伝えた「大唐淄青節度康志曀交通之事」について

はじめに

天長四年（八二七）十二月二十九日、渤海使政堂左允王文矩ら百余人が但馬国に到着した。[1]前回の天長二年の高承祖らの遣使からわずか二年後のことであり、当時渤海の遣日使派遣の年限を定めていた「一紀（一二年）一貢」という年紀制に反する派遣であった。[2]王文矩らは早速到着地においてその来朝の起源を違えた過ちを問われることになったが、その理由として「大唐淄青節度康志曀交通之事」を伝えるために入覲したのだと述べている。前回の使節も年紀制に違反した派遣であったとはいえ、あからさまな違期遣使を行ったのは、「大唐淄青節度康志曀交通之事」を伝えるという使命には日本の朝廷が納得するであろう重要性があると渤海側が認識していたことによると思われる。渤海の伝えようとした情報には、どのような重要性があったのであろうか。また、日本側はその情報をどのように捉え、いかなる対応をしたのであろうか。

本補論では、これまであまり議論されることのなかった「大唐淄青節度康志曀交通之事」という渤海が日本に伝えた情報の内容とその情報に対する日本の対応などについていささか考えてみることにしたい。

一　先行研究の紹介

天長四年来朝の渤海使に関しては多くの先行研究が存在するが、[3]彼らが日本の朝廷に伝えた「大唐淄青節度康志曀交通之事」という情報の内容については石井正敏氏以外にはあまり深く検討されていないようである。[4]そこでまず、石井氏の所論を紹介することにしたい。

石井氏は「渤海の日唐間における中継的役割について」[5]という論文において、渤海が日唐間の中継的役割を果たした例を検討し、その役割を五つに分類された。五つの役割の一つが「唐情報の伝達」であり、その具体例として「大唐淄青節度康志曀交通之事」の内容を詳しく考察されている。氏は中国史の史料や先行研究によって、以下の事実を確認された。まず、「大唐淄青節度」とは淄青平盧節度使のことであり、「押新羅・渤海両蕃」という任務を持ち、渤海遣唐使の押領に当たっていたとされる。そして、「康志曀」とは「康志睦」の誤りであるとされた。その上で、唐の大和元年（八二七）七月から同三年四月まで続いた李同捷の乱において淄青平盧節度使であった康志睦が討伐軍に加わっていた事実と関連付けて、渤海の唐交通に深く関与する淄青平盧節度使が反乱討伐軍に参加したことにより、渤海が直接・間接に入唐交通について影響を受けたことを推測されたのである。石井氏は以上の考察をもとに、李同捷の乱の推移（八二七年に始まる）、および王文矩らの来日時期（同年十二月）などを勘案して、「為言大唐淄青節度康志曀交通之事」とは、李同捷の乱および康志睦派兵による渤海入唐交通路の阻害、もしくは交通規制などの状況を日本に報ずることにあったとみて間違いないとされている。

石井氏の所論はしかるべき史料と先行研究に則った説得力のあるものであり、以後の関連研究においてはその所説がほぼ受け入れられてきているといってよいだろう。(6)ただし、まったく異論がないわけではなく、濱田耕策氏がその著書『渤海国興亡史』(7)の中で「大唐淄青節度康志睦交通之事」を「唐の淄青節度使の康志睦と渤海とが通交したこと」(二五一頁)と訳されていることが注目される。ただ惜しむらくは、概説書という性格からこの史料解釈についての考証は示されていない。石井氏は「交通」を交通機関、交通制度といった現在われわれが用いるいわゆる「交通」の意味に理解されたようだが、(8)濱田氏は交際するという意味で「交通」を「通交」と解されている点、その解釈の違いが際立っている。なお、石井氏も著書に先の論文を収載するにあたって、その付記で「「交通」とは「通交」のことで、康志睦からの使者が何らかの情報を伝えたり、要請があったことを伝えようとした可能性もあるかと思われる」と述べられており、(9)濱田氏の著書にはまったく触れられていないが、濱田説と同様な史料解釈も成り立ちうることを認められているように思われる。

「交通」を石井氏のように「文字どおり」の意味で解釈した場合と、濱田氏のように「通交」の意味に解釈した場合では、当然ながら渤海の伝えた情報の内容は大きく相違することになる。石井氏と濱田氏のどちらが正しいのか、それともそれ以外の解釈が成り立つのか、節を改めて「交通」という用語について検討してみることにしたい。

二 「交通」の用例検討

この場合、「交通」の意味を考えるにあたって検討すべきなのは、古代日本ないし唐代における「交通」の用例である。「交通」の現代的な意味が問題となるのではなく、あくまでも「大唐淄青節度康志曀交通之事」という史料の書かれた同時代の用例から当時の「交通」という用語の意味を考えなくてはならない。

「交通」の用例は唐代の史料に頻出することから、まず唐代の用例から検討することにする。しかしながら、唐代の史料はあまりに膨大であるため、その用例をすべて網羅することは不可能に近い。そこで、まず「交通」という用語に着目した程樹徳の研究を手がかりとして、検討することにしたい。程樹徳は、その著書『九朝律考』[10]の一編「隋律考」の中で「交通」という「罪名」[11]で処罰された事例を『隋書』と『北史』の各伝から採集し、考察を加えている。『隋書』と『北史』は共に、唐代の編纂物であることから、その用語も唐代のものと考えてよいであろう。程樹徳がその事例として挙げたのは、以下の七つの記事である。[12]

(1)蜀王秀の罪を得るや、冑与に交通するに坐せられて、除名せらる。（『隋書』巻四〇、元冑伝）

(2)斉王暕の罪を得るや、純与に交通するに坐せらる。（『隋書』巻六五、董純伝）

(3)有司、浩を劾するに、諸侯の内臣に交通するを以てし、竟に坐せられて、廃免せらる。（『隋書』巻四五、秦孝王俊伝）

(4)秀の罪を得るに及びて、楊素、彧を内臣の諸侯に交通するを以て奏し、除名して民と為し、懐遠鎮に配戍せしむ。（『隋書』巻六二、柳彧伝）

(5)有司奏すらく、「左衛大将軍元旻・右衛大将軍元冑・左僕射高熲並びに世積と交通し、其の名馬の贈を受く」と。世積竟に坐せられて誅せられ、旻・冑等免官せらる。（『隋書』巻四〇、王世積伝）

(6)蜀王秀の罪を得るや、倹与に交通するに坐せられて、免職せらる。（『北史』巻八六、柳倹伝）

(7)御史、倶羅を劾するに郡将の内臣に交通するを以てす。帝大いに怒り、伯隠と倶に坐せられて除名せらる。（『北史』巻七八、魚倶羅伝）

程樹徳は以上七件の記事を提示した後に按文を記し、「交通」が当時（隋代）の厲禁（禁令）であり、隋は漢制に沿っているのだと述べている。[13]「隋律考」における考察であることを考えるならば、程樹徳は「交通」という禁令＝罪名が隋律にあった可能性を推定していたと考えてよいであろう。しかしながら、筆者のみるところ隋律に「交通」の罪名が存在した可能性はほとんどないと考える。その根拠は、隋律との類同性が高いと思われる唐律には疏議も含めて「交通」という用語すら存在しないことである。[14]そして、それにもかかわらず『旧唐書』などには『隋書』や『北史』同様の「交通」の用例が多く見受けられることがある。つまり、律には「交通」という規定がなくとも、史籍では「交通」という用語が使われていることである。それでは、「交通」という用語にはどのような意味があるのであろうか。また、なぜ罪名と誤解されるような用いられ方をしたのか、次に『旧唐書』の各伝にみられる用例をもとに考えることにしたい。なお、『旧唐書』は五代の後晋出帝の開運二年（九四五）の成立だが、唐代に編纂された原史料の形をよく留めているとされることから、[15]唐代の「交通」の用例を考える上で『旧唐書』は最適の史料と考える。なお、史料の引用にあたっては、冒頭に番号を記し、漢文は書き下して、人名には傍線を付すことにする（以下、同じ）。

『旧唐書』においても、「交通」によって処罰された事例を確認することができる。

(8)尋いで李孝常と交通するに坐せられて除名せらる。（巻五八、長孫順徳伝）

(9)垂拱中、裴承光と交通するに坐せられて殺さる。（巻六四、霍王元軌伝）

「交通」の用例としては、先掲の『九朝律考』所引の事例と同類としてよいだろう。しかしながら、こうした犯罪として処罰されたものだけでなく、ほかの用例も『旧唐書』にはみられる。

(10)驍勇善射にして、豪俠と交通す。其の兄山伯毎に之に誡めて曰く、「汝、交遊を択ばざらば、終には当に吾が族を滅ぼすべきなり。」数之を罵辱す。（巻五五、劉武周伝）

(11)弘基少にして落拓し、軽俠と交通し、家産を事とせず、父の蔭を以て右勲侍と為る。（巻五八、劉弘基伝）

(12)然して性多く兇狡にして、隋末の将に乱れんとするを見て、不逞と交通す。（巻六九、劉蘭伝）

(10)〜(12)の用例では犯罪とはまったく無関係であり、「交通」は「交際する」、「関係を持つ」という意味で使用されていると考えてよいであろう。(16) ここで翻って(1)〜(9)の用例に立ち返ってみると、「交通」を罪名と考えずとも単に「交際する」、「関係を持つ」と解しても何ら問題がないことがわかる。それでは、程樹徳は「交通」の意味をまったく取り違えていたのであろうか。なぜ、「交通」を罪名と誤解したのであろうか。

上に引用した「交通」の用例は、まさに九牛の一毛にすぎないが、「交通」という語の唐代の用法のある傾向を示しているように思われる。すなわち、「交通」とは万人との「交際」一般に使用されているのではなく、(1)〜(12)の用例に示されるように犯罪者、ならず者など道を外れた者、または諸侯・郡将と内臣など関係を持つことが禁じられている者といった、本来ならば付き合うべきでない相手との「交際」という場面で用いられているケースが実に顕著なのである。つまり、唐代の「交通」という語は、「交際する」、「関係を持つ」という意味であるが、多くの場合「よからぬ相手、または付き合うべきでない相手と交際する」というニュアンスが含まれていると考えられるのである。(17) このように「交通」にはその語自体に不道徳的な意味合いが含まれており、犯罪に類した用語として使用されることもあるため、程樹徳は「交通」そのものが犯罪であるかのような誤解をすることになったのではないかと考える。

それでは次に、日本古代における用法をみることにしたい。日本の用例でまず着目したいのは、『続日本紀』天平元年（七二九）二月戊寅条である。

(13)外従五位下上毛野朝臣宿奈麻呂等七人、長屋王と交通するに坐せられて、並びに流に処せらる。自余九十人は悉く原免に従ふ。

この用例は、まさに(1)〜(9)の用例と同じもので、日本古代においても唐代同様の用法が存在していたことがわかる。

日本古代における「交通」の用例は唐代のようには多くなく、管見に入ったところでは、このほかに『令集解』中の三例[18]しか挙げることができない。[補註1]

⒁男・婦に科無く、若し交通有らば、各奸を以て論ずるなり。（僧尼令集解11停婦女条古記所引一云）

⒂古記に云はく、「口舌とは、謂ふこころは、悪言して彼此の中に交通し、推問せられ、並びに罪に至るの類なり。」（戸令集解28七出条古記）

⒃今此令の官に任ぜざる前とは、未だ知らず。律令二条いかに交通せん。（考課令集解2官人遷迹条）

⒁は僧尼が僧坊や尼坊に異性を停めて、男女の関係を持った場合の処罰について論じている箇所であり、この「交通」には本来関係を持つべきでない僧尼と異性の交渉というニュアンスが含まれていると思われる。⒂も、犯罪につながるような行為としての「交通」という意味合いが込められているとみてよいであろう。⒃は律と令の規定との関係はどうなっているのかということを問題にしている部分で、ここでは「交通」は単に「関係」という意味だけで、⒁や⒂のような特別なニュアンスは含まれていない。

以上、簡略ではあるが日本古代の「交通」の用例を検討してみたが、ほぼ唐代の用例と同じであったと考えてよいと思われる。したがって、「大唐淄青節度康志曀交通之事」の「交通」という用語は濱田氏のように交際の意味での「通交」と訳すのが正しいと思われる。[19] しかしながら、「大唐淄青節度康志曀交通之事」の全体の解釈については、必ずしも濱田氏の説に賛同するものではない。次に節を改め、濱田氏の史料解釈に関する疑問を述べることにしたい。

三　渤海が伝えた情報の内容と日本の対応

濱田氏の解釈でもっとも疑問に思われるのは、淄青節度使康志睦の「交通」の相手を渤海と捉えていることである。濱田氏は渤海が幽州節度使と相い聘問する関係であったことなどをもとに、淄青節度使とも同じように通交していたと考えておられるようだが[20]、そのような事実があったとしても、そのことを日本に通知することにどのような意味があったというのであろうか。この点、濱田氏はまったく述べられていない。

先述したように渤海が伝えようとした情報が日本にとって重要性のあるものと判断したからこそ、あえて年紀制を破ってまでも使節を派遣したと考えられるのであって、「渤海と淄青節度使が通交した」という情報にはたしてそのような重要性があるのであろうか。情報の伝達がたとえ貿易を行うための口実にすぎないものであったとしても、日本を納得させうる口実でなければ意味がないであろう。

この点について、石井正敏氏は、「安史の乱に際して、朝廷・反乱軍両者から渤海に援助の要請がなされており、その間の詳しい情報を日本に伝えている（括弧内省略―筆者）例を参考にすると、「交通」とは「通交」のことで、康志睦からの使者が何らかの情報を伝えたり、要請があったことを伝えようとした可能性もあるかと思われる」と述べられている[21]。安史の乱と李同捷の乱という同じ反乱時の情報ということで、唐側から同様な要請があったと考えておられるようである。石井氏のように考えるならば、確かに「渤海と淄青節度使が通交した」ことを日本に伝える意味は十分あると思われる。しかし、逆にそのような重要な情報ならば、安史の乱の際の情報と同じく日本側の記録にもっと詳しく記載されてしかるべきではないだろうか。また、日本側が王文矩ら渤海使の入京を認めないばかりか、滞在中の食料も通例の半分しか支給しないという厳しい処置をとったことを考えるならば、石井氏の想定されるような情報であったとは考えられない。石井氏の述べるような情報ならば、日本側もそれなりに丁重な対応をしたのではないだろうか。日本側がこのような冷淡な態度をとったのは、渤海側が重要と考えるほどには日本側はその情報に価値を見出さなかったということであろう。渤海と日本との認識の相違を示すことになったその情報とは、どのようなものであろうか。

濱田氏と石井氏は共に康志睦の「交通」の相手を渤海と考えられていたわけだが、渤海が日本に関係のある情報を伝えてきたことを考えるならば、むしろその相手を日本と考えるのが自然ではないだろうか。情報記事があまりに簡略であるため憶測にわたるが、その情報とは「康志睦が日本との通交を要望している」というものであったのではないかと考える。その情報を渤海が独自の判断で伝えてきたのか、あるいは伝えることを依頼されてきたのかは不明だが、どちらにしてもこの情報を伝えることが違期入朝の十分な口実になると判断して、渤海は王文矩らを派遣したのであろう。濱田氏が当時渤海が幽州節度使など唐の辺地の州と通交していたことを指摘されているように[23]、渤海にとっては唐の節度使との通交は重要なものと認識されていたものと考えられる。それに対して、日本は七世紀後半以降一貫して国家君主の派遣した公使以外とは外交を行わないという中国の伝統的な外交方針を堅持していた[24]。王文矩来航の十数年後の承和七年（八四〇）、新羅の張宝高が通交を求めてきた際も、「人臣に境外の交わり無し」としてその関係を拒絶している[25]。おそらく、この康志睦の通交要請にしても日本側は応じる考えはなかったと考えられ、したがってその情報を伝えた渤海に対しても冷淡な対応をとることになったと思われる。また、「臣下に外交無し」という礼的外交規範[26]に照らして、康志睦との通交は関係を持つべきでない通交という受け止め方がされ、それが「交通」という用語を用いさせることになったのではないだろうか[27]。

おわりに

七世紀後半から八世紀前半という時期、東アジアの律令国家においては国家君主が外交権を独占する体制を作り上げ、それを維持することにより国家支配の安定が図られていた。[28]しかしながら、八世紀後半以降、とりわけ九世紀以降、渤海と唐の節度使が通交したり、新羅の張宝高が日本に関係を求めてくるなど、国家君主による外交権の独占体制は大きく動揺することになった。これらの動きは、当時活発化した海外貿易の展開による東アジア交易圏の成立と深く関連しているものと考えられる。

こうした東アジア情勢の変化の中にあって、唐の幽州節度使が渤海との間に通交関係を結んだように、淄青節度使が日本に通交を求めてきたと本補論では想定した。そして、日本はその要求を拒絶ないしは無視したものと考える。[29]たとえ形式的なものであったにしても、日本のみが臣下の外交を否定し、律令制的な外交体制を固持していたことは注目に値する。臣下の外交が行われた唐・新羅・渤海の三国が十世紀前半に相次いで滅亡し、日本のみが存続したことを考えるならば、この九世紀における日本と他の三国の外交方針・政策の違いについて十分考慮する必要があるのではないだろうか。[30]

註

（1）『類聚三代格』巻一八所収、天長五年正月二日太政官符。

（2）日本と渤海との間での年紀制については、石井正敏「光仁・桓武朝の日本と渤海」（『日本渤海関係史の研究』吉川弘文館、二〇〇一年、初出一九九五年）などを参照。

（3）近年は、天長四年の渤海使来日に際し出された天長五年官符の国書開封権についての研究が多い。たとえば、中西正和

「渤海使の来朝と天長五年正月二日官符」（『ヒストリア』一五九、一九九八年）、石井正敏「天長五年正月官符をめぐって」〈石井氏註(2)書、初出一九九八年〉、森田悌「蕃国国書の開見」（『芸林』四八—二、一九九九年）などがある。

（4）金毓黻『渤海国史長編』巻一九叢考（『黒水叢書』五所収、黒竜江人民出版社、一九九五年、初出一九三四年）、新妻利久『渤海国史及び日本との国交史の研究』（学術書出版会、一九六九年）も当該の情報について触れるが、石井氏ほど深くは論及されていない。

（5）『東方学』五一、一九七六年。のちに石井氏註(2)書に収載するにあたって、「日唐交通と渤海」と改題される。

（6）酒寄雅志「渤海国家の史的展開と国際関係」（『渤海と古代の日本』校倉書房、二〇〇一年、初出一九七九年）、上田雄『渤海使の研究』（明石書店、二〇〇二年）など。

（7）吉川弘文館、二〇〇〇年。

（8）石井氏の表現によれば「「交通」を、文字どおりに解釈して」とある〈石井氏註(2)書、五三九頁〉。

（9）石井氏註(2)書、五三九頁。

（10）大学叢書本を利用。台湾商務印書館、一九七三年、初出一九二七年。なお、『九朝律考』の書誌については、七野敏光「九朝律考および漢唐間正史刑法史」（滋賀秀三編『中国法制史　基本資料の研究』東京大学出版会、一九九三年）を参照。

（11）実際の隋律に「交通」という罪名が存在していた徴証はなく、後述のように律に規定された罪名とは考えにくい。ここではあくまでも程樹徳の考えに従って「罪名」としておく。

（12）引用した記事には、便宜的にその冒頭に番号を付し、書き下し文に改め、人名には傍線を付した（原文は白文）。また、原典にあたり適宜史料を補い、出典もいささか書き足した。

（13）原文の書き下し文は、以下の通り。

按ずるに、『隋書』『北史』の各伝、交通を以て劾せらる者一にあらず。是れ当時必ず已に懸かりて厲禁たり。『隋書』郭衍伝、「晋王に宗を奪うの謀有り。因りて衍を召して陰に共に計議す。又、人の故無く来往するを疑ふを恐れて、託するに衍の妻の癭を患ふを以てす。王の妃蕭氏術有りて能く之を療す。」当時の法網の密なること、此の如し。『漢書（後漢書の誤り）』鄭衆伝「太子・儲君に外交の義無し。漢に旧防有り。蕃王私に賓客に通ずるは宜しからず」を考ふるに、隋蓋し漢制に沿ふなり。

(14) 荘為斯編者『唐律疏議引得』（文海出版社、一九六四年）による。
(15) 池田温「中国の史書と『続日本紀』」（『東アジアの文化交流史』吉川弘文館、二〇〇二年、初出一九九二年）を参照。
(16) 唐五代の用語の意味を研究したものに、劉堅・江藍生主編、江藍生・曹広順編著『唐五代語言詞典』（上海教育出版社、一九九七年）があるが、「交通」を「交往」（往来する、交際する）、「往来」（交際する、交渉する）の意味に解しており、貶めた意味として「勾結」（悪いことで結託する）の意味があることを述べている（なお、括弧内の日本語訳は、倉石武四郎『岩波中国語辞典』〈岩波書店、一九六三年〉による）。これによれば、唐代では「交通」は一般的には「交際」などの意味で用いられていたと考えられる。また、「勾結」という貶めた意味があるとする点、「よからぬ相手、または付き合うべきでない相手と交際する」という本補論の解釈に通ずる部分があると思われる。
(17) 本文では、『隋書』『北史』『旧唐書』など正史における用例しか挙げることができなかったが、この用法は決して正史にだけ見られるものではなく、他の唐代史料にも広く見られるものである。たとえば、『冊府元亀』巻五二〇下・憲官部・弾劾三下の李傑の項と崔楨の項、『大唐新語』巻一〇・釐革第二二の姜晦の項などを参照。
(18) 『令集解』中の用例は、水本浩典・村尾義和・柴田博子編『令集解総索引』（高科書店、一九九一年）によった。なお、この三例はすべて古記という大宝令の注釈書にみえるもので、当時の日本では珍しい用語であったと考えられる。古記の作者としては秦大麻呂や大和長岡など入唐経験者が想定されており、これらの「交通」の用語・用法も唐で学んできた可能性が考えられる。なお、引用した『令集解』は国史大系本だが、書き下し文に改めた。また、条文番号・条文名は、井上光貞ほか『律令』（岩波書店、一九七六年）による。
(19) 外国との「交通」の用例としては、『旧唐書』巻六〇、宗室・幼良伝に「交通境外」という記述がある。
(20) 濱田氏註(7)書、一五二〜一五三頁、一五八〜一五九頁を参照。
(21) 石井氏註(2)書、五三九〜五四〇頁。
(22) 前註(1)を参照。
(23) 濱田氏註(7)書、一五八〜一五九頁。
(24) 本書第一部第一章を参照。
(25) 『続日本後紀』承和七年十二月己巳条。

(26)『礼記』や『春秋左氏伝』など中国の儒教の経典には、こうした規範を記す記事が散見している。註(24)を参照。

(27)「大唐淄青節度康志曀交通之事」という情報は、王文矩らの発言の中にみえるものだが、あくまでも口頭で述べたものであって、その発言を表記したのは日本側であり、「交通」という用語も日本側の意図を反映したものと考える。

(28)本書第一部第四章を参照。

(29)渤海の伝えた情報に対する日本側の判断・対応については、まったく史料に記載されておらず、当時の日本の外交方針や「交通」という用語の使用、渤海使への冷淡な対応などから推測する。

(30)筆者は、日本においては十世紀前半まで律令制的な外交方針が維持されていたと考えている〈註(24)を参照〉。九世紀に新羅人に対する帰化を禁止する政策がとられたことを重視して、律令国家の政策転換を強調する見方も存在するが、新羅との関係悪化に対する特別な措置であって、外交方針の変更を意味するものではないと考える。その証拠として、渤海人に対しては十世紀前半においても「帰化」を認めている(『扶桑略記』延喜二十年六月二十八日条)。同様に、九世紀に遣外使節の派遣が途絶えたことについても、結果として派遣されなかっただけであり、遣外使節の制度を廃止するといった基本方針の変更とはいえないと考える。なお、石上英一「古代国家と対外関係」(『講座日本歴史』2、東京大学出版会、一九八四年)は、九世紀における「臣下の使」を認めない外交政策が「東夷の小帝国」の構造、行動様式の変質または崩壊の一面を示しているとするが、臣下の外交を否定する立場は七世紀後半以来一貫しているものであり、石上氏の説に従うことはできない。

(補註1)　旧稿発表後、『扶桑略記』延長七年(九二九)五月二十一日条に、「交通」の用例を得た。新羅(実は後百済)の甄萱が日本に朝貢をしてきたことに対し、日本側が「交通」と捉えていることが示されており、本章の論旨に合致している。また、笹山晴生先生・森田悌氏から、『日本霊異記』下巻第三八縁に「弓削氏僧道鏡法師、与皇后同枕交通」という用例があることをご教示いただいた。

第二章　唐代の出入国管理制度と対外方針

はじめに

中国唐王朝は世界帝国として周辺諸国のみならずアジア全域に多大な影響を与えたことで知られるが、唐代の外交方針や制度については未解明の部分が多いと思われる。[1]筆者の関心は主として古代日本と唐朝との外交関係にあるが、少なくともこの時代の東アジア地域の国際関係を考えるにあたっては、その関係を規制した唐代の外交方針・制度の究明は不可欠の作業であると考える。

そこで本章では、唐代の外交制度の具体相を示す史料として弘法大師空海の漢詩文集『遍照発揮性霊集』（一般に『性霊集』と略称す）巻五所収の「為大使与福州観察使書」という啓文（以下、「賀能啓」と略称す）に注目し、その文中に見える「竹符・銅契」と「文書」の解釈を手がかりに、主に出入国に関する対外方針と制度について考えてみたいと思う。[2]

一　西嶋説の検討

最初に、賀能啓の全文を引用することにしたい。[3] いささか長文なので、見やすくするために（1）～（7）に段落分けし、原文の引用の後に内容の概略を示すことにする。[4]

（1）賀能啓。高山澹黙、禽獣不レ告レ労、而投帰。深水不レ言、魚龍不レ憚レ倦、而逐赴。故能西羌梯レ険、貢二垂衣君一、南裔航レ深、献二刑厝帝一。誠是明知二艱難之亡一レ身、然猶忘二命徳化之遠及一者也。

（2）伏惟、大唐聖朝、霜露攸レ均、皇王宜レ宅。明王継レ武、聖帝重興、掩二頓九野一、牢二籠八紘一。是以我日本国、常見二風雨和順一、定知二中国有一レ聖。刳二巨楡於蒼嶺一、摘二皇花於丹墀一。執二蓬莱琛一、献二崐岳玉一。起レ昔迄レ今、相続不レ絶。

（3）故今、我国主、顧二先祖之貽謀一、慕二今帝之徳化一。謹差二太政官右大弁正三品兼行越前国大守藤原朝臣賀能等一充レ使、奉二献国信・別貢等物一。賀能等忘レ身銜レ命、冒レ死入レ海。既辞二本涯一、比レ及二中途一、暴雨穿レ帆、戕風折レ柁。高波汲レ漢、短舟裔々。凱風朝扇、摧二肝耽羅之狼心一。北気夕発、失二胆留求之虎性一。頻二蹙猛風一、待レ葬二鼈口一、攅二眉驚汰一、占二宅鯨腹一。随レ浪昇沈、任レ風南北。但見二天水之碧色一、豈視二山谷之白霧一。掣二々波上一、二月有余。水尽人疲、海長陸遠。飛レ虚脱レ翼、泳レ水殺レ鰭、何足レ為レ喩哉。僅八月初日、乍見二雲峯一、欣悦罔レ極。過二赤子之得一レ母、越二旱苗之遇一レ霖。賀能等、万冒二死波一、再見二生日一。是則聖徳之所レ致也。非二我力之所一レ能也。

（4）又大唐之遇二日本一也、雖レ云下八狄雲会膝二歩高台一、七戎霧合稽中顙魏闕上、而於二我国使一也、殊私曲成、待以二上客一。面対二龍顔一、自承二鸞綸一。佳問栄寵、已過二望外一。与二夫瑣々諸蕃一、豈同日而可レ論乎。又竹符・銅契、本備二奸詐一。世淳人質、文契何用。是故、我国淳樸已降、常事二好隣一。所レ献信物、不レ用二印書一。所遣使人、無レ有二奸偽一。相二襲其風一、于レ今無レ尽。加以使乎之人、必択二腹心一。任以二腹心一、何更用レ契。載籍所レ伝、東方有レ国、其人懇直、礼儀之郷、君子之国、蓋為レ此歟。

(5)　然今、州使責以二文書一、疑二彼腹心一。検二括船上一、計二数公私一。斯乃理合二法令一、事得二道理一。官吏之道、実是可レ然。雖レ然、遠人乍到、触レ途多レ憂。海中之愁、猶委二胸臆一。徳酒之味、未レ飽二心腹一。率然禁制、手足無レ厝。

(6)　又建中以往、入朝使船、直着二楊蘇一、無二漂蕩之苦一。州県諸司、慰労慇懃。左右任レ使、不レ検二船物一。

(7)　今則事与レ昔異、遇将レ望疎。底下愚人、竊懐二驚恨一。伏願、垂二柔レ遠之恵一、顧二好レ隣之義一、従二其習俗一、不レ怪二常風一。然則涓々百蛮、与二流水一而朝二宗舜海一、喁々万服将二葵藿一、以引二領堯日一。順レ風之人、甘心輻湊、逐レ腥之蟻、悦レ意駢羅。今不レ任二常習之小願一。奉啓不宣。謹啓。

冒頭の(1)では、有徳の天子のもとには危険・労苦を犯して蕃夷が朝貢するという一般論が述べられ、(2)では、それをうけ唐朝の天子の徳を称え、これまで日本が絶えることなく使を送った理由としている。(3)では、今回の遣使について述べ、その航海の艱難を強調するとともに、無事到着できたのは聖徳のおかげであると唐皇帝を讃美している。(4)では、これまで唐朝が日本の使人を上客として待遇してきたことを述べるとともに、「世淳人質」[5]な国民性に加え、常に腹心を使人に充てていることから、上古以来「竹符・銅契」は用いられることはなく、貢献品にも「印書」は必要とされなかったという日本に対する扱いの特殊性が説明されている。それに対し(5)では、今回の州使の対応がこれまでと大きく異なり、船上を検括したり、「文書」の提出を要求したりして、航海の疲れのとれていない日本の使人には苦痛となっていることが訴えられている。さらに(6)では、前回の遣使のあった建中年間まで[6]は日本使人に対する扱いが慇懃であって、船内の臨検もなかったという好遇ぶりを対照的に述べ、結論部分の(7)で、今回の州使の扱いに対する不満を表明し、従来通りの柔遠好隣の待遇を懇願し啓文を結んでいる。

問題とする「竹符・銅契」は、(4)段落の波線部に見られるが、従来はこの部分を主要な論拠として日本の遣唐使は国書(勅書)を携行しなかったとする説が唱えられていた[7]。しかし、当該部分に見られる「竹符・銅契」や「印書」などの語が国書を指すものでないことは西嶋定生氏の近年の研究によって明らかにされている。(8)ただし、氏の「竹符・銅契」などの解釈には未だ不十分な点や誤解が存すると思われる。そこで、私見を述べる前に、西嶋説の問題点を指摘しておきたいと思う。

西嶋氏は、結論として「竹符・銅契」・「文契」・「印書」・「文書」等々の語がすべて同じ内容であり、「公印のある貢物目録」のことを指すとされる。「印書」は、確かに「献ずる所の信物」に付されたものであることから西嶋氏の述べられた通りと思われる。(9)しかし、「竹符・銅契」や「文書」にまでその解釈を及ぼすことには従い難い。とりわけ、明らかに目録などとは形態の異なる割符を意味する「竹符・銅契」までも同一のものを指すとするのは、かなり無理があるように思われる。古典・古語に通暁していた空海が、いかにレトリックとはいえまったく内容のかけ離れた語を言い換えとして用いたとは考え難い。やはり、「印書」と「竹符・銅契」・「文書」はまったく別物として理解すべきであると思う。

西嶋氏にかかる無理な解釈をせしめた原因は、大きくいって三つあると思われる。その一つは、いずれも使節に対する嫌疑を晴らすのに必要なもので、中国側から呈示を要求されるものであるという用途上の共通性から、同一のものとして誤認したということがある。しかし、目録と割符とでは形態はまったく異なっており、その形状の違いが何を意味するのかという点まで考慮されなかったのが誤認を生んだ大きな原因であると思う。二つ目には、過去と現在という時制が正しく認識されていないということがある。すなわち、この啓文の主旨としては、従来の待遇に比べ、このたびの待遇が悪化したことに対する不満を表明し、待遇の改善を要求するというものであるが、「淳樸已降」(10)、「然今」、「建中以往」(11)といった時制を示す語が正しく解釈されていないために従来とられた処置とこのたび新たにとられた処置という対比の視点を欠き、その処置の内容を混同してしまったということがあると思う。そして三つ目には、「竹符・銅契」の機能を、中央からの使者派遣による皇帝の命令伝達の際の命令の真偽を立証する手段という極めて限定されたものとして理解されているということがある。後述するように「竹符・銅契」には、外交使節の正偽を判別するという機能もあるのであり、この点を見逃されたことが「竹符・銅契」を唐代の外交制度上に正しく位置づけられず、単なる修辞にすぎないとする苦しい解釈を迫られることになった原因と思う。

以下、節を改めこの三点を考慮しつつ、私見を述べることにしたい。

二　「竹符・銅契」

外交制度上の割符についてはあまり触れられることがないようなので[12]、ここで簡単に概観しておこうと思う。中国における割符の使用は、古く戦国時代に始まり、前漢文帝の時に銅虎符・竹使符の制が定められたという[13]。外交上割符が用いられた例は、漢初の高帝の代に見られる。

〔史記〕巻一一三、南越列伝

漢十一年、遣㆓陸賈㆒因立㆑佗為㆓南越王㆒、与剖㆑符通㆑使、和㆓集百越㆒、毋㆑為㆓南辺患害㆒、与㆓長沙㆒接㆑境[14]。

南越王尉佗に与えられた符は、竹使符とする説もあるが定かではない[15]。また、『周礼』地官・掌節条には、邦国の使者が節を用いるべきことが記されている。

凡邦国之使節、山国用㆓虎節㆒、土国用㆓人節㆒、沢国用㆓龍節㆒、皆金也。以㆓英蕩㆒輔㆑之。

『周礼』のこの規定はきわめて理念的で、実態とはかなりかけ離れていると思われるが、鄭注によれば漢代の銅虎符がそれにあたるとされる[16]。少なくとも鄭玄（一二七～二〇〇）の存在した後漢時代においては、邦国の使者は銅虎符を持って朝貢するという認識があったと考えてよいであろう。詳細は知りえないが、漢代に「竹符・銅契」が、外交制度上通使の信拠として用いられていたことは確かであると思われる。

この制度は、漢代以降も継承され、唐代にまで至ったと考えられる。(17)『新唐書』巻二四、車服志には、銅魚符に関する次のような規定を記してある。

蕃国亦給レ之、雄雌各十二、銘以二国名一、雄者進レ内、雌者付二其国一。朝貢使各齎二其月魚一而至、不レ合者劾奏。

この記事は、唐開元二十五年公式令をもとに書かれたものと考えられるが、(18)漢代以来の制度の連続性からして唐初からこのような規定が存在したと認めてよいだろう。銅魚符は銅製の魚（鯉）の形をしたもので、背鰭の所で左右に割れた割符だが、(19)蕃国との通交に用いられた銅魚符は十二隻あり、そのそれぞれに国名と第一から第十二までの番号が銘記され、雄（左符）は内に進め、雌（右符）はその国に与えられた。朝貢使は入朝の月と同じ番号の雌符（「月魚」と通称された）を齎し、唐側の雄符と合わない場合は皇帝に奏聞することになっていた。なお、『唐会要』などにもこれと同様な記事が見られる。(20)

〔唐会要〕巻一〇〇、雑録

故事。西蕃諸国通レ唐使処、悉置二銅魚一。雄雌相合、各十二隻。皆銘三其国名、第一至二十二一。雄者留在レ内、雌者付二本国一。如国使正月来者、齎二第一魚一。余月准レ此、閏月齎二本月一而已。校二其雌雄一合、乃依二常礼一待之。差謬、則推按聞《（奏聞カ）》奏。至二開元一《（二カ）》十六年十一月五日一、鴻臚卿挙旧章奏曰、近縁二突騎施背叛一、蕃国銅魚、多有二散失一、望令二所司復給一。（制曰、可。）(21)

この記事により、少なくとも律令制が機能していた八世紀前半（開元二十六年は、西暦七三八年）までは、唐と西域諸国の通交において銅魚符が用いられていたことが確認できる。実例としては、太宗の代に迴紇に与えられた「玄魚符黄金文」が知られるが[22]、黒色の本体に金文字が記されるという形態は迴紘のみの特別なケースと考えられる。
唐代以後は、割符が外交制度上用いられなくなったようだが、その代わりに勘合が符契の機能・役割を継承することになった[23]。

〔大学衍義補〕巻九〇、璽節之制

漢書南粤王伝、漢十一年立㆓尉佗㆒為㆓南越王㆒、剖㆑符通使。

臣按㆓説文㆒、符漢制以㆓竹長六寸㆒分而相合。其後唐人給㆓蕃国㆒符十二、銘以㆓国名㆒、雄者進㆑内、雌者付㆓其国㆒。

其国朝貢使各齎至、不㆑合者劾奏。其制蓋始㆓於漢㆒也。今世、蕃国朝貢者皆給以㆓勘合㆒、本㆑此。

明代に用いられた勘合の素材は紙であり、当然その形態も符契とは大きく異なっていたが[24]、朝貢使の正偽の判別という機能はまったく同じであり、丘濬（一四二〇～九五）が明の勘合の先蹤を漢唐の外交上用いられた割符に求めたのは、その意味で正しい理解を示しているといえよう。

空海も、古典や現行法であった唐令[25]などを通じて以上概観したような漢唐間の「竹符・銅契」の知識を得たものと思われる。唐代では銅魚符（銅契）のみで竹使符（竹符）がないにもかかわらず「竹符・銅契」の語を用いたのは、漢代以来一貫して符契の用いられなかった日中外交の伝統を強調しようとしたためであろう。また、「世淳人質」という国民性や使者には腹心が選ばれるという日本の特殊性により符契が用いられなかったという説明がなされているが、これは、交渉を有利に運ぶための一種の方便であって、実際には符契の所持・提出を求められなかったのは日本だけではなかったと思われる。確かに、先掲の『新唐書』車服志の記事（恐らく典拠となった唐令においても同様であったと思われる）では、朝貢国一般の規定となっているが、実態としては『唐会要』の記事のように陸上国境を通って入朝する西域諸国にのみ銅魚符が与えられ、日本など海路により入朝する国々には与えられなかったものと思う。唐の律令には、陸上国境の出入に関する厳しい規制が見られるのに反し[26]、海上からの出入国については明文を欠いていることからも窺えるように、少なくとも律令制の行われた八世紀前半までは出入国の管理は主に陸上国境のみを対象としているのであり、海路入朝者に対しては銅魚符を必要とするほどの入国審査は行われていなかったものと思う[27]。漢代以来、異民族の侵入や自国民の逃亡・流失、そして西域商胡などによる偽朝貢使の入朝に備える必要のあった陸上路に比して、この頃までの海上路にはさほどの規制を必要とする状況がなかったのであろう[28]。

以上の考察により、賀能啓中の「竹符・銅契」や「契」などは、外交使節の身分証明のため利用された割符のことと確定してよいだろう。それでは、西嶋氏が「印書」と共に同一視された「文書」の解釈、そしてそれと「竹符・銅契」との関連はどのように考えるべきであろうか。

三 「文書」

先述したように、西嶋氏は、「文書」の語の意味も「印書」と同じく「公印のある貢物目録」と解釈されている。しかし、入国直後に提出を要求され、公物（貢物）のみならず私物まで検分されていることを考えるならば、「文書」の方は、むしろ船内のすべての物品のリストを含んだ公憑の如きものを想定すべきではないかと考える[29]。公憑は、一般に旅券（パスポート）と訳されることが多いが、物品の出入国をチェックするという機能も有していた[30]。宋代においては、外国船の入港直後、船内の舶載物をすべて調べ上げ、全物品のリストを含む公憑との対照により抜荷の有無を確認したことが知られるが[31]、同様のことは唐代後半にも行われていたようである[32]。もちろん、商船と朝貢船との違いはあるが、朝貢使も唐代後半には私物による貿易行為を行っていたことを考えるならば商船同様に全物品をチェックする必要があったのであり、公憑のような「文書」（唐代では、公憑の名称が見られないので、宋代の公憑に相当する文書のことを以下、「公憑」と略記する）[33]の存在が想定される。朝貢船と一般商船とでは扱いに違いがあるのは当然であるから、朝貢使の「公憑」も人員・物品リストに加えて、朝貢使の身分を証明する内容も記されていたと考えられる。[34]

さて、この「公憑」だが、賀能啓の内容からすると建中二年（七八一、日本の天応元）に帰国した第一七次遣唐使まではその提出が要求されていなかったと考えられる。すなわち、（5）段落で「然るに今、州使責むるに文書を以てして、彼の腹心を疑ふ。船の上を検括して公私を計へ数ふ」というこのたびの処遇に対し、（6）段落で「建中以往、入朝の使の船は直に楊蘇に着いて漂蕩の苦しび無し。州県の諸司慰労すること慇懃なり。左右使に任せて船の物を検へず」と述べていることは、建中以前の遣唐使には船上の臨検もなく、当然それに伴う「公憑」の提出要求もなかったが、このたびの貞元二十年（八〇四、日本の延暦二十三）入朝の第一八次遣唐使において初めてそのような処置がとられたことを示している。この新儀の処置が貞元度の遣唐使にのみとられた特別異例な措置でなかったことは、啓文中において「斯れ乃ち理法令に合ひ、事道理を得たり。官吏の道、実に是れ然るべし」と記され、あくまでもこの時点での法制度に遵った適切な処置と認識されていることからわかる。[35]

となると、先の遣唐使の帰国した建中二年からこのたびの遣唐使の入朝した貞元二十年の間に外交制度の改革があり、新たに「公憑」の提出を求め、船上を検括するという処置がとられるようになったと考えられるのではないだろうか。（7）段落の「今は則ち、事昔と異なり」という記述は、まさにその変化の認識を示していると思われる。このように想定するならば、問題としている用語の関連も明瞭となる。すなわち、空海は、このたびの「文書」の提出要求などの新儀の処置に対する不満を述べるにあたって、従来、日本使人が姧詐を疑われることなく好遇を与えられたことを対照的に示すために、漢代以来一貫して「竹符・銅契」や「印書」が用いられなかったことを述べたものと解される。

次節では、以上の想定を唐代の外交制度上に位置づけることにより確認してみたい。

四　唐代の出入国規制

先に、「竹符・銅契」は朝貢使の正偽の判別のために利用されたことを述べたが、唐代の律令制下においては特にその外交制度上朝貢使の正偽を峻別する必要があった。本書第一部第一章で述べたように、唐代前半の律令制下では礼的外交規範に基づき公使以外の国境の出入を禁ずるという外交方針がとられ、実際に繰り返し勅などにより方針の厳守が命じられていた(36)。そのため、私的な通商を目的とする西域の商人たちが偽朝貢使として入国を図ろうとすることは容易に予測されるところであり(37)、唐朝はかかる事態に備え、国境の辺関において入国者をチェックし、正朝貢使のみを入国させるための装置として銅魚符を用いたと考えられる(38)。その意味では、明代の海禁政策の下で用いられた勘合とまったく同じ性格のものであったといえる(39)。

さて、銅魚符は陸上国境の私的通交の禁止に関わっていたわけだが、当時それでは海上からの私的通交にはまったく制限がなかったのであろうか。上述のように確かに律令などでは海上からの出入国についての規定は見られないが、しかし、決してその自由を認めていたわけではなかった。出国に関する規制の存在したことは、鑑真の密出国の例により了解されるものと思う(40)。唐代律令制下にも多くの求法僧らの出国の事例が知られるが、出国にはあくまでも勅許を受ける必要があったのであり(41)、勅許の得られない者は鑑真らのように処罰覚悟の上密出国せざるをえなかったのである。また、大船の建造・所有に制限を設けていた徴証があり(42)、海賊の跳梁に際しては公私の海路通交を禁ずる処置がとられるなど、後の明代の海禁政策に通ずるような規制が存在していたのである[44]。管見の限りでは、この時期、公使と僧侶以外の者の出国の事例を知らない[43]。

一方、入国に対する規制だが、入国にも皇帝の勅許が必要とされた事例が知られ[45]、少なくとも誰でも自由に入国できたわけではなかった。もとより、君主以外の境外の交わりを認めない礼的規範の下では、陸上・海上の区別はあるわけではない。未だ律令などの恒法としては定着してはいなかったものの、必要に応じてその都度規制が行われており、海上からの私的出入国も陸上の場合と同じく禁ずる方針であったと考えてよいと思う。

このような律令制下の私的対外通交禁止の方針は、開元年間（七一三〜四一）以降次第に形骸化していったが、天宝年間（七四二〜五五）までは確認され[46]、その後の安史の乱（七五五〜六三）などの混乱の中で放棄されていったものと考えられる。唐商船の海外進出が史上に現われるのが九世紀以降というのも[47]、以上に述べた律令制下の対外方針の放棄と密接に関わっているものと思う。九世紀においても入国審査は厳密に行われており[48]、出入国がまったく自由であったとは考えがたく、何らかの制限の下で私的対外通交が公認されていたと考えられる。すなわち、この八世紀後半から九世紀の間に、唐朝の対外方針の転換が行われたものと考えられる。前節で想定した建中〜貞元間の外交制度の改変は、まさにこの方針転換が行われたと考えられる時期にあてはまる。この時期は、両税法など唐代後半の国家体制が形づくられた時期でもあり、そうした一連の制度改革の一環として新たな対外方針に基づいた外交制度の整備が行われたと理解できるのではないだろうか。

安史の乱以後、西域との陸上交通路が遮断され、代わって海上交通による東西交流が活発化し[49]、それまでの陸上交通中心の対外制度から海上交通にも対応しうる制度に改変する必要が生じたものと思う。また、貿易収入をも重要な財源とした唐代後半の国家体制の必要性から、私貿易を前提とした新たな出入国管理制度の設立が求められたものと思う。[50] 建中~貞元間に成立した「公憑」による出入国管理制度は、そうした唐代後半の新たな状況に対応した外交制度であったと言えるだろう。

おわりに

空海らが待遇の悪化と認識した唐朝の新たな使節応接の制度は、海上からの入国者に対する管理を強化したものであったが、それは入国者を制限する閉鎖的な入国管理制度に改められたことを意味するのではなく、むしろ、それまでの公使のみに限定されていた出入国を私的な通交者にも認める、より開放的な管理制度へ転換したと解するべきものと思う。それは、また、漢唐間の「竹符・銅契」を用いた伝統的な陸上交通中心の外交体制から、宋元につながる「公憑」を用いる海上交通に重点を移した新たな外交体制への変革をも意味するものと思う。賀能啓は、まさにその転換点を示す外交史上極めて重要な史料なのである。

唐朝の対外方針の転換が、九世紀以降の東アジア世界の変貌とどのように関連するのかという問題については本書第一部第四章に譲ることにしたい[51]が、これ以外にも論じるべくして論じることのできなかった問題を多く残してしまったことをお詫びしたい。

註

(1) 日本における隋唐時代の国際関係についての研究史は、金子修一「少数民族・対外関係」(『中国史研究入門』上、山川出版社、一九八三年)、同「隋唐国際関係研究の諸問題」(『隋唐の国際秩序と東アジア』名著刊行会、二〇〇一年、初出一九九二年)を参照。

(2) 賀能啓に関する研究は、江戸時代以来高名な学者たちによりなされてきているが、その関心は日本の遣唐使の国書の有無に集中しており、唐朝の外交方針・制度の解明を主たる目的とした研究は皆無と言ってよいものと思う。なお、賀能啓に関する研究史は、石見清裕「辺境州県における朝貢使節の待遇」(『唐の北方問題と国際秩序』汲古書院、一九九八年、初出一九八九年)を参照。

(3)　史料の引用は、岩波日本古典文学大系本による。ただし、一部句読点を改めた箇所がある。また、できるだけ新字体に改め、返り点を加えた。

(4)　賀能啓の要旨については、西嶋定生「遣唐使と国書」(『西嶋定生東アジア史論集』第三巻、岩波書店、二〇〇二年、初出一九八七年)、森公章「古代日本における対唐観の研究――『対等外交』と国書問題を中心に――」(『古代日本の対外認識と通交』吉川弘文館、一九九八年、初出一九八八年)などを参照した。

(5)　「世淳人質、文契何用」の部分は、梁昭明太子の「文選序」の「冬穴夏巣之時、茹毛飲血之世、世質民淳、斯文未作。逮乎伏義氏之王天下也、始画八卦、造書契、……」、『易経』周易繋辞下伝の「上古結縄而治。後世聖人易之以書契、……」という表現をアレンジしたものと考えられる。従って「淳樸已降」という部分の「淳樸」は、「上古淳樸」の意であり、ここでは「上古」と同意と考えるべきものと思う。

(6)　「建中以往」は、石見氏註(2)論文、森氏註(4)論文が指摘するように、「建中年間以前」の意である。

(7)　石見氏註(2)論文参照。

(8)　西嶋氏註(4)論文。なお、西嶋氏以前にも、板沢武雄「日唐通交に於ける国書問題について」(『史林』二四―一、一九三九年)が同様な見解を示されており、また西嶋氏以後にも、湯浅幸孫「遣唐使考弁二則」(『日本歴史』四六四、一九八七年)、森氏註(4)論文などが氏の説の補強ないし支持する説を出されているが、本章では、もっとも詳細かつ中心的位置を占める西嶋説を代表としてとりあげ、検討の対象とすることにした。

(9)　公印が具体的にどのような印なのかという問題は、なぜ日本では「印書」が用いられなかったのかという問題に直結しているのではないかと考えている。すなわち、倭の五王以後冊封を受けていなかった日本には、倭国王印ないし日本国王印は賜与されていなかったため、貢物目録に国王印が押されていなかったということではないだろうか。この点、あくまでも憶測であり、今後の検討課題としたい。

(10)　西嶋氏は、「その性淳朴であり」と解されているが、それでは「已降」の語が生かされておらず、註(5)で述べたように

「上古以来」と解すべきものと考える。

(11) 西嶋氏は、「建中年間（七八〇―七八三）以降」と解されているが、「建中年間以前」が正しいことは、註(6)参照。

(12) 中国の割符についての研究には、伊藤東涯『制度通』（一七二四年）巻五符牌勘合の事、羅振玉『歴代符牌録』（一九一四年）、同『歴代符牌後録』（一九一六年）、箭内亘「元朝牌符考」（『蒙古史研究』刀江書院、一九三〇年、初出一九二二年）、布目潮渢「唐代符制考――唐律研究（二）――」（『立命館文学』二〇七、一九六二年）、大庭脩「文帝の詔と銅虎符・竹使符」（『秦漢法制史の研究』創文社、一九八二年、初出一九六九年）、李則芬「唐代佩魚制度」（『隋唐五代歴史論文集』台湾商務印書館、一九八九年）などがある（補註1）。なお、後述する唐代の外交上の銅魚符については、伊瀬仙太郎『中国西域経営史研究』（巌南堂書店、一九八一年。なお、同書はもと『西域経営史の研究』と題し、日本学術振興会より一九五五年に刊行されたものの再刊）、前田正名『河西の歴史地理学的研究』（吉川弘文館、一九六四年）も触れている。

(13) 大庭氏註(12)論文参照。

(14) なお、同様の記事が『漢書』巻九五、西南夷両粤朝鮮伝にも見える。また、同書の高帝本紀によれば、同十一年五月に冊立の詔が出されたことが知られる。

(15) 後掲の『大学衍義補』の著者丘濬は、この説をとる。なお、『漢官儀』巻下には、「銅虎符発兵、長六寸。竹使符出入徴発」と見える。

(16) この部分に付された鄭注は、左記の通り。

使節使三卿大夫聘二於天子・諸侯一、行道所レ執之信也。土平地也。山多レ虎、平地多レ人、沢多レ龍。以レ金為レ節鋳レ象焉。必自以二其国所レ多者一、於二以相別為一レ信明也。今、漢有二銅虎符一。杜子春云、蕩当為レ帑。謂下以二函器一盛中此節上。或曰、英蕩画函。

(17) 外交上割符が用いられたことを示す明確な史料は検出しえなかったが、この間割符の制度自体の存在は確認しうるので、漢唐間において基本的に大きな変化はなかったと考える。

(18) 『新唐書』の志中の制度記事が、唐令に依拠したものであることは、拙稿「律令賤民制の構造と特質　付『新唐書』刑法志中の貞観の刑獄記事について」（池田温編『中国礼法と日本律令制』東方書店、一九九二年）、同「『新唐書』選挙志の唐令について」（『工学院大学共通課程研究論叢』三一、一九九三年）を参照。『新唐書』車服志中の符契に関する記事も、唐令によったものであることは明らかで、銅魚符の規定以外にも新たに唐令として復旧しうるものを多く含む。これらの規定の中には、北都（天授元年〈六九〇〉ないしは長寿元年〈六九二〉から神龍元年〈七〇五〉の間と、開元十一年〈七二三〉以降に存在）、承天門（神龍元年以降の門号）が見えることから開元十一年以降の唐令、すなわち開元二十五年令と判断される。

(19)　布目氏註(12)論文参照。

(20)　『唐会要』を典拠としたと思われる類似の記事が、『太平寰宇記』巻二〇〇（雑説并論）、『南部新書』乙、『玉海』巻八五、『同』巻一五四に見える。つとに指摘されているように、『唐会要』の通行本である武英殿聚珍版本には不備・誤脱が多く、抄本や諸書に引用された逸文との対校が必要とされる。『太平寰宇記』には、本記事以外にも多くの逸文（『唐会要』からの引用とは明言されていないが）が引用されているが、殿版には見えぬ脱漏以前の、すなわち成立した北宋当時の『唐会要』に直接基づくと思われる記事を載せるなど、極めて史料価値が高い。この点については、本書第二部付論一を参照。なお、殿版や抄本など『唐会要』のテキストの史料系統については、古畑徹「『唐会要』の諸テキストについて」（『東方学』七八、一九八九年）を参照。

(21)　明らかに『太平寰宇記』の方が正しいと思われる部分は、その校異を（　）で示した。開元二十六年が正しいと考える根拠は、まず「一十六年」という表記自体が不自然で、「一」は「二」の誤記である蓋然性が高いと思われること、そして、突騎施の背叛という記事の内容は、開元二十六年夏の莫賀達干の反乱（『旧唐書』巻一九四下、突厥伝下）に該当すると思われるからである。なお、『南部新書』では「開元末」、『玉海』では「開元十六年」となっている。なお、これ以外にも次のような違いがある（補註2）。

（唐会要）		（太平寰宇記）
校其雌雄	⟷	校与雄
鴻臚卿挙旧章	⟷	鴻臚与旧章

(22)　『新唐書』巻二一七上、回鶻伝。

(23)　元代の『史学指南』牓拠には、「勘合」の説明として「即古之符契也」と見えるが、この「勘合」が明代のものと同様の性格のものかは不明。

(24) 明代の勘合については、田中健夫「『勘合』の称呼と形態」（『東アジア通交圏と国際認識』吉川弘文館、一九九七年、初出一九八五年）を参照。

(25) 空海の見た唐令は、開元三年令以前のものである可能性が高いが、銅魚符の規定に関していえば開元二十五年令と大差はなかったと思われる。唐令の日本への船載状況については、坂上康俊「『令集解』に引用された唐の令について」（『九州史学』八五、一九八六年）を参照。

(26) 律では衛禁律に、令では関市令に見られる。

(27) 海路入朝者に関する式（恐らく主客式カ）の規定と思われるものは、『新唐書』巻四八、百官志、鴻臚寺条などに見られるが、出入国自体についてのものではない（補註3）。

(28) 例えば、『漢書』巻九六上、西域伝上の罽賓国条には、「前親逆レ節、悪二暴西域一、故絶而不レ通。今悔レ過来、而無二親属貴人一、奉献者皆行賈賤人、欲二通レ貨市買一、以レ献為レ名、故煩二使者一送二至県度一、恐二失レ実見一レ欺。」と見える。

(29) 「文書」を公憑・公験と解する見解は、既に湯浅氏註(8)論文、森氏註(4)論文に見られる。

(30) 公憑の実例としては宋代のものが、『朝野群載』巻二〇に収載されている。これに関しては、亀井明徳「両浙路市舶司公憑の陶磁器」（『日本貿易陶磁史の研究』同朋舎出版、一九八六年、初出一九七六年）が詳しい。

(31) 宋代の貿易管理などについては、桑原隲蔵『蒲寿庚の事蹟』（岩波書店、一九三五年）、藤田豊八「宋代の市舶司及び市舶条例」（『東西交渉史の研究　南海篇』荻原星文館、一九四三年）などを参照。

(32) 唐代にも公憑に相当するものが存在したことは、智証大師円珍の入唐の際、大宰府の発行した公験の存在から推察される。また、唐代においても、船載物のチェックが行われたことは、『唐国史補』下に「市舶使籍二其名物一、納二舶脚一、禁二珍異一」とあることにより明らかである。ちなみに、外国船への査察（存問）は、市舶使のみの専権ではなく、節度使や観察使が行う場合もあったことは、次に示す大和八年（八三四）疾愈徳音（『全唐文』巻七五、『唐大詔令集』巻一〇、『文苑英華』巻四四一など）により知られる。

……其嶺南・福建及揚州蕃客、宜下委二節度・観察使一常加中存問上。除二舶脚・収市・進奉一外、任二其来往通流一、自為二交易一、不レ得レ重二加率税一。

これによれば、賀能啓に見える福州観察使による船内臨検は、決して異例なものであったわけではないことが分かる。

なお、唐代の海上貿易の取締については、和田久徳「唐代における市舶使の創置」（和田博士古稀記念東洋史論叢編纂委員会編『和田博士古稀記念東洋史論叢』講談社、一九六一年）を参照。

(33) 唐代における旅券（パスポート）に相当する公文書の名称は定かでない。註(32)で述べたように円珍の場合は公験と称している。また、『新唐書』巻四八、百官志、鴻臚寺条には、

凡客還、鴻臚籍二衣齎賜物多少一以降二主客一、給二過所一。

という規定が見えるが、帰国する蕃客に与えられた「過所」がパスポートに相当するものであった可能性がある。

(34) 註(30)で触れた宋代の公憑や註(32)で述べた円珍の公験にも、身分証明的内容、人員リスト、所持品（船載品）のリストなどが記されている。ちなみに、註(33)で引用した規定でも過所にはその所持品が記入されていたことが推察される。物品リストは記されていないが、咸和十一年（八四一）渤海国中台省牒の形式・内容が参考になるのではないかと考える。これによれば、朝貢使の場合は、貢献品などの物品リストは別立てになっていた可能性もあるであろう。

(35) 註(32)参照。

(36) 本書第一部第一章を参照。なお、唐代の国境管理に関する法令については、謝海平撰『唐代留華外国人生活考述』（台湾商務印書館、一九七八年）第三編第一章第二節管理蕃胡法令も参照のこと。

(37) 朝貢使が商賈としての性格が強かったことは、『資治通鑑』巻一九三、貞観四年（六三〇）十二月甲寅条などから明らかである。

(38) 銅魚符が辺関で用いられた明証はないが、蕃客としての礼遇は入国直後から始まるのであり、入国時に判断する必要があることから辺関で用いたと考えるのが一番自然と思う。恐らく、朝貢使が入関の際、中央にその旨を奏上すると、「留めて内に在った」雄符がその地に送られ、蕃国の雌符との校合が行われたものと考えられる。

(39) 明代の海禁政策については、佐久間重男『日明関係史の研究』（吉川弘文館、一九九二年）を参照。

(40) 東野治之『正倉院』（岩波新書、一九八八年）も、鑑真の例から厳格な出入国規制の存在を推定されている。

(41) 『大唐西域求法高僧伝』や『宋高僧伝』などには、唐代の僧侶が海外へ出国した事例が多く収載されているが、合法的なものは皇帝の勅許を得ていたと思われる。例えば、『宋高僧伝』巻第一、唐京兆大興善寺不空伝によれば、不空は奉使という形で、南天竺や師子国に往った。

(42)『唐大和上東征伝』には、鑑真のための大船建造にあたって、中央の有力者（宰相李林甫の兄林宗）の書状が必要であったり、官人の直接の検校の下に造船が行われたり、また海賊との通謀の嫌疑が晴れたのにもかかわらず船が没官されたりしたことなどが記され、民間での大船の建造・所有に制限が加えられていたことが窺われる。ちなみに、『隋書』巻二、高祖紀下に収められた開皇十八年（五九八）正月辛丑詔は、明代のものに匹敵するような大船（海船）の私有を厳禁する内容となっている。

　詔曰。呉・越之人、往承弊俗、所在之処、私造二大船一、因相聚結、致レ有二侵害一。其江南諸州、人間有二船長三丈已上一、悉括入レ官。

隋と唐との制度的な連続性からすると、唐代でも隋代と同様に大船私有に厳しい制限を設けていた可能性は高いと思われる。その場合は、営繕令などに規定が存在したのではないだろうか（補註4）。

(43)『唐大和上東征伝』（史料の引用は、中華書局・中外交通史籍叢刊本による）

　是歳、天宝二載（七四三）癸未、当時海賊大動繁多、台州・温州・明州海辺、并被二其害一、海路堙塞、公私断行。

この史料だけでは、海賊により海路が遮断されたともとれるが、後段において採訪使班景倩の言に、「今海賊大動、不レ須二過レ海去一」と見えることから、政府側が通行を禁断したものと理解した。

(44) 唐の天宝二載の海路通交の禁断措置は、明の海禁政策に比べ期間も短く、範囲も限定されているが、それは唐代の海賊と明代の倭寇の規模の違い、被害の深刻さを反映しているのであって、明代の海禁政策は唐代の措置が常態化・拡大強化されたものと理解できるのではないだろうか。

(45)『仏祖統紀』巻四〇、貞観八年（六三四）条、

　萊州奏、高麗三国僧（与二新羅・百済一為二三国一）願下入二中国一学中仏法上。欲レ覘二虚実一。魏徴曰、陛下所レ為善、足レ為二夷狄法一。所レ為不善、雖レ距二夷狄一、何益二於国一。詔許レ之。

(46)『唐会要』巻八六、関市所収の天宝二年（七四三）十月勅や鑑真の出国時の規制の存在から、天宝年間までは陸・海ともに私的な出入国を禁止する方針であったことは明らかである。開元年間以降、市舶使の設置に示されるように、外国商船の積極的な受け入れの姿勢が見られるが、あくまでもさまざまな制限の下で互市ないし蕃坊への寄居を認めるだけのもので、少なくとも公式的には八世紀後半までは私人の出入国を認めていなかったと考える。外国商船の公式的な位置づけも、唐代

を通して、あくまでも慕化・進奉のために来朝した朝貢使に準ずる存在であったことは注意される（『全唐文』巻七五所収大和八年疾愈徳音、『同上』巻五一五所収進嶺南王館市舶使院図表、『同上』巻六三九所収徐公行状などを参照）。なお、日本でも私交禁止の対外方針形骸化の過程において、唐と同様に外国商船が受け入れられたことについては、本書第一部第一章を参照のこと。

(47)　史上に確認されるのは九世紀以降だが、実際にはそれ以前から唐商船の海外進出があったことは推測される。

(48)　九世紀に入唐した円珍の公験・過所には、福州都督府の官印や判文が見え、制度に基づいた出入国審査が行われていたことが示されている。

(49)　海上交通による東西交流活発化の背景には、アッバース朝の積極的な貿易政策、ムスリム商人の進出があった。この点に関しては、家島彦一『イスラム世界の成立と国際商業（国際商業ネットワークの変動を中心に）』（岩波書店、一九九一年）、宮崎正勝「唐代後期の国際都市揚州と黎明期の東アジア交易圏――世界史の中に日本史を位置づけるための一考察――」（『筑波大学附属高等学校研究紀要』三三、一九九二年。後に、同氏の『イスラム・ネットワーク（アッバース朝がつなげた世界）』〈講談社、一九九四年〉に所収）などを参照。

(50)　ちなみに、律令制下、唐に入国を許された外国使節は、衛禁律31越度縁辺関塞条などにより、原則として交易は禁じられていたので、私貿易を管理するための「公憑」は必要でなかったと考えられる。

(51)　この問題についての私見の一部は、本書第一部第一章、および終章で述べている。

（補註1）　羅氏の研究は、近年、中国書店から『歴代符牌図録』（一九九八年）として刊行されている。

（補註2）　本文では武英殿聚珍版本『唐会要』（以下、殿版と略称する）を引用したが、抄本系『唐会要』の一種である国会図書館摂製北平図書館善本膠片の『唐会要』（以下、北平抄本と略称する）との異同を記すと、次のようになる。

（殿版）　　　　（北平抄本）
余月准此　　　←→余月推此
鴻臚卿挙旧章←→鴻臚卿挙旧草
望令諸司復給←→望令諸司

（補註3）　註(27)で触れた『新唐書』百官志の規定については、東野治之『遣唐使』（岩波書店、二〇〇七年）も唐式と推定されている（七九〜八〇頁）。

（補註4）　近年発見された北宋天聖令中の営繕令には、大船禁止の規定は見られない。元々唐営繕令にはそうした規定が無かったのか、それとも対外方針の変化により大船私有が認められるようになったために後から削除されたのか、現段階では判断できない。

第三章　律令貿易管理制度の特質

はじめに

本章は、日本と唐の律令法にみえる貿易管理に関わる規定を比較することで、日本の貿易管理制度の機能と外交体制との関わりを解明しようとするものである。(補註1)

次章で明らかにするように、唐代律令制下の貿易管理制度は朝貢体制という外交体制を支える役割を果たしていた(1)が、日本律の貿易管理規定は母法である唐の規定を大幅に改変しており(2)、日本の外交体制が唐の朝貢体制とかなり違ったものであったことを予想させる。日本の外交体制が律令制定当時どのように構想されていたか、律令貿易管理制度の特質から具体的に考えてみることにしたい。

なお、貿易管理に関わる日本律の改変については別章などで取り扱ったので(3)、本章においては日本関市令の対外交易関係の条文と対応する唐側の規定との比較を中心に検討することにする。比較する日本令は養老令であるが、現在のところ関市令に関しては特に大宝令との違いが問題とされていないので、大宝・養老関市令は基本的に同じであるという前提で論じることにする。同様に唐令の場合も、本来は日本令の藍本とされる永徽令と比較すべきであるが、永徽関市令はまったく不明なため、永徽令と開元令との間に大差はないという立場で立論する。また、律令制定時の構想という問題設定なので、日本ではその後整備されたと考えられる格式規定については取り上げない方針である。

一　日唐関市令貿易関連条文の対応関係

(1)　交易禁止品規定と鉄冶禁置規定

〔養老関市令〕6弓箭条

凡そ弓箭兵器は、並びに諸蕃と与に市易することを得じ。其れ東辺北辺は、鉄冶置くこと得じ。

(凡弓箭兵器、並不得与諸蕃市易。其東辺北辺、不得置鉄冶。(4))

〔唐令拾遺〕関市令第四条

諸て錦・綾・羅・縠・紬・綿・絹・絲布・氂牛尾・真珠・金・銀・鉄は、並びに西辺・北辺の諸関を度ること、及び縁辺の諸州に至りて興易することを得じ。

(諸錦・綾・羅・縠・紬・綿・絹・絲布・氂牛尾・真珠・金・銀・鉄、並不得度西辺・北辺諸関、及至縁辺諸州興易。(5))

〔唐令拾遺〕雑令第九条

諸て州界内に、銅・鉄を出す処有りて、官未だ採らざれば、百姓の私に採ることを聴せ。若し鑄して銅及び白鑞を得たらば、官市ひ取ることを為せ。如し課役に折し充てることを欲せば、亦聴せ。其れ四辺公私を問ふこと無く、鉄冶を置くこと及び銅を採ることを得じ。自余山川藪沢の利は、公私共にせよ。

(諸州界内、有出銅・鉄処、官未採者、聴百姓私採。若鑄得銅及白鑞、官為市取。如欲折充課役、亦聴之。其四辺無問公私、不得置鉄治及採銅。自余山川藪沢之利、公私共之。）

凡そ天下諸州の銅・鉄出すの所、人の私に採ること、官の其の税を収むることを聴せ。若し白鑞あらば、則ち官之を市ふことを為せ。其れ西辺・北辺の諸州は人の鉄治を置くこと及び鉚を採ることを禁ず。（以下、省略）

〔唐令拾遺〕雑令第九条参考資料

（凡天下諸州出銅鉄之所、聴人私採、官収其税。若白鑞、則官為市之。其西辺・北辺諸州禁人無置鉄冶及採鉚。〈以下、省略〉）

日本令の改変の度合いが大きいために日唐令の対応関係が分かりにくいので、最初に対応する唐令条文を明らかにしておきたい。

まず、確認しておきたいことは、日本令（養老関市令6弓箭条）の前半と後半とではまったく内容が異なっていることである。前半は交易禁止品目の規定であり、後半は辺境地帯での鉄治設置禁止規定である。唐令で交易（輸出）禁止品目を規定しているのは、右に提出した『唐令拾遺』関市令第四条（以下、「唐令第四条」と略称する）であり、日本令の前半の規定はこの唐令の規定をもとにして作られたものと考えられる。ちなみに、『唐令拾遺補』の「唐日両令対照一覧」は、唐令第四条を日本令9禁物条に対応させているが、誤りと考える。この唐令第四条は同内容の勅が存在することからほぼ令文の原形をとどめていると思われるが、日本令9条の後半の別勅賜物についての規定が唐令にみえないことは両者の不対応を示すものであろう。また、後述するように、別勅賜物の例外規定は唐令にもあったと考えられるが、唐令第四条とは別規定であったと思われる。具体的な交易禁止品目を列挙するという唐令第四条の内容からすると、挙げている品目数はきわめて少ないが「弓箭兵器」という具体的品目を挙げている弓箭条の方が対応条文として妥当と考える。

日本令6条の後半に対応する唐令としては、復旧唐雑令第九条（以下、「唐雑令第九条」と略称する）の傍線部の規定が挙げられる。この唐令条文と内容的にほぼ同じものとして、『唐令拾遺補』掲載の同条文の参考資料（以下、「唐雑令参考資料」と略称する）がある。どちらも『唐六典』を典拠とする史料であるが、所載の官署が異なったため、本来は同一の規定が別々に表現が改められ、別文のごとくなったものと考えられる。(8) 今問題にしている傍線部の規定にしても、どちらがより唐雑令の原文に近いかは別として、両者は同内容と考えられる。先に、唐雑令参考資料の傍線部を日本令6条の後半に相当する唐令の規定であることを指摘したが、(9) この傍線部のみを関市令の規定とすることは、唐雑令第九条と唐雑令参考資料の対応関係からみて不適当と考える。『新唐書』巻四八、百官志掌冶署条に、「辺州不置鉄冶。」という唐令の取意文が見られ、(10) 鉄冶禁置規定が独立していた可能性もあるが、鉄冶関連の規定はその連関性からすべて一括して雑令に収載されていたものと考える。

日本令6条は、上述のように唐令第四条とも対応する内容が確認される以上、唐令第四条を大幅に改変した上で唐雑令第九条の一部（鉄冶禁置規定）と合成して作られたと考えるべきであろう。両規定を結びつけることになったのは、兵器を諸蕃に与えないことと、兵器の原料となりうる鉄資源を蝦夷に奪われないようにするために彼らと境を接する東辺・北辺に鉄冶の設置を禁止することは同趣旨と考えられたからであろう。(11)

貿易管理規定ということで日本令6条の前半と唐令第四条を比較した場合、もっとも大きな差異と思われるのは、唐令の交易（輸出）禁止品目の多さと日本令のその極端な少なさである。次に注意される相違としては、唐令では「西辺・北辺の諸関」とか「縁辺の諸州」という規制の対象となる場所・地域が明確に限定されているのに対し、日本令ではそうした限定がまったくないということがある。それから、唐令は明らかに輸出禁止品目を規定しているが、日本令では単に「市易」（交易）してはならない品目であって、条文通りに読めば輸出のみならず輸入の禁止品目でもあるということがある。

(2)　入国時の所持品検査規定

〔養老関市令〕7蕃客条

凡そ蕃客初め関に入らむ日に、有る所の一物以上、関司当客の官人と共に、具に録して所司に申せ。一つの関に入れて以後、更に検ふべからず。若し関無からむ処は、初め国司に経れむも、亦此に准へよ。

（凡蕃客初入関日、所有一物以上、関司共当客官人、具録申所司。入一関以後、更不須検。若無関処、初経国司、亦准此。）

〔唐令拾遺〕関市令補第二条

諸て蕃客往来せば、其の装重を閲せよ。一関に入らば、余関は譏せず。

（諸蕃客往来、閲其装重。入一関者、余関不譏。）

唐関市令の復原条文として挙げているものは唐令の取意文であり、省略や用字・表現の改変が少なくない。したがって規定の細かいところまでは比較しがたいが、ともに外交使節（蕃客）が最初の関所を通過する際に、関所の役人らが外交使節の所持品検査を行い、以後の関所では取り調べをしないという内容であることが分かる。

日唐両国ともに律令制下においては、正式に出入国が認められたのは公使（公的な外交使節、令文では「蕃客」と表記）のみであった[12]。唐の場合、次章で述べるように、公使（蕃客）も皇帝の勅許により交易が許されたので[13]、往々にして交易用の物貨を所持していた。日本も恐らく唐と同様であったと考えられる。そのため、入国に際して朝貢品の確認のためだけでなく、その所持品の一切を検査し、国家にとって有用なものを把握しておこうという意図があったと思われる。

日唐両令の主旨はほぼ同じと思われるが、まったく相違がないわけではない。唐令の原文のままではないので、あまり細かい表現にとらわれることは極力避けるべきと思うが、「蕃客往来」という表記に忠実に従うならば、唐令では入国時（「来」）のみならず、出国時（「往」）にも所持品検査を規定していたと考えられる。詳しくは後述するが、唐では輸出規制が徹底して行われていたので、禁制品の不正持ち出しがないか所持品検査を出国時にも行う必要があった。蕃客が帰国する際、所持品を記載した過所が与えられたのも関所での勘過を前提にしたものと理解される(14)。あるいは、出国時の所持品検査の規定は、入国時の規定と本来別条に規定されており、唐令の取意文でその二つの規定を併せた可能性も考えられるが、ともかくも出国時にも所持品検査する規定があったことは確かであろう(15)。これに対し、日本令は入国時の所持品検査のみを規定し、出国時の規定を削除したと考えられる。なお、日本令の「若無関処、……」という関所の無い場所についての規定に相当するものが唐令にも存在したかは不明である。

(3) 官司先買規定

〔養老関市令〕8官司条

凡そ官司交易せざる前に、私、諸蕃と共に交易すること得じ。人の為に糺し獲られたらば、其の物を二分にして、一分は糺さむ人に賞ひ、一分は没官せよ。若し官司其の所部にして捉へ獲たらば、皆没官せよ。

（凡官司未交易之前、不得私共諸蕃交易。為人糺獲者、二分其物、一分賞糺人、一分没官。若官司於其所部捉獲者、皆没官。）

〔唐令拾遺〕関市令補第四条

諸て禁物を齎って（私に）関を度りて、過ぐる所の関司捉へ獲たらば、其の物は没官せよ。若し已に関を度り及び越度して、人に糺し獲られたらば、其の物を三分して、二分は捉えたる人に賞ひ、一分は官に入れよ。

（諸齎禁物〈私〉度関、過所関司捉獲者、其物没官。若已度関及越度、被人糺獲、三分其物、二分賞捉人、一分入官。）

〔唐令拾遺〕関市令第五条

諸て外蕃と縁辺との互市は、皆互市官司をして検校せしめよ。其の市は四面に塹を穿ち、及び籬院を立て、人を遣はして門を守らしめよ。市易の日の卯の後に、各貨物・畜産を将ちて、倶に市所に赴け。官司先に蕃人と対ひて物価を定め、然る後に交易せよ。

（諸外蕃与縁辺互市、皆令互市官司検校。其市四面穿塹、及立籬院、遣人守門。市易之日卯後、各将貨物・畜産、倶赴市所。官司先与蕃人対定物価、然後交易。）

〔養老雑律逸文〕（『類聚三代格』巻一九、延喜三年八月一日官符所引）

（凡そ）官司交易せざる前に、私、諸蕃と共に交易せば、准盗論。罪止徒三年。

（〈凡〉官司未交易之前、私共諸蕃交易者、准盗論。罪止徒三年。）

右の日本令8官司条は日本の独自性の強い規定で、対応する唐令を確定することはなかなか難しい。ただ、日本令8条後半の糺獲者（捉人・官司）に対する給賞・没官規定は、復旧唐関市令補第四条（以下、「唐令補第四条」と略称する）の後半部分（傍線部）にきわめて類似しており、日本令の後半はこれを模倣して作られたと推量される。

問題は日本令前半の官司先買規定に対応する唐令だが、現在知られる唐の律令関係史料には官司先買を明記したものは確認できない。確かに、唐朝が現実の対外交易において先買権を行使したことは知られるが[16]、律令の条文上で官司（国家）の先買を規定していた可能性は低いのではないかと考える。というのは、日本令8条に対応する日本養老雑律逸文（以下、「日本律逸文」と略称する）の官司先買違犯者処罰規定は、唐律中には該当する規定が見あたらず、日本独自の規定であることがわかるからである[17]。対応する律規定が日本独自なものであるからには、令規定も日本独自なものであり、唐では律・令共に官司先買を明確に規定していなかったと考えられる。ただし、復旧唐関市令第五条

（以下、「唐令第五条」と略称する）の傍線部は、日本令8条前半部に似ているところがあり、唐令のこの部分を改変して日本令8条が作られたということは考えられる。唐令第五条は交易の前に官司と蕃人との間で物価を定めることを規定しているが、「古本令私記断簡」の日本令8条の「官司未交易之前」についての解釈として「□官司未估価之前」とあることから、[18]日本令における官司先買規定には唐令と同じく物価を定める行為も含まれていたとも考えられる。また、逆の見方をするならば、唐令における物価公定の規定には、官司による先買の行為が含意されているということも考えられよう。とはいえ、唐令では明文化されていない官司先買を明記したことは日本令の独自性であることに変わりはない。

以上、要するに日本令8官司条は唐令第五条の傍線部と唐令補第四条の傍線部をもとに作られたが、唐令にはない官司先買を規定するなど日本の独自性の強い規定に改変されたと推測される。見方をかえるならば、日本令8条は、唐令二条分の規定のうち齎禁物（禁約物も含む）私度関という違犯行為規定と縁辺互市の管理運営規定[19]（官司による価格公定規定は除く）を削除して作られたということもできる。この点、日本律において、唐衛禁律30齎禁物私度関条、31縁辺関塞条に相当する条文が衛禁律に存在しないということと符合していると思われる。[20]とりわけ、縁辺互市規定の削除については、(1)の交易禁止品規定のところでも縁辺など地域・場所の限定が日本令では外されたことが確認され、日本令では一貫して交易の地域・場所の限定をとった規定に改変する方針だったと考えられる。大陸国家の唐においては外蕃と地を接する国境付近（縁辺・辺州）での貿易管理がとりわけ必要であったのに対し、島国の日本の場合、陸上国境自体がないため、縁辺などの地域的限定がとられることになったのであろう。[21]

(4)　禁物出境禁止規定

〔養老関市令〕9禁物条

凡そ禁物は、境将て出すこと得じ。若し蕃客入朝せむ、別勅に賜へらむ者は、境将て出すこと聴せ。

（凡禁物、不得将出境。若蕃客入朝、別勅賜者、聴将出境。）

〔文苑英華〕巻五四五判、「恩賜綾錦出関判」

安息国莫賀遠く来たりて入朝し、頻りに綾・錦等を蒙り賜り、還るに将に自随せんとす。関司、物皆違様を以て、放過せず。

（安息国莫賀遠来入朝、頻蒙賜綾・錦等、還将自随。関司以物皆違様不放過。）[22]

日本令9禁物条は、「禁物」の国外への持ち出し（出境）を禁止する原則を規定する一方、蕃客が別勅により賜った「禁物」は国外持ち出しを認めるという例外を規定している。これに対応する唐令は未だ確認されていないが、右に挙げた「恩賜綾錦出関判」によれば唐には綾・錦などの「禁約物」（唐令第四条に挙げられた輸出禁止品）の国外持ち出しの例外規定があったことが窺われる[23]。別勅賜と恩賜は同じことで、皇帝や天皇が蕃客に特別に与えた回賜品などをさすものと考えられる。唐側の規定の細部までは知り得ないが、日唐の規定の相違点として、日本令が令文上「禁物」を規定しているのに対し、唐側は「禁物」も対象とされた可能性はあるが、判史料から窺われるのは「禁約物」の規定であるということがある[24]。しかし、「古本令私記断簡」の当該条の「禁物」の解釈を見ると、私家に所有する事が禁止されているいわゆる「禁物」ではなく、日本令6条で交易禁止品に指定されている「兵器弓箭」なども含む唐の「禁約物」とほぼ等しい意味にとられていることがわかる[25]。実際、回賜品などとしていわゆる「禁物」を蕃客に与えることは想定しにくい。日本令9条の「禁物」は、いわゆる「禁物」の意味も含まれているにしても、むしろ「禁約物」に近い意味で用いられていると考える。その意味では、日唐の規定には実質的にあまり違いがないと思われる。

二　日本の貿易管理制度の機能

前節では、日本関市令の対外交易関連条文に対応する唐令規定の確認・想定と簡単な比較を試みた。その結果、日本令は唐令をかなり徹底して作り変えたものであることを明らかにすることができたと思う。日本律令の制定者たちは、日本の貿易管理制度にどのような機能を持たせるべく唐令を改変したのか、各条文ごとの特徴と条文相互の関係から具体的に考えてみることにしたい。

日本令の諸規定の中でもっとも独自性が窺われるのは、8官司条である。上述したように、唐令第五条の官司による物価公定規定を先買規定に改変し、唐令補第四条の糺獲者に対する給賞（没官）規定と結びつけて作られたと考えられる。唐令補第四条は、禁物や禁約物の国外への不正持ち出しの取り締まりを徹底するために、犯人を捉獲した者に報賞するという規定だが、日本令8官司条は官司（国家）の先買権強化のための給賞規定に作り変えられたということである。次章で述べるごとく、唐は唐令第四条で挙げられた綾・錦などの高級絹製品や金・銀などの貴重品（金・銀は素材そのものというよりは、高度な手工芸技術により加工された金銀器という形態をとっていたと思われる）を禁約物として輸出を制限し、それらを回賜品としてのみ与えることで朝貢国を招き寄せるということをしており[26]、そのために禁約物の国外への不正流出を防ぐことに大きな力点が置かれていたのである。禁物・禁約物の不正持ち出し犯を捉えた者に給賞するのも、その表れである。それに対し、官司先買権を侵害した者を取り締まるよう改変された日本令では、禁約物などが国外に出ていくことよりも諸蕃がもたらす物を官司が優先的に交易・入手することをより重視していたことを示している。出入国時の所持品検査も日本令7蕃客条では入国時にのみ行う規定とし、出国時の検査規定を省いていることも同じく輸出品より輸入品を管理する方針であったことを示している。

日本令にも9禁物条のように輸出品規制の規定が存在するものの、出国時の所持品検査の規定が削除されており、あまり実際的な意味を持たなかったのではないかと思われる。また、唐のように諸外国が熱望するような高度な技術を要する工芸品や貴金属などの貴重品など種々の物品を禁約物に指定してあったわけではなく、わずかに「弓箭兵器」のみが交易禁止品に挙げられているだけであり、それも輸出規制に限られたわけでもなく、特に輸出規制を重視しなければならないような背景はなかったと思われる。最先進国であった唐のみが作れた優れた文物であったからこそ輸出規制することに意味があったのであり、東アジアの後進国であった日本の文物には輸出規制する必要性はあまりなかったと思われる。ただし、日本令で「弓箭兵器」を特に交易禁止品に指定したことの理由は別に考える必要があるだろう。律令制定時の日本の弓箭兵器がとりわけ優れていたという徴証は現在のところ確認されておらず、特に日本の弓箭兵器のみが珍重されたために交易禁止品にされたとは考えられない。恐らくは、浄御原令や大宝令の編纂された七世紀後半の東アジアの動乱時において、国家の関知しないところで武器が対外的に流出・流入することを警戒して立法されたのではないかと推測する。(28)

律令制定当時の日本は唐や朝鮮諸国に比べ文化的に遅れており、他国から要望されるような文物の無い状況では輸出規制は必要なく、むしろ蕃客（外交使節）がもたらす先進文物や貴重品を国家が独占的に入手することが重要視されたため、上述のような貿易管理制度の大幅な改変が行われたと考えられる。しかし、このことは日本の貿易管理制度にはもとより唐のような朝貢体制を支える機能がなかったことを示している。

唐朝の貿易管理制度は国外への文物流出を防ぐ対外的な性格が強いのに対し、日本の貿易管理制度は国内における国家＝王権以外の諸勢力への文物の拡散を防ぐためのいわば内向きの性格のものであった。すなわち、唐は先進文物の独占により自らの文化的あるいは経済的優位を強化して諸外国に君臨するシステムを作り上げたのに対し、日本は同じく先進文物を独占するにしてもあくまでも国内の諸勢力を支配するためのものであったということである。

日本は新羅・渤海など朝鮮諸国に対し朝貢関係を強要し続けたが、原理的には唐の朝貢体制とはまったく違うものであった。唐の朝貢体制は天下（全世界）の不特定多数の蕃国の朝貢を想定したものであったのに対し、日本の朝貢関係は特定の蕃国（律令制定時は主に新羅か）と夷狄（隼人・蝦夷・南島人）を対象とするものであり、天下の支配を目的とするものではなかったと考えられる。[29] 日本令において未知の蕃客の来朝がまったく予定されていなかったことは、このことをよく物語っている。[30] 日本律令制定者は、真の意味での「中華」たりえない自国の限界を十分に認識していたと言えるのかも知れない。

おわりに

日本と唐の貿易管理制度の違いは、当時の両国の国際的な立場を如実に反映するものであった。先進文物を生み出す文化の中心（中華）たる唐と、その文物をひたすら受容した後発国（蕃国）としての日本という先進文物の授受の関係がそのまま制度化されたものと言えよう。

従前の研究においても、日本の貿易管理制度上、官司先買権の維持が重要であったことは明らかにされているが、それが日本独自の制度であったと指摘されたことはなかったと思われる。[31]日本律令に官司先買制度が明文化されたことは、日本の古代国家＝王権がいかに先進文物の独占に腐心していたかを、鮮明に示している。この官司先買制度が、次第に変質・形骸化しつつも古代国家の末期まで存続したことの意義は忘れてはならないだろう。[補註2]

註

(1) 本書第一部第四章を参照。
(2) 本書第一部第一章、同補論一を参照。
(3) 註(2)参照。
(4) 本章における養老令の本文・書き下し文の引用、条文番号などは、井上光貞ほか『律令』(岩波書店、一九七六年)による。ただし、句読点を改めたところもある。
(5) 本章における復旧唐令の引用、条文番号などは、仁井田陞『唐令拾遺』(復刻版第二版、東京大学出版会、一九八三年。初版は一九三三年刊)、池田温編集代表『唐令拾遺補』(東京大学出版会、一九九七年)、および池田温「唐令と日本令(二)」(『創価大学人文論集』二、一九九九年)による。
(6) 『唐令拾遺補』〈註(5)参照〉一三九五頁。
(7) 開元二年(七一四)閏三月勅(『唐会要』巻八六所収)、建中元年(七八〇)十月六日勅(『冊府元亀』巻九九九所収)など。
(8) 唐雑令第九条は『唐六典』巻三〇、士曹司士参軍条に、唐雑令参考資料は同書巻二二、掌冶署条に収載されている。
(9) 『唐令拾遺補』〈註(5)参照〉七九七頁。
(10) 池田温「唐令と日本令(二)」〈註(5)参照〉一四九頁。
(11) 漢律に「胡市は、吏民の兵器及び鉄を持ちて関を出るを得ず」(『史記』巻一二〇・裴駰集解および『漢書』巻五〇・顔師古注に引用される応劭注)という規定のあることが、参考になるであろう。
(12) 本書第一部第一章・第二章を参照。
(13) 本書第一部第四章を参照。

(14)『新唐書』巻四八、百官志、鴻臚寺条に、「凡客還、鴻臚籍衣齎賜物多少以報主客、給過所」とある。本書第一部第二章、石見清裕「交雑の禁止」(『唐の北方問題と国際秩序』汲古書院、一九九八年、初出一九九六年)を参照。

(15) 出国時の関所における厳しい所持品検査については、『大唐西域記』の桑蚕伝説も参考になるであろう。本書第二部終章を参照。

(16) 顕慶六年(六六一)二月十六日勅(『唐会要』巻六六所収)は、実質的な官司先買を命じたものといえる。

(17) 唐衛禁律31越度縁辺関塞条の「共化外人私相交易」の部分を改変して作った可能性はあるが、この唐律規定には官司先買についてはまったく見えない。本書第一部第一章、第二章を参照のこと。

(18)「古本令私記断簡」については、狩野久「古本令私記断簡」(『日本古代の国家と都城』東京大学出版会、一九九〇年)を参照。

(19) 復旧唐関市令補第四条の復原案(池田温「唐令と日本令(二)」〈註(5)〉と本書第一部第一章を参照)は、確実に史料的裏付けがある字句のみをもとに提示したもので、唐令原文にあったと想定されるものでも確実な字句・表現が不明なものは復原されていない。例えば、令文としては「禁物」のみが復旧されているが、唐衛禁律30齎禁物私度関条の疏議によれば「禁約物」にあたるものも想定されていたことは確実である。なお、「禁物」とは私家に所有することが禁止されている物品で、具体的には軍防令に規定される禁兵器と職制律・雑令に規定される玄象器物や天文・図書・讖書・兵書などの書籍である。それに対し、「禁約物」とは私家に所有することが許されているが、関市令で関を度ることが禁止されている物品で、具体的には唐令第四条に列挙された錦・綾以下のものである。「禁約物」の物品は、勅により修正・追加が行われており、註(7)に挙げた二つの勅は、令文の「禁約物」を修正するために出されたものである。

(20) 本書第一部第一章・同補論一を参照。

(21) 本書第一部第一章を参照。

(22) この判には、劉穆之の対も付いており、回賜として与えられた綾・錦については咎め立てるべきではない旨の内容になっている。

(23) 張鷟の『龍筋鳳髄判』巻二所収(『全唐文』巻一七二にも同じものが収められている)の「鴻臚寺中土蕃使人素知物情慕此処綾錦及弓箭等物請市未知可否」という判史料も、証左となろう。

(24)　判史料からは「禁約物」のみしか窺われないが、唐衛禁律30齎禁物私度関条や唐令補第四条〈註(19)参照〉によれば、「禁物」と「禁約物」の双方が規定されていたと考えるべきであろう。
(25)　「古本令私記断簡」の「禁物」の部分の注釈は、「甲□兵器弓箭及馬［　　　］」（原文は二行細注の形式）となっている。広い意味で、「禁物」には、「禁約物」も含む用法があったと理解しておきたい。
(26)　本書第一部第四章を参照。
(27)　本文に述べたように、七世紀後半から八世紀初めにかけて諸外国が熱望した物品が日本にあった徴証はないが、六世紀末から七世紀初めの状況を示すと思われる『隋書』倭国伝の次の記事は注目される。

　新羅・百済皆以倭為大国。多珍物、並敬仰之。恒通使往来。

これによれば、日本（倭国）には珍物が多く、その珍物に惹きつけられて新羅・百済が日本につねに使いを遣わしたということになっている。この記事の内容が正しいのか、もし正しいのならば何故七世紀後半以降こうした状況がなくなったのか、検討する必要があるだろう。
(28)　国家として弓箭などの武器を供与した実例としては、『日本書紀』天武天皇元年（六七二）五月壬寅条の唐使郭務悰に「甲冑弓矢」を与えた記事がある。律令制定後だが、安禄山の乱の際も唐から武器の材料などの提供を要請されたこともある。国際的動乱時には、国家を越えて武器の移動は起こりうることであった。なお、註(23)の判史料によれば、唐令でも「弓箭等」を「禁約物」にしていた可能性がある。
(29)　雄略朝以後、日本（倭国）の王権は「治天下」を標榜したが、その「天下」の意味するところは中国と違って限定的なものであったと思われる。西嶋定生『日本歴史の国際環境』（東京大学出版会、一九八五年）六六〜八〇頁参照。
(30)　唐公式令には、蕃客が来朝した際に鴻臚寺がその国の山川・風土を訊ねる規定があった（『唐令拾遺』〈註(5)〉一〇〇六頁の補遺第二条を参照）が、日本令はこの規定を継受していない。それは、既知の国以外の来朝が想定されていないため、既知の国の風土について今さら問いただす必要はないということで削除したものと考える。ちなみに、日本の公式令には「遠方殊俗人」についての規定があるが（養老公式令89遠方殊俗条）、これは「非常参蕃人」という解釈がなされているように（『令集解』同条「穴記」）、漂着者などのケースであり、蕃客（外交使節）とは区別される。
(31)　官司先買制度に関わる近年の主な研究としては、山内晋次「荘園内密貿易説に関する疑問」（『奈良平安期の日本とアジア』吉川弘文館、二〇〇三年、初出一九八九年）、同「中国海商と王朝国家」（『同上書』、初出一九九三年）、林呈蓉「大宰府貿易の再検討」（『海事史研究』四七、一九九〇年）、稲川やよい「『渡海制』と『唐物使』の検討」（『史論』四四、一九九一年）、石井正敏「一〇世紀の国際変動と日宋貿易」（『新版古代の日本』二、角川書店、一九九二年）、田島公「大宰府鴻臚館の終焉」（『日本史研究』三八九、一九九五年）などがある。

（補註1）　本章の旧稿は、北宋天聖令発見以前に執筆したため、唐令復原に不十分な部分がある。しかし、基本的に論旨を変更する必要がないことと、研究史的な意味もあるということで、敢えて旧稿に手を加えなかった。なお、天聖令を利用した本章関連規定の唐令復原については、本書第一部補論三を参照されたい。

（補註2）　註(31)で触れなかった平安時代の貿易管理に関する近年の主要な研究としては、以下のものがある。田島公「平安中・後期の対外交流」（『福井県史　通史編1原始・古代』福井県、一九九三年）、亀井明徳「日宋貿易関係の展開」（『岩波講座　日本通史』第六巻、岩波書店、一九九五年）、石井正敏「肥前国神崎荘と日宋貿易」（皆川完一編『古代中世史料学研究』下巻、吉川弘文館、一九九八年）、松原弘宣「陳泰信の書状と唐物交易使の成立」（『続日本紀研究』三一七、一九九八年）、同「九世紀代における対外交易とその流通」（『愛媛大学法文学部論集　人文学科編』六、一九九九年）、同「鴻臚館交易について」（『愛媛大学法文学部論集　人文学科編』一〇、二〇〇〇年）、河内春人「宋商曾令文と唐物使」（『古代史研究』一七、二〇〇〇年）、皆川雅樹「9～10世紀における日本の金と対外関係」（『古代交通研究』一一、二〇〇二年）、渡邊誠「平安中期、公貿易下の取引形態と唐物使」（『史学研究』二三七、二〇〇二年）、同「承和・貞観期の貿易政策と大宰府」（『ヒストリア』一八四、二〇〇三年）、同「平安中期貿易管理の基本構造」（『日本史研究』四八九、二〇〇三年）、同「平安期の貿易決済をめぐる陸奥と大宰府」（『九州史学』一四〇、二〇〇五年）、服部英雄「日宋貿易の実態」（『東アジアと日本』二、二〇〇五年）。

補論三　北宋天聖令による唐関市令朝貢・貿易管理規定の復原

はじめに

唐関市令の朝貢・貿易管理規定の復原については、先に本書第一部第一章「律令国家の対外方針と「渡海制」」および第三章「律令貿易管理制度の特質」で検討している。しかし、その後、北宋時代の「天聖令」が発見されたことによって、唐令復原の精度をさらに高めることが可能となった。そこで本章では、天一閣博物館・中国社会科学院歴史研究所天聖令整理課題組校証『天一閣蔵明鈔本天聖令校証　附　唐令復原研究』（中華書局、二〇〇六年）における該当条文の復原案を批判的に検討して、先の復原私案を修正・補足することにしたい。

一　孟彦弘氏の唐令復原案

まず、孟彦弘「唐関市令復原研究」（『天一閣蔵明鈔本天聖令校証　附　唐令復原研究』下冊所収）において示された朝貢・貿易管理規定に関する唐令復原案を次に示す。条文番号は、孟氏が付したものに従っている。なお、孟氏は四種類の句読点「、」「，」「：」「。」を用いているが、「・」「、」「。」の三種類に改めた。また、正字体を常用漢字に改めたことをお断りしておく（次節以下の天聖令の引用においても同様）。

10　諸蕃客初入朝、本発遣州給過所。所有一物以上、関司共蕃客官人具録申所司。入一関以後、更不須検。若無関処、初経州県亦准此。

11　諸私家応有之物禁約不合度関、已下過所、関司捉獲者、其物没官。若已度関及越度為人糺獲者、三分其物、二分賞捉人、一分入官。

12　諸禁物不得将出関。若蕃客入朝別勅賜者、連写正勅、牒関勘過。

13　諸錦・綾・羅・穀・繡・織成・紬・絲絹・絲布・氂牛尾・真珠・金・銀・鉄、並不得与諸蕃互市及将入蕃、綾（?）不在禁限。所禁之物、亦不得将度西辺・北辺諸関及至縁辺諸州興易、其錦・繡・織成、亦不得将過嶺外。金・銀不得将過越巂道。如有縁身衣服、不在禁例。其西辺・北辺諸関外戸口須作衣服者、申牒官司、計其口数斟量、聴於内地市取、仍牒関勘過。

25　諸外蕃与縁辺互市、皆令互市官司検校。其市四面穿塹及立籬院、遣人守門、市易之日卯後、各将貨物畜産倶赴市所、官司先与蕃人対定物価、然後交易。

26　諸私共諸蕃交易為人糺獲者、二分其物、一分賞糺人、一分没官。若官司於其所部捉獲者、皆没官。

二　唐令復原案の検討

以下、孟氏の復原された唐関市令の内、朝貢・貿易管理に関係する条文を、一条ずつ順次検討してゆくことにしたい。なお、周知のことと思うが、「天聖令」においては、現行法としての宋令の条文を記した後ろに、不用になった唐令が記載されている。本章で天聖関市令を引用する場合、孟氏に倣い、宋令の場合は「宋○」（○は条文番号の数字）、唐令の場合は「唐○」と頭書することにする。

(1)　10条について

宋6　諸蕃客初入京、本発遣州給過所、具姓名・年紀・顔状、牒所入関勘過。所有一物以上、関司共蕃客官人具録申所司。入一関以後、更不須検。若無関処、初経州鎮亦準此。即出関日、客所得賜物及随身衣物、並申所属官司出過所。

①養老関市令7条
凡蕃客初入関日、所有一物以上、関司共当客官人、具録申所司。入一関以後、更不須検。若無関処、初経国司、亦准此。

②『新唐書』百官志一司門郎中条（唐令拾遺補関市令補二条）
蕃客往来、閲其装重、入一関者、余関不譏。

③『新唐書』百官志三鴻臚寺条
凡客還、鴻臚籍衣齎賜物多少以報主客、給過所。

④『新唐書』百官志一司門郎中条
凡著籍、月一易之。流内、記官爵・姓名。流外、記年歯・貌状。非遷解不除。

⑤『唐会要』巻七一、十二衛・左右監門衛条
凡京司応以籍入宮殿門者、皆本司具其官爵姓名、以移牒其門。（若流外官、雑色人、並具紀年、紀顔状。）門人送於監

門者、皆勘同、然後聴入。

⑥『新唐書』百官志一主客郎中条

殊俗入朝者、始至之州給牒、覆其人数、謂之辺牒。

・「諸蕃客初入京」

まず、冒頭部の「諸蕃客初入京」の唐令復原だが、宋令の「入京」という語句を、「入朝」に改めることについては、孟氏の指摘に従いたいと思う。この点については、史料⑥に「殊俗入朝」とあることも、参考になるだろう。ただし、「初入朝」ではなく、史料①の日本令のように「初入関日」であった可能性も考慮する必要があるであろう。日本令の「初入関日」は宋令に見える「出関日」という語句に対応している表現であることは明らかであり、唐令では、「初入関日」と「出関日」が対句になっていたと想定することも可能であろう。ただし、日本令には「出関日」以下の規定が無いわけであり、唐令の「出関日」以下の規定を削除するにあたって、冒頭の規定の表現に取り入れた可能性もあるので、(1)現段階では孟氏の説に従っておきたい。

・「本発遣州給過所、具姓名・年紀・顔状、牒所入関勘過」

次に、宋令にあって日本令に無い「本発遣州給過所、具姓名・年紀・顔状、牒所入関勘過」という部分の復原について考えてみたい。この部分の句読だが、孟氏が「牒所入関勘過所有一物……」という原文を、「所」を一字補って「牒所入関勘過所。所有一物……」と復原されたことは誤りで、「牒所入関勘過。所有一物……」と読むべきものと考える。なお、「牒関勘過」という用語は、唐令6条にも見える表現である。

さて、蕃客への過所発給というこの部分に直接対応する唐代の規定を現存史料に見出すことはできないし、史料①の日本令にも蕃客への過所発給規定は存在しないが、論理的にこの部分の存在を推定することは可能だと思われる。

すなわち、史料③によれば、唐制においても蕃客の出国時に関所での勘査に備えて過所の発給が規定されている以上、入国時にも同様に蕃客に対し過所の発給が規定されていたと考えてよいと思われる。(2)そもそも、宋代には過所は存在せず、(3)宋令1条において、「過所」という用語に「今日公憑。下皆准此」という註が付されているように、「過所」は宋代の用語ではなく、唐令の表記を受け継いだものと思われ、過所の規定が宋令で新たに付け加えられたというよりは、同様な規定が唐令に存在していたと考えるべきであろう。「牒所入関勘過」という部分だが、上述したように「牒関勘過」という用語自体唐令に見えるものである。また、史料⑥は「蕃客入朝」ではなく「殊俗入朝」の規定だが、始めに至った州において、人数を知らせるための牒（「辺牒」）が発給されたことが見えることも参考になるだろう（「入るところの関に牒」する牒とは、この「辺牒」に相当する可能性があるだろう）。宋令と唐令の字句がまったく同じであったかは不明だが、この部分については内容として大きな違いがないと考えられるので、宋令のまま復原してよいと思う。なお、孟氏は、「具姓名、年紀、顔状」の箇所は宋令1条の規定内容と重複しているということで復原されていないが、宋令1条では「具注姓名、年紀及馬牛騾驢牝牡、毛色、歯歳」となっておりこれはあくまでも一般の過所の記載内容についての規定であって、蕃客を対象とする宋令6条の過所の記載内容とは相違している。一般の過所との違いを明らかにするために、本条に蕃客の過所の記載内容を示す「具姓名、年紀、顔状」という規定が存在したと推定しても問題ないであろう。なお、「顔状」は史料④のように唐令では「貌状」の可能性もあるが、一方で史料⑤のように「顔状」とする唐代史料もあるので、今は宋令の表記に従っておきたい。(4)

・「所有一物以上、関司共蕃客官人具録申所司。入一関以後、更不須検。若無関処、初経州鎮亦準此」

この部分については、史料①の日本令にほぼ対応する規定があることから、このまま唐令に復原してよいものと考える。なお、孟氏は「州鎮」を「州県」に改めているが、この点については慎重でありたい。唐代の過所の文言に

「恐所在州県鎮鋪関津堰寺、不練行由、伏乞給往還過所」（大中九年越州都督府過所）などとあるように、州県などと並んで鎮においても通行者の取り調べのあったことが知られるので、あえて「州県」に修正するまでの根拠はないと思われる。(5) また、宋令の「蕃客官人」の「蕃」は「当」の誤字と考えられ、唐令は日本令と同じく「当客官人」であったと考える。

・「即出関日、客所得賜物及随身衣物、並申所属官司出過所」

孟氏の10条の復原案では、①の養老関市令第7条の規定と対応する部分に限定し、宋令6条の「亦準此」までで復原を止めている。慎重な判断だと思うが、「即出関日」以下の規定と内容的に重なる史料③によって、同様な規定が唐令に存在したと想定してよいと思われる。史料③は独立した規定のように見えるが、『新唐書』志類の規定は原文をかなり改作した取意文であり、唐令の一つの条文全体の要約ではなく、その一部分だけを取り出し約してあることも少なくないので、③も唐令の部分的な取意文であると考えて問題ないと思う。また、宋令6条に該当する唐令の取意文であることが明らかな史料②に「蕃客往来」とあることによって、唐令においても蕃客に対する関における勘査が入国時（「来」）のみならず、出国の際（「往」）にも行われたことが分かり、史料③のような出国審査に関わる規定が唐令にも存在したという上記の想定を補強してくれる。入国時と出国時双方の勘査規定が唐令にも存在したと考えられる以上、宋令6条のように入国時と出国時の規定が同一条文に存在したとして何ら問題はないであろう。史料②③も本来同一条文の唐令規定をそれぞれ部分的に要約した取意文と考えてよいだろう。また、孟氏は対応する日本令の条文に基づき復原案を考えられたが、出国時に勘査を行わないのは日本令における改変点と考えられ(6)、この場合、日本令に合わせて唐令を復原するのは誤りであると考える。

宋令と『新唐書』志類の制度記事が内容的に対応する場合、唐令を復原しうる大きな根拠となると思われるが、その場合、どちらに依拠して復原すべきかは問題であろう。『新唐書』により該当部分の存在が確認された場合は、唐制との間に矛盾・齟齬が無い限り宋令をもとに唐令を復原すべきではないかと考える。なぜなら、『新唐書』の規定は原文から大きく改変・省略されており、令文として馴染まない文体であるからである。

〔復原私案〕

諸蕃客初入朝、本発遣州給過所、具姓名・年紀・顔状、牒所入関勘過。所有一物以上、関司共当客官人具録申所司。入一関以後、更不須検。若無関処、初経州鎮亦准此。即出関日、客所得賜物及随身衣物、並申所属官司出過所。

(2)　11条・26条について

宋7　諸有私将禁物至関、已下過所、関司捉獲者、其物没官。已度関及越度為人糾獲者、三分其物、二分賞捉人、一分入官。若私共化外人交易、為人糾獲、其物悉賞糾人。如不合将至応禁之地、為人糾獲者、皆二分其物、一分賞糾人、一分入官。若官司於其所部捉獲者、不在賞限、其物没官。如糾人在禁物郷応得賞者、其違禁物準直官酬。其所獲物応入官者、年終申所司。其獲物給賞分数、自有別勅者、不拘此限。

①『唐律疏議』巻二十四闘訟、56教令人告事虚条（宋刑統巻二四闘訟　教令人告事虚条）

告齎禁物度関、及博戯、盗賊之類、令有賞文。

②『文苑英華』巻五四五判　恩賜綾錦出関判

安息国莫賀遠来入朝、頻蒙賜綾・錦等、還将自随。関司以物皆違様不放過。

③『唐律疏議』巻八衛禁、30齎禁物私度関条所引「関市令」

已下過所関司捉獲者、其物没官。若已度関及越度、被人糾獲、三分其物、二分賞捉人、一分入官。

④養老関市令8条

凡官司未交易之前、不得私共諸蕃交易。為人糺獲者、二分其物、一分賞糺人。一分没官。若官司於其所部捉獲者、皆没官。

⑤養老「雑律」逸文（『類聚三代格』巻一九、禁制事所収、延喜三年太政官符所引）

律曰、官司未交易之前、私共蕃人交易者、准盗論。罪止徒三年。

孟氏は、宋令7条をもとに唐令を復原するにあたって、11条と26条の二条に分割して復原しているが、後に理由を述べるように、二条に分割するのは誤りと考える。そこでここでは、孟氏の唐令復原案の11・26条をまとめて扱うことにしたい。

・「諸有私将禁物至関」

まず、11条の冒頭部分は史料①によって、「諸齎禁物私度関」と改めるべきものと考える。史料①は、「齎禁物私度関」に関して唐令に報賞規定（宋令7条に相当）が存在したことを述べた唐律疏議の一文だが、この唐令に対応する唐衛禁律30齎禁物私度関条の冒頭表記とも合致することから、唐令の表記としては「諸齎禁物私度関」の方がふさわしいと考える。孟氏は「禁物」と「私家有之物、禁約不合度関」とを完全に区別し、宋令の冒頭表記を大きく改めて「私家応有之物禁約不合度関」とし、後者のみを対象とした規定に唐令を復原している。孟氏は、唐衛禁律30条疏議の中の「私家応有之物、禁約不合度関、已下過所関司（中略）、一分入官」という部分をすべて唐令の引用と考えられているが、「私家応有之物、禁約不合度関」の部分は、その前の「其私家不応有、雖未度関亦没官」という説明に対応するものであって、必ずしも唐令と断言できるものではないと思われる。宋令と唐律疏議（衛禁律30齎禁物私度関条）の条文の内容構成を見る限り、唐令が「私家応有之物禁約不合度関」だけを対象とした規定であったとは考えられない。すなわち、宋令では「禁物」を対象にしてあるのに、同じ条文構成の唐令（たとえ孟氏のように二条に条文が分かれるにしても、今問題としている前半部分の構成はまったく同じである）がそれと違って「私家応有之物禁約不合度関」にだけ対象を限定していたとは考えられないということがある。

孟氏が不自然な改変を行ったのは、「禁物」の語義を誤解したためということもあると思われる。「禁物」には禁兵器など「私家に有るべからざる」物という意味があることは広く知られているが、それはあくまでも狭義の「禁物」であって、広義の「禁物」にはそれに加えて「私家の物にして、禁約して関を度すべからざる」物も含んでいたと思われる。そのことは、孟氏復原唐令案12条（宋令8条）に、「禁物」とあることによっても知られる。12条ではたとえ「禁物」であっても別勅によって蕃客などが賜った物については関外に持ち出すことを認めた例外規定であるが、ここで蕃客が賜ったものとは回賜品などを指すものと考えられ、唐代の回賜品の内容からすると、12条の「禁物」には明らかに「私家の物にして、禁約して関を度すべからざる」物（具体的には孟氏復原唐令案13条規定の物品等を指す）が含まれていると考えざるをえない。宋令7条の「禁物」も同様に広義の「禁物」の意味で使用されているのであり、それに対応する唐令においても同じく広義の「禁物」の意味で使われていたと考えてよいと思われる。唐代における広義の「禁物」の概念の存在については、復原唐令12条に関係する史料②の唐代の判において、安息国の朝貢使節が恩賜された禁約品であった綾・錦などを持ち帰ることについて関司が放過しなかったことが問題とされていることからも裏付けることができるであろう。

・「已下過所、関司捉獲者、其物没官。已度関及越度為人糾獲者、三分其物、二分賞捉人、一分入官」

この部分は、史料③に挙げた唐律疏議の引用する唐令とまったく同文なので、そのまま唐令に復原してよいだろう。

・「若私共化外人交易、為人糾獲、其物悉賞糾人。如不合将至応禁之地、為人糾獲者、皆二分其物、一分賞糾人、一分入官。若官司於其所部捉獲者、不在賞限、其物没官」

さて、孟氏の復原案でもっとも問題となるのは、「若私共化外人交易」以下を別条に分けて復原していることである。孟氏は、宋令7条の後半部分に対応する日本令（史料④）が単独で規定されていることから、宋令7条の後半部分をもとに復原唐令の26条として別条に立てている。しかし、この復原案は、日本令の改変をまったく考慮しておらず、失当と思われる。

まず、孟氏が復原唐令26条を立条する根拠とした日本令（史料④）だが、この規定は唐令と異なる趣旨に改変されたものであることを確認しておきたい。史料④の日本令に対応する日本律が史料⑤である。④⑤ともに「禁物」とは無関係な規定であり、官司先買権を規定したものだが、唐律令には官司先買権を規定した条文は見当たらず、日本律令で改変した規定であることが知られる。確かに、違反者の逮捕に協力した者（「糾獲者」）に対する報賞規定などは唐令のままだが、唐令では規制品（「禁物」）の関所からの持ち出し防止を目的としているのであって、立法の趣旨がまったく異なっていることが確認できる。改変が明らかな日本令を根拠にして宋令を大きく改めて唐令を復原することは、はなはだ疑問である。

孟氏は宋令7条の前半部と後半部を切り離して復原することにまったく問題を感じていないようだが、一つの条文として前半部と後半部とが内容的に無関係であるということは考え難い。もし、無関係ならば、宋令においても最初から別条になっていたのではないだろうか。また、内容的につながりがなく唐令で二条に分かれていたものを、宋令の段階で一条にまとめる必然性はないだろう。私見では、宋令7条の前半部と後半部には内容的に密接な関連性があると考える。すなわち、前半部においては「禁物」を持って関所を通過しようとした場合や合法・非合法ともに通過した場合を想定しているが、「若私共化外人交易」以下の後半部では、前半部の違反行為に加えて、外国人と密貿易をした場合や、「禁物」持ち出し未遂の場合、また逮捕協力者（「糾人」）が「禁物郷」（「禁物郷」とは不詳だが、唐令6条において規定された物品の売買が禁止された縁辺諸州〈国境付近の州〉などの地域を指すか。文脈からするとそうした規制品の所持が認められない地域と考えられる）にいる場合の報賞の仕方、没収物の年末報告などについて規定しているのであって、一連のまとまりをもっている条文と考える。「私共化外人交易」という違反行為が、前半部の合法・非合法に関わらず「禁物」を持って関所を通過した違反行為を前提としたもの（前半部の違反行為に累加した違反行為）であることは、前半部の違反行為に対するより「私共化外人交易」に対する逮捕協力者（「糾獲者」）への報賞の割合が高められている（前半部よりも「私共化外人交易」の方がより重罪に位置付けられている）ことにも示されている。また、現実的に考えても関所（国境線）を越えずに外国人（「化外人」）と密貿易することは原理的に不可能であろう。この点、「化外人」との私交易に対する処罰を規定している唐衛禁律31越度縁辺関塞条においては、「越度縁辺関塞」という違反行為が「化外人」との私交易という違反行為の前提として規定されていることが明瞭である。

史料④の日本令では関所の通過などが前提になっていないが、日本衛禁律において齎禁物私度関条や越度縁辺関塞条が削除されていることに象徴されるように、日本律令の関連規定では一般に縁辺や関所との関係を取り払う改変を行っていたことが知られる。(7)日本令の改変を考慮せず、内容的にまとまりを持っている宋令7条を二条に分立した孟氏の唐令復原案は誤りと言えよう。

宋7条後半部からの唐令復原だが、傍線部は史料④の養老関市令8条にほぼ対応しており、唐令にもこれに該当する規定が存在したことは間違いないと思うが、傍線部の該当部分のみを復原すべきか、宋令後半部全体をそのまま復原すべきか、判断が難しいところである。しかしながら、傍線部のみを復原すると、唐令では未遂罪の規定や逮捕協力者（「糾人」）が「禁物郷」に所在した場合の報賞の例外規定、そして没収品の年末報告規定が存在しなかったことになるが、果たしてそれでよいのかということがある。また、日本令では私交易の逮捕協力者に「禁物」の二分の一を報賞する規定となっているが、宋令ではすべてを報賞することになっており、報賞内容に違いが存在している。その違いを無視して、改変が明らかな日本令に合わせて復原してよいのかということもある。この問題を考えるにあたって、宋令7条の報賞内容のランク分けに注目したい。

Ⅰ未遂（「応禁之地」に至る前に逮捕された）の場合 ⟶ 「禁物」の二分の一

Ⅱ「禁物」を持って関所を已度・越度した場合 ⟶ 「禁物」の三分の二

Ⅲ「禁物」を持って関所を已度・越度し、さらに「化外人」と私交易した場合 ⟶ 「禁物」すべて

これによれば、違反行為の軽重に従って、報賞の多少がきちんと対応していることが分かるであろう。このうちⅡのケースの規定が唐令に存在したことが史料③により確認されるわけだが、宋令のこうした違反行為と報賞のランク分けの対応を考慮するならば、唐令にはⅡの規定しかなかったとは考えにくいのではないだろうか。少なくとも孟氏の復原案のように、ⅡよりもⅢの報賞内容が軽くなるという不合理は認めがたい。違反行為と報賞のランク分けの対応は唐令にもあった蓋然性が高いと考えられるので、少なくともⅠ〜Ⅲのケースに関わる規定は宋令7条とほぼ同内容であったと想定してもよいと思われる。

なお、孟氏は日本令に合わせて「化外人」を「諸蕃」に改めているが、対応する唐衛禁律31越度縁辺関塞条においては「共化外人私相交易」となっているので、あえて「諸蕃」と改める必要はないと思われる。

・「如糾人在禁物郷応得賞者、其違禁物准直官酬。其所獲物応入官者、年終申所司。其獲物給賞分数、自有別勅者、不拘此限。」

この部分については、唐令に存在した可能性もあるが、現段階では存在の傍証がほかにないので、復原は控えるこ

とにしたい。

〔復原私案〕

諸齎禁物私度関、已下過所関司捉獲者、其物没官。若已度関及越度、被人糺獲、三分其物、二分賞捉人、一分入官。若私共化外人交易、為人糾獲、其物悉賞糾人。如不合将至応禁之地、為人糾獲者、皆二分其物、一分賞糾人、一分入官。若官司於其所部捉獲者、不在賞限、其物没官。

(3)　12条について

宋8　諸禁物不得出関者、若住在関外因事入関及蕃客入朝別勅賜者、連写正勅、牒関聴出。即蕃客在内賜物、無勅施行者、所司勘当知実、亦給牒聴出。

①養老関市令9条

凡禁物、不得将出境。若蕃客入朝、別勅賜者、聴将出境。

②宋5（天聖関市令宋令5条）

諸兵馬出関者、但得本司連写勅符、即宜勘出。其入関者、拠部領兵将文帳検入。若鎮戍烽有警急事須告前所者、関司験鎮戍烽文帳、即宜聴過。

③『唐律疏議』巻八衛禁、29人兵度関妄度条疏議

準令、兵馬出関者、依本司連写勅符勘度。入関者、拠部領兵将文帳検入。

④『唐令拾遺』関市令三条

諸兵馬出関者、依本司連写勅符勘度。入関者、拠部領兵将文帳検入。

・「諸禁物不得出関者」

宋令では「出関」、日本令では「出境」となっているが、これは日本令があえて「関」ではなく「境」に改めたものと考える。すでに述べたように日本律令では縁辺関塞に関する規定が一切削除されており、本条でもそうした改変方針の下、唐令の「出関」を「出境」に改めたものと考えられる。また、宋令では「将」という字が無いが、①の日本令にはあること、唐令6条に「不得将度西辺・北辺諸関」や「不得将過嶺外」などの表現が見られることから、唐令には「将」字を復原すべきと考える。

・「若住在関外因事入関及蕃客入朝別勅賜者」

「若……蕃客入朝別勅賜者」の部分は、①の日本令とまったく同文なので、そのまま唐令に復原してよいと思われるが、日本令に無い「住在関外因事入関及」という部分については復原は差し控えるのが適当と考える。唐令にも存在した可能性はあるが、それを示す徴証を現段階では見出せていない。

・「連写正勅、牒関聴出。即蕃客在内賜物、無勅施行者、所司勘当知実、亦給牒聴出。」

まず、「連写正勅」の部分についてだが、この部分は日本令に見えない。しかし、連写した勅符を関においてチェックするという②の宋令とそれに対応する④の復原唐令を参考にするならば、唐令にも「連写正勅」の語句があったと想定してよいものと考える。なお、日本令では④の唐令に相当する条文が削除されており、「連写勅符」や「連写正勅」といった規定は一貫して削る方針であったことが推量される。

「牒関」という表現は、唐令6条や⑴の唐令復原私案によれば、唐令に存在してもおかしくない表現と考える。また、「連写正勅」という上句を受けるには必要な語句であると思われる。「聴出」については、孟氏は唐令6条の「牒関勘過」という表現によって「勘過」に改めているが、①の日本令に「聴」字が見えることを考えるならば、宋令の「聴出」という表現を生かすべきと考える。なお、日本令の「聴将出境」の「境」を「関」に改めて「聴将出関」と復原すると、この前句の「牒関」と併せて「牒関聴将出関」となり、「関」字が繰り返され、くどい表現となり、不適当と考える。

文末にある細字双行註については、存在を確認できないので、復原すべきでないだろう。

〔復原私案〕

諸禁物、不得将出関。若蕃客入朝、別勅賜者、連写正勅、牒関聴出。

(4)　13条について

唐6　諸錦・綾・羅・縠・綉・織成・紬・絲絹・絲布・氂牛尾・真珠・金・銀・鉄、並不得与諸蕃互市及将入蕃、綾（?）不在禁限。所禁之物、亦不得将度西辺・北辺諸関及至縁辺諸州興易、其錦・繡・織成、亦不得将過嶺外。金・銀不得将過越嶲道。如有縁身衣服、不在禁例。其西辺・北辺諸関外戸口須作衣服者、申牒官司、計其口数斟量、聴於内地市取、仍牒関勘過。

①『唐律疏議』巻八衛禁　齎禁物私度関条所引関市令（宋刑統巻八衛禁律　齎禁物私度関条所引関市令）

錦・綾・羅・縠・紬・綿・絹・絲布・氂牛尾・真珠・金・銀・鉄、並不得度西辺・北辺諸関、及至縁辺諸州興易。

②『唐会要』巻八六　市

開元二年閏三月勅、「諸錦・綾・羅・縠・繡・織成・紬・絹・絲・氂牛尾・真珠・金・鉄、並不得与諸蕃互市、及将入蕃。金・鉄之物、亦不得将度西北諸関。」

③『冊府元亀』巻九九九　外臣部　互市

（開成元年六月）是月、京兆府奏、「准建中元年十月六日勅、『諸錦・罽・綾・羅・縠・繡・織成・細紬・絲布・氂牛尾・真珠・銀・銅・鉄・奴婢等、並不得与諸蕃互市。』又准令式、中国人不合私与外国人交通、買売、婚娶、来往。又挙取蕃客銭以産業奴婢為質者、重請禁之。」

④養老関市令6条

凡弓箭兵器、並不得与諸蕃市易。其東辺北辺、不得置鉄冶。

本条については、唐令そのものである以上、単なる唐令の復原としては問題ないだろう。しかし、唐令の年代まで考えるとなると、いささか検討すべき点がある。唐令6条とその開元二十五年令逸文である①を比較した場合、両者を同一視できるであろうか。①は唐令の全文ではなく、部分的な抜き書きと考えられるが、輸出禁制品の内容を比べると、誤脱や省略とは思われない微妙な相違が見られる。すなわち、唐6条には、「繡」・「織成」・「絲絹」があるのに対し、二十五年令逸文ではそれらが含まれない代わりに「絹」が入っている。(8) 禁制品の内容は、史料②や③のように、勅によってしばしば変更されたと考えられるので、こうした輸出規制品の内容の違いは、令の年代の違いを示している可能性が大きいと考えられる。天聖令掲載の唐令は、開元二十五年令ではなく、その後の勅などによる改正をも含んだ唐令の可能性もあるのではないか。(9) ただ単に唐令として復原するならば、唐6条のままでよいと思われるが、開元二十五年令として復原することには慎重にならざるを得ない。また、二十五年令と唐令6条の違いは輸出規制品だけに止まるのかどうかも問題であろう。

なお、本条に対応する日本令だが、孟氏は該当する条文が無いとされているが、諸蕃との互市（市易）禁止品目を規定するということでは、史料④の養老関市令6条が対応するものと考える。ただし、日本令の後半の「其東辺北辺、不得置鉄冶」という部分は、唐雑令の金属採取規定の一部を改変して付け加えたものである。(10)

⑸　25条について

宋17　諸縁辺与外蕃互市者、皆令互市官司検校、各将貨物、畜産倶赴〔互〕市所、官司先共蕃人対定物価、然後交易。非互市官司、不得共蕃人言語。其互市所用及市得物数、毎年録帳申三司。其蕃人入朝所将羊馬雑物等、若到互市所、即令準例交易、不得在道与官司交関。

①『白氏六帖事類集』（『唐令拾遺』関市令第五条）

諸外蕃与縁辺互市、皆令互〔市〕官司検校。其市四面穿塹及立籬院、遣人守門、市易之日卯後、各将貨物畜産倶赴市所、官司先与蕃人対定物価、然後交易。

本条の復原については、特に異論はない。孟氏と同じように、宋令17条の史料①に対応する箇所だけを唐令として復原すべきと考える。対応しない部分については、唐令にあったとするほかの傍証が無い限り、復原すべきでないだろう。

⑹　26条について

本条については、⑵で上述した通りである。

三　条文の対応関係・排列と唐令の年代

天聖関市令と養老関市令の朝貢・貿易管理に関わる条文の対応関係を表示すると左表のようになると思われる。なお、日本令に対応する条文の無い（一部内容的に関係があると思われるが[11]）宋令17条に対応する唐令（孟氏の復原唐令25条）の順序については、以下の分類のように、関所関係の規定の後に市関係の規定が来ると考えて、一番後ろに排列してよいだろう。

唐6～宋8＝関所関係の規定

宋17　＝市関係の規定

これによれば、日本令と唐令・宋令の条文排列の順序に食い違いは無く、少なくとも関係条文に関しては唐令と日本令の間に条文排列の入れ替え・変更は無かったと考えられる。

さて、天聖令をもとに復原した唐令の年代だが、従来は開元二十五年令と考えられてきている。私も、大部分の条文は開元二十五年令と同文とみなしてよいと考える。しかしながら、二(4)で述べたように、天聖令所収の唐令には開元二十五年令以後の改訂を含んでいる場合もあると思われ、復原にあたっては、開元二十五年令の逸文と照合し、その異同に注意し、開元二十五年以降の制度改正との関連の有無などを十分検討する必要があるだろう。

表1　天聖関市令・養老関市令の朝貢・貿易管理規定の対応関係

天聖関市令	養老関市令	備　考
唐6（孟氏復原唐13）条	6条	輸出禁止品の規定→交易禁止品の規定（唐令拾遺補の補1条は、雑令）
宋6（孟氏復原唐10）条	7条	蕃客の貨物検査
宋7（孟氏復原唐11）条	8条	齎禁物私度関の摘発・報賞→官司先買違反の摘発・報賞
宋8（孟氏復原唐12）条	9条	禁物出関（境）の例外規定
宋17（孟氏復原唐25）条	（8条）	縁辺互市の運営

註

(1) 本書第一部第三章で説いたように、日本令では入国時の輸入品のチェックに重点を置いたのに対し、出国時の輸出品のチェックは重視されなかったと考えられる。すなわち、日本令では「初入関日」の規定が重視されたのに対し、唐令にあった「出関日」の規定が削除されたと考えられる。

(2) 唐代の実例として、円珍の越州都督府過所などを参照。

(3) 宋・洪邁(一一二三〜一二〇二)『容斎四筆』(一一九九年成立)巻一〇・過所の条に次のように見えることによって、宋代には過所は存在しなかったと考えられている。

然過所二字、読者多不暁、蓋若今時公憑引拠之類、故裒其事于此。

(4) 史料⑤の『唐会要』巻七一、十二衛・左右監門衛条の記事については、辻正博氏のご示教に与った。

(5) 孟氏は、『唐六典』巻一八、鴻臚寺・典客署条の「若諸蕃献薬物・滋味之属、入境州県与蕃使苞匭封印、付客及使、具其名数牒寺。」という規定に「入境州県」とあることによって、宋令の「州鎮」を「州県」に改めているが、この規定はあくまでも蕃客のもたらした「薬物・滋味の属」の運搬・報告のための規定であって、蕃客の所持品検査の規定である本条にそのまま援用できるか、慎重に判断する必要があるであろう。十分な根拠が無い限り、宋令の規定を改めることは控えることにしたい。

(6) 日本には唐のように輸出禁止しなければならない先進文物も無く、蕃客の出国時に規制品の持ち出しをチェックする必要性が無かったと考えられる。また、蕃客の出国する北九州などの地域には縁辺関塞自体存在していなかったことも考慮されたい。本書第一部第三章を参照。

(7) 本書第一部第三章を参照。

(8) 「絲絹」「絲布」はそれぞれ「絲」と「絹」・「布」に分けて読んでいたが、辻正博氏から「絲絹」「絲布」という用語が存在することをご教示頂いた。

(9) 天聖令を発見された戴建国氏は、北宋淳化三年(九九二)に開元二十五年令の校勘作業が行われ、主に宋代の官制や避諱の制などの問題により文字の改訂が行われたため、天聖令付載の唐令の一部には、もとの開元二十五年令と若干の異同が見られるとされる(「『天聖令』発見とその研究意義」『上智史学』四八、二〇〇三年)。しかし、丸山裕美子「仮寧令と節日」

（『日本古代の医療制度』名著刊行会、一九九八年、初出一九九二年）によれば、開元二十五年令以後も令文の改訂が行われたことが知られ、本条の場合も北宋の文字改訂ではなく、唐代の令文改訂による相違と考える。

(10) 天聖雑令宋10条に対応する唐令には、「其西辺・北辺無問公私、不得置鉄冶及採鉱」という規定があったと考えられるが、この部分を改変して、史料④の養老関市令6条の後半部分が作られたと考えられる。なお、天聖雑令宋10条に対応する養老雑令9条では「其西辺・北辺無問公私、不得置鉄冶及採鉱」に該当する規定が削除されており、この部分が関市令6条に付け替えられたことを裏付けている。天聖雑令宋10条に対応する唐令の復原については、黄正建「天聖雑令復原唐令研究」（『天一閣蔵明鈔本天聖令校証』中華書局、二〇〇六年）を参照。

(11) 本書第一部第三章を参照。

第四章　唐代の朝貢と貿易

はじめに

唐と東アジア諸国との関係には、冊封、羈縻州、朝貢などのいろいろな関係があったとされ[1]、東アジアの国際秩序はそれらの諸関係の複合により形成されたと考えられる。しかし、これまでは、主として「冊封体制」論[2]の是非を巡る議論が行われ、冊封以外の諸関係についてはまだ十分な検討がなされていないように思われる[3]。日本のように冊封は受けず、朝貢のみの関係の場合、冊封体制内にあったとしても、直接その国際関係を律したのは唐との朝貢関係であり、そのことを抜きにして日本と東アジア諸国との関係を構造的に捉えることはできないであろう。

そこで、本章では唐と諸外国とのもっとも一般的で基本的な関係である朝貢関係について、その関係を成り立たせた制度の構造と機能を明らかにし、朝貢体制[4]が唐代の東アジアの国際秩序に果たした役割について考えてみたいと思う。

一　朝貢と貿易

朝貢体制の検討に入る前に、往々にして混同されがちな朝貢と貿易の関係、区別について述べておくことにしたい。「朝貢貿易」という用語が広く用いられていることから、朝貢を貿易の一種とみなす理解を多くの人々が共有していると考えられる。確かに朝貢が名目化し、実質として貿易にほかならない場合が少なくないことは認めなければならないが、朝貢と貿易は本来まったくの別物であり、物資の交換といった即物的観点のみから同一視することはできない。朝貢は中華（天子）と夷狄（蕃国王）との間の支配・従属関係を理念的に表現した政治的な行為であり、経済活動としての貿易・交易とは区別されるべきものである。(5)現実の朝貢に経済的な意味もあったことは認めるが、その政治的機能を捨象してしまっては本質を見失ってしまうだろう。国家による貿易独占という一面があったとしても、そこで第一に追求されたのは経済的利潤ではなく、支配者としての正当性や権威といった政治的なものであった。唐のみならず中国の諸王朝が常に諸国の貢物の価値をはるかに上回る回賜品を与えたのも、利潤よりも政治的意義を重視したことを示している。

上に述べた朝貢の理念はあくまでも中国側の一方的なもので、諸外国の側では朝貢を単なる貿易の一手段、形式としか考えていなかった場合も少なくなかったと思われる。しかし、たとえそうであったとしても、朝貢の規範に従う（従わざるをえない）ことにより諸外国の側にも政治的な意味をもったことを考える必要がある。朝貢の主体が国王に限定されていたため、中国物資の入手・分配する権限を国王が独占することになり、国王の権威・政治力を強化することになったと思われる。(6)また、後述するように中国の賜与した物品の多くは、高級絹織物や金銀器といった当時においては中国のみが持ちえた卓越した技術により製作された工芸品であり、諸外国においては簡単に模倣できるものではなかったことにも注意したい。このような貴重な工芸品は、普通市場に出回ることなく、国王から直接分配された支配者層にその所有が限定され、単なる奢侈品としてだけでなく、威信財（権威や身分の象徴）や可視的身分標識としての意味も持ったと考えられる。その意味では、朝貢により入手した物品の経済的影響を大きく考えることはできないであろう。朝貢することで得られるものは回賜品だけではなく、文化・学術（統治システムに関する知識も含む）や情報もあった。希望によっては、中国の官爵も得ることができた。官爵はともかくも、中国の先進的文化・学術や中国に集まった最新の情報を独占できたことも、国王の支配の安定・強化につながったことと思う。

以上、要するに中国のみならず諸外国においても朝貢関係を結ぶことはその支配秩序の安定にそれなりの効果、意味があったと考えられる。ただし、朝貢関係が政治的な機能を十全に発揮するためには、朝貢以外の私的な交流や貿易をできるだけ制限する必要があった。朝貢しなくても中国の文物や情報を入手できるなら、諸外国の朝貢の意義を減ずることになるだろう。朝貢国の来朝減少は天子の威徳の翳りを意味し、その支配の正当性を失わせることになる。また、諸外国においても国王の力によらずとも私的に必要なものを手に入れることができるようになれば、国王への政治的求心力を弱めることになるであろう。以上のような観点に立つならば、朝貢関係をどれだけ実質あるものにできるかは、私的な通交や貿易をどれだけ制限・管理できるかに関わっているといえるであろう。唐代の私的な対外通交の制限については前章で取り上げたので[7]、本章では唐代の貿易管理制度と朝貢体制との関わりについて考えてみたいと思う。

先に唐代の私的な対外通交の制限について検討した結果、前半の律令制下では礼的外交規範に基づいて公使以外の国境の出入を禁じていたが、開元年間（七一三〜四一）以降次第に形骸化し、唐代後半の建中二年（七八一）〜貞元二十年（八〇四）の間に一定の管理のもと私的な通交をも認める外交体制に変化したことを明らかにした[8]。貿易は通交を前提とするものであるから、貿易管理と通交制限は密接に関連していたと考えられる。従って、貿易管理も唐代前半の律令制下と後半の時期とでは大きな変化があったのではないかと予測される。そこでまず、律令制下の貿易管理制度と朝貢体制の関連について検討し、その後に唐代後半期の変化とその意味について考えることにしたい。

二　律令制下の貿易管理と朝貢体制

(1)　貿易管理制度の概観

中国では古く漢代の頃から、外国貿易（史料上では、「互市」、「関市」、「胡市」などと称される）に対する国家管理が行われていたことが知られている。前漢の高后四年（前一八四）に、「有司、南越と鉄器を関市することを禁ずるを請ふ（漢、辺関において蛮夷と通市すること、これを関市と謂ふ）[9]」と、有司により南越に対する鉄製品の輸出規制が提案された。こうした輸出規制が南越のみならず外国一般に対して取られていたことは、「胡市は、吏民、兵器及び鉄を持ちて関を出づるを得ず[10]」という漢律の存在から明らかである。このような辺関（国境の関所）において特定の物資の国外流出を防止するという輸出規制は、漢以後の王朝にも継承されたと考えられ、唐代にも同様な規定が見られる[11]。

〔唐令拾遺〕関市令第四条[12]

諸そ錦・綾・羅・縠・紬・綿・絹・絲・布・氂牛の尾・真珠・金・銀・鉄は並びに西辺・北辺の諸関を度すこと、及び縁辺の諸州に至りて興易することを得ず。

錦以下の輸出禁制品の辺関での通過禁止、およびその縁辺諸州での交易禁止という輸出規制のあり方は、規制品目の違いがあるにしても基本的に漢代の規定と同じものといえる。このことは、漢以降、唐に至るまで互市は主として縁辺の郡国や諸州ないしは辺関といった地域・場所で行われたことを示しており[13]、互市の場がかなり限定されていたことが知られる。貿易管理のためだけでなく、恐らく公使以外の国境の出入を認めないという伝統的な外交規範・通交制限と対応して、互市による公使以外の者の国境の出入をできるだけ制限するという目的もあったと考えられる。なお、唐律では、縁辺の関塞を不法に越えて化外人（外国人）と私に交易した場合は、徒二年以上の刑罰が科されることになっていた。[14]

互市の場の設定については、唐令では具体的に次のように規定されている。

〔唐令拾遺〕関市令第五条

諸そ外蕃と縁辺との互市は、皆互（市）官司をして検校せしめよ。其の市の四面に壍を穿ち、及び籬院を立て、人を遣わして門を守らしめよ。市易の日は、卯の後に、各貨物・畜産を将ちて、倶に（互）市所に赴き、官司先に蕃人と対いて物価を定め、然る後に交易せよ。

この規定によれば、外蕃との互市が行われる際、四面を塹壕と籬で取り囲んだ互市所を設けることになっているが、このことは互市所があくまでも臨時的な施設であることを示しており、互市が本来恒常的なものではないことを意味している。そのことは、互市が諸外国の要求があって、それに対して皇帝が勅許した場合に行われたものであったことからも知られる。[15]ちなみに、互市要求が常に許されたわけではなく、「不許」の場合もあった。また、この規定から、互市所の出入から物価の公定、交易そのものに至るまで互市官司（互市監）により徹底的に管理・統御されていたことなども知られる。

上述のことは、国境近辺に地域的に限定された対外貿易についてのことだが、唐国内への出入が許された朝貢使などの公使の場合もその交易活動が厳しく制限されたことでは同様であった。唐への入国の認められた公使といえども、その行動に自由はなく、さまざまな規制を受けた。[16]交易に関していうならば、まずその申請をした上で皇帝の勅許を得る必要があった。もし、許可無く私に交易をした場合、盗に準じて処罰された[17]。許可を得たとしても、やはり唐の官憲の監督を受け、交易の場も事実上官市に限定され、輸出禁制品の購入は禁じられたのである[18]。ただし、縁辺での互市では交易品が帛練と蕃綵に限られていたので[19]、公使として唐国内で交易した方がより多くの種類の物品を購入できるというメリットがあった。

唐代は、文化の国際性やシルクロードの連想からとかく自由な交流や活発な外国貿易が行われたと思われがちであるが、少なくとも前半の律令制下にはそのイメージは当てはまらない。この時期の対外通交や貿易がいかに制限の多い限定的なものであったか、大いに認識を改める必要がある。

(2) 貿易管理制度の特徴と意義

さて、唐代律令制下の貿易管理制度の概略について述べたが、その特徴としてまず注意したいのは、対外貿易は皇帝の専権事項であったということがある。いかなる貿易も皇帝の勅許なしには行うことが出来ないということは、貿易の機会をかなり狭めることになったと思われる。逆の見方をするならば、当時の外国貿易は一々皇帝の裁可を仰げるくらいの頻度でしか行われなかったとも考えられるであろう[20]。恐らくは、外国商人らの私的な交易要求などは最初から皇帝裁可の対象とはならず（私的な立場からの交易要求は一切認めないということ）、諸国の国王（ないしはその代理である公使）の互市・交易要求のみが皇帝の上裁を仰ぐことになっていたのであろう。実際の互市が商人などの参入を拒むものではないとしても、その実施の可否が国家間の交渉によったことは重要である。とりわけ、その最終決定権が唐の皇帝にあったということは、「互市の設くるは、其れ（四夷の）懐柔・羈縻の旨爰に与る」[21]と称されたように、互市を餌に諸国を唐の影響下に置くことを可能にしたといえるであろう。朝貢のみならず、対外貿易も唐を中心とする国際秩序の維持に大きく関わっていたのである。

次に指摘しておきたい特徴としては、唐代律令制下の貿易管理制度は基本的に漢代以来の系譜をひく伝統的なものであったことである。そして、その中心にあったのが、輸出品規制であったことである。中国は東アジアにあって文明の先進国であり、その文化・技術水準の高さは常に周辺諸国を圧倒した。漢代の先進的兵器や鉄器、唐代の錦などの高級絹製品といったものは、その当時においては他国にとうてい模倣できるものではなかった。伝統的な輸出品規制の存在は、中国のみが持ちうるもの、中国のみが作りうるものを独占することに歴代の王朝が重要な意義を見出していたことを示していると思われる。

唐代の輸出禁制品は、先掲の関市令に規定されたものばかりではなかった。令の規定は、その都度必要により変更・追加が勅で行われ、輸出禁制品も時期により変化があった。(22)また、勅などの法令の形では残っていないが、最新・先進の書物などに対する輸出規制があったことも知られる。(23)先に述べたように、これらの禁制品の多くは、当時唐のみが持ちえたもの、作りえたものであった。令に見える鉄や氂牛の尾などは軍事に関わるものとして、真珠・金・銀などは一般的貴重品として輸出規制の対象となったとも考えられるが、唐以外の諸国にも存在するものであることを考慮するならば、いずれも単なる素材・原料としてのみ規制対象となったというよりは、むしろ唐の高い技術力により加工されたもの（例えば、鉄製兵器や金銀器などの工芸品）を主に念頭に置いた規定であったと考えられる。

唐のみが持ちえた優れた文物は、当然ながら諸外国の熱望するものであった。そうした垂涎の品を諸国が唯一入手できる機会が、朝貢であった。唐代の回賜品を通覧するならば、(24)関市令で規定されていた輸出禁制品とその加工品を中心に構成されていたことが知られる。先述したように互市などでは輸出禁制品を購入できないのであり、朝貢として回賜品を賜与される以外に禁制品入手の方法がないとしたら、回賜品目当てで朝貢する国が出てくるのも不思議ではない。実際、回賜品も含めて唐の文物入手を目的とする朝貢使が多かったことはよく知られている。唐代の輸出品規制は、回賜品の価値を最極限まで高め、多くの国々を朝貢に招き寄せる役割を果たしたと考えられる。概観でも触れたように、縁辺互市より公使（事実上、唐ではほとんど朝貢使とみなされた）として入朝して交易した方が有利になるよう規定されていたことなども考えあわせるならば、唐代律令制下の貿易管理制度は、朝貢関係の形成・維持のシステムであったといえるであろう。以上のように考えるならば、唐代の朝貢関係は、軍事力による威嚇や強制のみにより成立したものではなく、むしろ文化・経済の優越性によって形成される部分が大きかったといえそうである。

以上、唐代律令制下の貿易管理制度の検討を通じて、この時期の外国貿易が国家の厳格な管理を受け、私貿易が極力制限されていたことが明らかになったと思う。同時期における私的通交の禁止という前章（第一・二章）の結論をも考え併せるならば、この唐代前半の律令制下では朝貢関係がきわめて実質的意味をもち、その政治的機能を十分に発揮することができたのではないかと考えられる。南海諸国の朝貢の最盛期が、南海貿易が活発化した玄宗朝ではなく、律令制のもとで私貿易が抑制されたと考えられる太宗・高宗朝であったことはその証左となるであろう。[25]七世紀後半の東アジアの動乱終息後、新羅、日本、渤海と東アジア諸国が唐との朝貢関係を修復ないし形成し、八世紀前半の東アジア諸国は内政・外政ともに比較的安定した状態となった。このような東アジア地域の支配秩序の形成と安定に、唐の朝貢体制の果たした役割を大きく評価したいと思う。この評価の是非については、次節で貿易管理制度の変質と八世紀後半以降の東アジア情勢の変動との関連を検討することで明らかになると思われる。

三　唐代後半の貿易と東アジア諸国の衰亡

(1)　唐朝の貿易政策の転換

律令制下では制限されていた私貿易が唐代後半に大いに発展し、九世紀には東アジア地域にも交易圏（日本・唐・新羅三国間貿易、環シナ海貿易圏などとも称される）が形成されたという。[26]私貿易発展の端緒は、開元年間（七一三〜四一）の初頭に確認できる。それは、市舶使の設置[27]と西域商胡への征税[28]である。朝貢体制の政治的機能を重視した律令制下では貿易による利益はほとんど考慮されることはなかったと思われるが、ここに至ってその方針の一大変更が行われたとみることができる。どちらも対外貿易に対する課税という共通点を有しており、それまで制限していた私貿易を積極的に容認していこうとする唐朝の新たな方針が明確に読み取れるのである。開元年間以降、唐の対外貿易とりわけ南海貿易が次第に盛んになったことは[29]、そうした貿易政策の転換によるところが大きいと考えられるであろう。また、当然のことながら、この時期の唐国内の社会・経済状況も対外貿易の興隆に深く関わっていたことにも留意したい。[30]輸出品生産をまかなう手工業の発達や輸入品の流通・販売を支える商品経済の進展などの唐国内の諸条件とかみ合うことによって、貿易の発展が可能であったと思う。唐の南海貿易拡大の影響が周辺諸国の貿易関係にも反映したことは、既に八世紀半ばには新羅が唐で得た南海産の香薬を日本にもたらしたことによく現れている。[31]唐王朝が滅亡し、冊封体制が崩壊した後に東アジア交易圏が誕生したとする意見もあるが[32]、九世紀にはすでに交易圏が形成されていたとみるべきであり、その胎動は八世紀前半の盛唐期に始まっていたと考えられる。

唐朝の私貿易容認という方針変更の主要な原因は、財政逼迫による新たな財源の確保であった。七世紀末には律令制的な均田・租庸調制度は行き詰まり、伝統的な重農主義的徴税だけでは不十分になったのである。市舶使の徴収した船脚（下碇之税）や西域商胡への征税は、八世紀後半相次いで新設された塩税・商税などの商業課税の先駆的なものとみなせるであろう。また、高宗朝のころ顕著となった官吏の増加、支配領域拡大による軍事費の増大なども財政圧迫の大きな要因となったと思われる。とりわけ、軍事費の捻出は、高宗末年以降の羈縻州体制の動揺による軍鎮兵員の傭兵化ということもあり、開元期の財政問題のもっとも重要な課題の一つであったと考える。そのことは、西域商胡への征税が安西四鎮に供されたことによって証されるだろう。

開元年間初期に私貿易を容認する方針に転換したが、輸出品規制はその後も継続して行われており[33]、また互市を国家管理の下に置くという原則も九世紀前半までは堅持されていたと考えられ[34]、唐朝の衰退にともない次第に弛緩していったとはいえ私貿易には依然として規制が存続していたのである。しかし、私的通交の禁止という原則は急速に形骸化していった。開元の次の天宝年間（七四二〜五五）には西域における商人らの外蕃との通交が問題化したり[35]、揚州や広州などの貿易港への外国人の寄住（蕃坊）の進行が確認される[36]。八世紀後半になるとアッバース朝の積極的な貿易政策の下、ペルシア・イスラム商人の来航が増大し、南海貿易はますます活発化した。その結果、私交禁止という原則自体が否定されることになり、九世紀には中国商人の海外進出さえもみられることになるのである[37]。唐朝の衰亡とは裏腹に、私的通交の増大とともに対外貿易は拡張し、唐を結び目として東アジアから西アジア・北アフリカにまでおよぶ一大交易圏を形成することになった[38]。そして、この交易圏のさらなる発展が、宋・元時代の海上貿易の隆盛をもたらしたのである。

(2)　私貿易の展開と朝貢体制の形骸化

上にみた私貿易の展開、交易圏の形成は、私交禁止・私貿易抑制を前提とする朝貢体制の政治的機能を次第に弱めてゆくことになった。そのことは、早くも開元年間以降の南海諸国の朝貢の減少に現れている。安史の乱（七五五〜六三）による唐朝の権威失墜の結果ではなく、それ以前に私貿易の容認とともに朝貢が減少しているのである。(39)冊封関係にあった新羅が終始唐との緊密な関係を保ったのに対し、朝貢関係のみの日本が唐中心の国際秩序から次第に離脱していったのもそうした点から理解できるであろう。新羅、次いで唐の商船が日本に頻繁に来航するようになった九世紀以降、日本の遣唐使派遣が間遠になっていったのは、唐に入朝せずとも貿易によりある程度必要なものを入手できるようになったためと考えられる。(40)唐代後半の朝貢がその政治的実質を失っていったことは、唐朝末期の唐と回鶻との朝貢関係にもっともよく表れている。すなわち、貢物と回賜品とのあいだに一定の換算率が認められ、まったく貿易と変わらないものになっていたのである。(41)

朝貢の減少は唐の皇帝の権威や政治力に翳りを生むことになったと思われるが、外国貿易が恒常化することで貿易が必ずしも皇帝の勅許を必要としなくなったことも皇帝の内外に対する政治的影響力を弱めることになったであろう。(42)また、外国貿易の管理は市舶使のみならず節度使や観察使などにも任されたため、節度使などが私腹を肥やす機会・方法を得ることになった。(43)官僚として与えられる俸給よりも、貿易による収入が上回ることになれば、皇帝の支配から離れ、自立化を強めることにつながったのではないかと推測される。外国貿易は先述したように唐国内の経済とも連関しているのであり、その発展は唐の商品経済の進展をも加速させることになったであろう。そのことは、ひいては小農民の階層分化を進め、唐朝支配の矛盾の増大させることにもなったと考える。(44)貿易の拡大が唐朝滅亡の主たる原因とまではいわないが、その衰亡に深く関わっていたことは認められるだろう。

私貿易の展開は、朝貢国側にも深刻な影響を与えることになった。その端的な例が、新羅である。貿易により得た経済力をもとに張宝高（保皐）、後百済の甄萱、泰封の弓裔、高麗の王建といった自立的な政治勢力が次々と生まれ、新羅を滅亡させることになった。[45]渤海の場合は、朝貢による回賜品や交易の利益を分配する権限を王が独占することにより、支配層の首領を王権のもとに結集させることができたといわれる。[46]史料不足のため断言はできないが、私貿易の盛行は王権による絹製品などの唐の物貨の独占的入手を困難にし、その分配の政治的意義を喪失させることになり、渤海王権の支配力低下につながったと考えられる。日本は、新羅や渤海のように滅亡することはなかったが、日宋貿易拡大のなかで朝廷の貿易管理体制が破綻し、代わって貿易の実権を握った平氏が王権を圧倒し、朝廷の実権を奪うことになった。[47]時期的にはかなりのズレがあるが、この平氏による政権奪取の過程は新羅・渤海二国滅亡のケースに重ね合わされる部分が少なくないと思う。[48]日本に影響の遅れがでたのは、交易圏の東端に位置したという地理的条件、商工業の発達が唐・新羅に比べ遅れていたという経済的条件、そして独自の貿易管理システムを持っていたことなどが原因として考えられる。[49]

時期的な違いがあるにしても、東アジアの諸国家は朝貢体制の下では制限されていた私貿易の展開によりその支配に動揺をきたしたり、滅亡することになったといえるのではないだろうか。

おわりに

本章で試みたのは、「冊封体制」論を否定することではなく、朝貢関係という視点を加えることによって冊封関係だけでは理解できない部分について補正することである。冒頭でも述べたように、唐と東アジア諸国の関係にはさまざまなものがあった。その個々の関係の究明と諸関係複合の状況を解明することなくして、東アジアの国際関係を構造的に捉えることは不可能だと思う。

現在の段階における「冊封体制」論のもっとも大きな欠陥は、唐の滅亡が東アジア世界変貌の画期として強調されるあまり、その前後の歴史が断絶してしまうことにある。唐の滅亡により、東アジア交易圏が形成されたり、「国風文化」などの民族文化が生まれたとされるが、実際にはそれらの動きは唐の滅亡以前に始まっているのである。また、唐の滅亡にのみ東アジア諸国の衰亡の原因を求めることも問題があると思われる。本章は、そのような問題点を解決すべく、唐や東アジア諸国の衰亡、交易圏の形成、そして周辺諸国での文化の新展開をもたらした共通の要因を見出し、唐代とその後の時代の東アジアの歴史を連続的・構造的に捉えようとしたものである。なお、「国風文化」については本書第二部で扱っているので(50)、参照をお願いする。

浅学非才のため、以上の試みのどれほども達成しえたか誠に心許ない。見通しを述べただけで、十分な実証が伴っていない部分が多いことも承知している。諸賢のご批正を切に望むものである。

註

(1)　堀敏一『中国と古代東アジア世界』(岩波書店、一九九三年)。

(2)　西嶋定生氏の関連する主要な研究は、李成市編『古代東アジア世界と日本』(岩波書店、二〇〇〇年)ならびに『西嶋定生東アジア史論集』第三・四巻(岩波書店、二〇〇二年)にまとめられている。

(3)　冊封体制をめぐる研究史については、鬼頭清明『日本古代国家の形成と東アジア』(校倉書房、一九七六年)、同「東アジア古代の国際関係」(『歴史研究の新しい波』山川出版社、一九八九年)、菊地英夫「総説――研究史的回顧と展望――」(『隋唐帝国と東アジア世界』汲古書院、一九七九年)、金子修一「隋唐国際関係研究の諸問題」(『隋唐の国際秩序と東アジ

ア』名著刊行会、二〇〇一年、初出一九九二年）、闕尾史郎「古代東亜世界的構造」（『北大史学』四、一九九七年）などを参照。

（4）本書で用いる「朝貢体制」という用語については、本書序章を参照。

（5）唐代の朝貢の儀礼的側面からの研究には、渡辺信一郎『天空の玉座』（柏書房、一九九六年）、石見清裕「外国使節の皇帝謁見儀式復元」（『唐の北方問題と国際秩序』汲古書院、一九九八年、初出一九九一年）、同「外国使節の宴会儀礼」（『同上書』所収、初出一九九一年）などがある。

（6）その具体例としては、大隅晃弘「渤海の首領制」（『新潟史学』一七、一九八四年）を参照。

（7）本書第一部第一章、第二章を参照。

（8）本書第一部第二章を参照。

（9）『資治通鑑』巻一三漢紀。

（10）『史記』巻一二〇・汲黯伝・裴駰集解および『漢書』巻五〇・汲黯伝・顔師古注所引の応邵注。

（11）唐代の貿易管理については、謝海平『唐代留華外国人生活考述』（台湾商務印書館、一九七八年）、凍国棟「唐代民族貿易与管理雑考」（『魏晋南北朝隋唐史資料』九・一〇、一九八八年）、張沢咸「唐朝与辺境諸族的互市貿易」（『中国史研究』一九九二―四）、石見清裕「唐代外国貿易・在留外国人をめぐる諸問題」『唐の北方問題と国際秩序』汲古書院、一九九八年）などを参照した。

（12）復旧唐令の引用は、仁井田陞『唐令拾遺』（東京大学出版会、一九八三年、初出一九三三年）のもの（漢文）を筆者が書き下した。

（13）『唐六典』巻二二、諸互市監条に、「漢魏已降、縁辺郡国、皆有互市、與夷狄交易、致其物産也」とある。

（14）唐衛禁律31越度縁辺関塞条。

（15）『冊府元亀』巻九九九、外臣部・互市を参照。

（16）石見清裕「交雑の禁止」（『唐の北方問題と国際秩序』汲古書院、一九九八年、初出一九九六年）を参照。

（17）唐衛禁律31越度縁辺関塞条には、「即し使に因りて私に交易することあらば、盗に準じて論ぜよ」とある。唐律の引用は、律令研究会編『訳注日本律令』二・三〔本文篇〕（東京堂出版、一九七五年）のもの（漢文）を筆者が書き下した。

(18)『冊府元亀』巻九七四、外臣部・褒異、開元五年（七一七）十月乙酉条。
鴻臚寺奏、日本国使、請謁孔子廟堂、礼拝寺観。従之。仍令州県・金吾相知、検校搦捉、示之以整応。須作市買、非違禁入蕃者、亦容之。

(19)『唐六典』巻三、金部郎中員外郎条に、「諸官私互市、唯得用帛練・蕃綵、自外並不得交易」と見える。

(20)堀敏一氏は、突厥との互市が原則として年一回であったと推測されている〈堀氏註(1)書、二六四頁〉。

(21)『冊府元亀』巻九九九、外臣部・互市序文。

(22)輸出禁制品に関する法令としては、開元二年閏三月勅（『唐会要』巻八六、市）、貞元三年十二月の禁令（『冊府元亀』巻九九九、外臣部・互市）、建中元年十月六日勅（同上）などを挙げることが出来る。

(23)唐代の書禁については、本書第二部第二章および終章を参照。

(24)唐代の回賜品については、原田淑人『東亜古文化研究』（座右宝刊行会、一九四〇年）、長澤和俊『シルクロードの終着駅』（講談社、一九七九年）、池田温「麗宋通交の一面」（『東アジアの文化交流史』吉川弘文館、二〇〇二年、初出一九七九年）、東野治之「遣唐使の文化的役割」（『遣唐使と正倉院』岩波書店、一九九二年、初出一九七九年）などを参照。

(25)清木場東「隋唐宋貿易の研究Ⅰ――南海朝貢国篇（1）――」（『産業経済研究』二五―四、一九八五年）を参照。

(26)先駆的研究として、木宮泰彦『日華文化交流史』（冨山房、一九五五年）、森克己『新訂日宋貿易の研究　森克己著作選集第一巻』（国書刊行会、一九七五年）があり、近年の研究として、石井正敏「九世紀の日本・唐・新羅三国間貿易について」（『歴史と地理』三九四、一九八八年）、李炳魯「九世紀初期における『環シナ海貿易圏』の考察」（『神戸大学史学年報』八、一九九三年）などがある。

(27)和田久徳「唐代における市舶使の創置」（『和田博士古稀記念東洋史論叢』講談社、一九六一年）を参照。

(28)伊瀬仙太郎「西域賈に対する征税」（『中国西域経営史研究』巌南堂書店、一九六八年）を参照。商胡の貿易活動については、荒川正晴「唐帝国とソグド人の交易活動」（『東洋史研究』五六―三、一九九七年）を参照。

(29)南海貿易に関する代表的なものには、藤田豊八『東西交渉史の研究　南海篇』（岡書院、一九三二年）、桑原隲蔵『蒲寿庚の事蹟』（『桑原隲蔵全集』五、岩波書店、一九六八年、初出一九三五年）、和田氏註(27)論文、築山治三郎「唐代嶺南の政治と南海貿易」（『京都産業大学論集』一、一九七二年）などがある。

(30) 唐代中・後期の社会状況については、礪波護「唐中期の政治と社会」(『岩波講座世界歴史』五、岩波書店、一九七〇年)、金子修一「唐代前期の国制と社会経済」(『世界歴史大系　中国史』山川出版社、一九九六年)、同「唐代後期の社会経済」(『同上書』掲載)などを参照。

(31) 東野治之「鳥毛立女屛風下貼文書の研究」(『正倉院文書と木簡の研究』塙書房、一九七七年、初出一九七四年)を参照。なお、天平勝宝四年(七五二)の日羅間の交易の性格については、李成市『東アジアの王権と交易』青木書店、一九九七年)も参照のこと。

(32) 西嶋氏註(2)書を参照。

(33) 唐代後半のアラブ・イスラム商人の活動を知る最適な史料である『シナ・インド物語』(藤本勝次訳註、関西大学出版・広報部、一九七六年)には、「宦官や将軍のお歴歴は、実に豪華な絹の衣服を着ている。そのような絹は、シナ人の許にとっておいて、アラブの国々にもたらされることがない」(三七〜三八頁)と、唐の輸出規制が存続していたことが示されている。

(34) 『冊府元亀』巻九九九、外臣部・互市によれば、少なくとも開成元年(八三六)まで互市の国家管理が行われていたことが確認される。

(35) 『唐会要』巻八六、関市、天宝二年十月勅。

(36) 蕃坊とは記されてはいないが、『新唐書』巻一四一、鄧景山伝には「神功兵至揚州、大掠居人、発冢墓。大食・波斯賈胡死者数千人」とあり、このイスラム商人の虐殺の行われた上元元年(七六〇)には、すでに多くの外国人が揚州に居住していたことが知られる。また、『唐大和上東征伝』によれば、天宝年間の広州には往来居住する外国人の種類が極めて多かったという。

(37) 本書第一部第二章を参照。

(38) 家島彦一『イスラム世界の成立と国際商業』(岩波書店、一九九一年)、宮崎正勝『イスラム・ネットワーク』(講談社、一九九四年)などを参照。

(39) 和田久徳「唐代の南海遣使」(『東洋学報』三三―一、一九五〇年)、同「東南アジアにおける華僑社会の成立」(『新訂世界の歴史』一三、筑摩書房、一九七九年)など参照。

(40) 亀井明徳『日本貿易陶磁史の研究』(同朋舎出版、一九八六年)、吉村正親「遣唐使廃止の一側面」(『尋源』三六、一九八六年)、石井氏註(26)論文などを参照。
(41) 土肥義和「敦煌発見唐・迴鶻間交易関係漢文文書断簡考」(栗原益男先生古稀記念論集編集委員会編『中国古代の法と社会』汲古書院、一九八八年)を参照。
(42) 和田氏註(27)論文参照。
(43) 節度使と貿易活動との関連については、来日唐商人と節度使との関係を指摘した石井氏註(26)論文を参照。
(44) 小農民の階層分化と唐の衰亡との関係については、堀敏一「唐帝国の崩壊」(『古代史講座』一〇、学生社、一九六四年)、同「唐末の変革と農民層分解の特質」(『中国古代史の視点』汲古書院、一九九四年)などを参照。
(45) 日野開三郎「羅末三国の鼎立と対大陸海上交通貿易」(『日野開三郎東洋史学論集』九、三一書房、一九八四年)を参照。なお、張宝高については、蒲生京子「新羅末期の張保皐の擡頭と反乱」(『朝鮮史研究会論文集』一六、一九七九年)も参照。
(46) 大隅氏註(6)論文を参照。
(47) 島田次郎「平氏政権の対宋貿易の歴史的前提とその展開」(『歴史研究と国際的契機』中央大学出版部、一九七四年)を参照。
(48) 一般に唐・新羅・渤海の滅亡と対比されるのは、平将門の乱と藤原純友の乱だが、あまり関連性がないように思われる。冊封関係にない日本にとって、唐滅亡の政治的影響を過大視することはできないであろう。
(49) 日本の律令貿易管理制度については、本書第一部第三章を参照。
(50) 本書第二部第三章および終章を参照。また、木村茂光『「国風文化」の時代』(青木書店、一九九七年)も参照されたい。

第二部　中国文化と古代日本

第一章　遣唐使と通訳

はじめに

古代日本においては、中国や朝鮮諸国との交流を通じて先進的な文物や制度を導入することにより、国家の形成や文化の発展が促された側面が大きい。なかでも遣唐使が律令国家の建設、飛鳥・奈良・平安前期の文化生成に果たした役割の重要性は万人の認めるところであろう。

本章においては、日本から唐に派遣された外交使節である遣唐使が言語の異なる彼の地の人々とどのようにして意思疎通をはかり、その使命を果たしたのかという問題について、通訳の役割とその実態を通していささか考えてみることにしたい。

なお、以下の行文では、通訳ではなく当時の用語である「訳語」を用いることにする（同じく通訳の任にあたったと考えられる通事についても訳語に含めて扱う）。また、遣唐使とは唐に派遣された使節という意味であり、本来日本の外交使節に限定されるものではないが、ここでは特に「遣唐使」＝「日本の遣唐使」の意味で用いることにする。

遣唐使における訳語の活躍について述べる前に、遣唐使の歴史を概観しておくことにしたい。

一　遣唐使の歴史

(1)　七世紀の遣唐使

遣唐使には、犬上御田鍬が派遣された舒明天皇二年（六三〇）から菅原道真が大使に任命された寛平六年（八九四）まで二六〇年有余の歴史があり、その中で二〇回計画がたてられ、実際に派遣されたのは一六回であったとされる。[1]時期により派遣間隔が異なるが、平均すると一六、七年に一回の頻度で派遣されていたことになる。

遣唐使が派遣されることになった七世紀は、強大な勢力を誇った隋・唐帝国の圧力のもと朝鮮三国が激しい戦いを繰り広げた東アジア動乱の時代であった。舒明天皇が送り出した第一次遣唐使は、六一八年に成立した唐朝の動静をうかがう意味が大きかったと思われる。唐も朝鮮諸国に影響力を持った倭（日本の七世紀末以前の国名）に高い関心を寄せ、第一次遣唐使の帰国に随伴させて名門貴族官僚の高表仁らを倭に派遣した。[2]しかし、高表仁は倭の王子（王とする史料もある）と礼を争い、使命を果たさずに帰ったという。王子とは誰であるか、また争われた礼とは具体的に何であるかは判然としないが、この交渉の決裂により、しばらく遣唐使の派遣は中断する。

唐は朝鮮三国の一つ新羅を後援し、新羅と敵対していた高句麗・百済を威嚇し、ついにはその二国との戦争にふみきることになった。朝鮮半島における争乱に倭もまったく無関係であることはできず、友好的な関係にあった百済を救うため天智天皇二年（六六三）に白村江において唐・新羅連合軍と戦い、大敗を喫し、存亡の危機に立たされることになった。白村江の戦いをはさんだ六五〇年代から六六〇年代にかけて、五回も遣唐使が派遣されているが、和戦

表2　遣唐使一覧表（石井正敏「外交関係」より、一部改作）

次（間隔）	任命・出発年次	使節名	人数・船数	帰国	備考
1	六三〇（舒明二）発	犬上御田鍬 薬師恵日		六三二（舒明四）	唐使高表仁をともなって帰国
（21年）					
2	六五三（白雉四）発	（大使）吉士長丹 （副使）吉士　駒	一二一人　一隻	六五四（白雉五）	留学生・留学僧合計二一人同行
		（大使）高田根麻呂 （副使）掃守小麻呂	一二〇人　一隻	途中遭難	高田根麻呂の船、往路薩摩竹島付近で遭難
（0）					
3	六五四発	（押使）高向玄理 （大使）河辺麻呂 （副使）薬師恵日	二隻	六五五（斉明元）	
（4）					
4	六五九（斉明五）発	（大使）坂合部石布 （副使）津守吉祥	二隻	第二船 六六一	第一船往路南海漂着
（4）					
5	六六五（天智四）発	守　大石 坂合部石積		六六七（天智六）	唐使劉徳高を旧百済領に駐留の唐軍に送るか
（0）					
6	六六七発	伊吉博徳 笠　諸石		六六八	唐使司馬法聡を旧百済領に駐留の唐軍に送る
（1）					
7	六六九唐にいたる	河内　鯨		六七〇？	高句麗平定を賀す
（31）					
8	七〇一（大宝元）任 七〇二発	（執節使）粟田真人 （大使）（高橋笠間） （大使）坂合部大分 （副使）巨勢邑治		七〇四（慶雲元）	副使は七〇七年帰国 大使は第九次の遣唐使と帰国
（12）					
9	七一六（霊亀二）任 七一七（養老元）発	（押使）多治比県守 （大使）（阿倍安麻呂） （大使）大伴山守 （副使）藤原馬養	五五七人　四隻	七一八（養老二）	留学生阿倍仲麻呂・吉備真備・僧玄昉ら随行
（14）					
10	七三二（天平四）任 七三三発	（大使）多治比広成 （副使）中臣名代	五九四人　四隻	第一船 七三四（天平六）	第二船七三六年帰国。菩提僊那来日する 第三船崑崙に漂着。判官平群広成ら渤海をへて七三九年帰国 第四船消息不明
（12）					

11 (4)	七四六任 中止	(大使)(石上乙麻呂)			
12 (6)	七五〇(天平勝宝二)任 七五二発	(大使)藤原清河 (副使)大伴古麻呂 (副使)吉備真備	第二・三船合計 二三〇余人　四隻	第二船 七五三(天平勝宝五)	帰途、大使・阿倍仲麻呂らの乗る第一船安南に漂着。二人ともに唐の官人となり帰国せず。鑑真ら来日する
13 (0)	七五九(天平宝字三)任 同年発	(大使)高　元度	九九人　一隻	七六一(天平宝字五)	藤原清河をむかえるため渤海使の帰国に同行し、渤海をへて入唐。唐使沈惟岳らに送られて帰国
14 (1)	七六一任 中止	(大使)(仲　石伴) (副使)(石上宅嗣) (副使)(藤原田麻呂)			船破損のため中止
15 (13)	七六二任 中止	(大使)(中臣鷹主) (副使)(藤原田麻呂)			便風を得ず中止
16 (0)	七七五(宝亀六)任 七七七発	(大使)(佐伯今毛人) (副使)(大伴益立) (副使)(藤原鷹取) (副使)小野石根 (副使)大神末足	四隻	七七八(宝亀九)	帰途四船ともに遭難。小野石根・唐大使趙宝英ら没
17 (20)	七七八任 七七九発	(大使)布勢清直	二隻	七八一(天応元)	唐使孫興進らを明州まで送る
18 (29)	八〇一(延暦二十)任 八〇四発	(大使)藤原葛野麻呂 (副使)石川道益	四隻	八〇五(延暦二十四)	第三船往路肥前松浦郡庇良島沖で遭難。第四船消息不明。空海・最澄ら随行
19 (55)	八三四(承和元)任 八三八発	(大使)藤原常嗣 (副使)(小野　篁)	六五一人　四隻	第一・四船 八三九(承和六)	第三船筑紫を出帆後遭難。乗員一四〇人入唐せず 僧円仁・円載ら随行 第一・四船の乗員は新羅船を雇い、分乗して帰国 第二船は八四〇年帰国
20	八九四(寛平六)任 実施されず	(大使)菅原道真 (副使)紀長谷雄			

註　使節のうち、(　)内の人物は入唐しなかった者を示す。

両面をにらんでの懸命な情報収集や外交交渉、また敗戦後の関係修復を図っての必死の外交努力がなされたことを示している。

天智天皇八年（六六九）の第七次遣唐使派遣後、大宝二年（七〇二）の第八次遣唐使まで、三三年間その派遣が途絶えることになる。天武天皇元年（弘文天皇元年〈六七二〉）の壬申の乱の発生やその後の律令制の形成・整備などに追われ、遣唐使派遣の余裕がなかったかとも思われるが、天武・持統朝に編纂された浄御原令や同時期に造営・遷都された藤原京には唐の律令制と違うものを志向した形跡がうかがわれることから、あえて遣唐使を送らなかった可能性も考えられる。

朝鮮三国の争いは、結局唐と結んだ新羅が半島を統一することで決着した。しかし、滅ぼされた百済・高句麗の旧領の支配をめぐって、唐と新羅が一時戦争状態となり、新羅が唐に謝罪することで戦いは終結したとはいえ、その後七世紀末まで唐羅関係は疎遠なものとなった。一方、倭も天武・持統朝においては遣唐使を派遣しなかったが、新羅との間には頻繁に使節の往来があった。倭は唐と対立していた新羅と連携を深め唐と対抗する政策をとったが、七世紀末に新羅と唐の関係が好転することにより、倭も孤立を避けるために遣唐使派遣を再開することになったのではないかと推測される。

(2)　八世紀の遣唐使

再開された第八次遣唐使は、大宝律令が完成した大宝元年の翌年に唐に向かった。律令の完成を伝えるために派遣されたとする意見もあるが、天下にただ一人の天子が世界を支配するという律令法の理念・内容からして、中華を自認する唐が自国以外の国の律令制定を認めることは考えがたく、遣唐使が大宝律令の存在を唐に知らせた蓋然性は低いと思われる。[3] この第八次遣唐使においては、むしろ倭から日本へ国名を変更したことを伝えることに大きな意義があったと思う。日本への改号は律令国家にふさわしい名称を必要としたということもあるが、名実ともに一新した事実を唐に示すことにより、それまでのあまり良好とはいえなかった唐との関係に一線を画し、唐との新たな友好的関係を築くという意味合いもあったのではないだろうか。唐の史籍はいずれも第八次遣唐使の執節使粟田真人(?〜七一九)の衣冠整ったさまと温雅な立ち居振る舞い、そして儒学・歴史や漢詩文などの教養を有したことを特筆しているが、国号のみならず文化的な面でも新生「日本」を唐朝に大いに印象づけることになったと思われる。なお、唐代の歴史書『旧唐書』は倭国伝と日本国伝を別に立てており、倭の時代と日本改号以後の時代の交渉を区別して記している。

八世紀には東アジア諸国の関係も相対的に安定化したため、遣唐使も七世紀のような政治的な性格が薄れ、文化使節的性格を強めることになる。第八次遣唐使以降奈良時代を通して、ほぼ天皇一代ごとに一度派遣されたが、この定期的な遣使は唐朝との間に二〇年一貢という朝貢の年期が定められたことによるとされる。[4] 唐朝は中国の歴代諸王朝同様に中華思想に基づき、諸外国を文化・礼儀の劣った蕃国とみなし、唐を訪れる外国使節はすべて朝貢使として扱った。日本の派遣した遣唐使も例外ではなく、新羅や渤海などほかの東アジア諸国の使いと同じく朝貢使として待遇された。唐のみが持ち得た先進的な文物や律令国家の建設・発展に必要な知識を得るためには、諸外国と同じように朝貢国の立場を取らざるをえなかったのである。唐朝は、事実上朝貢使以外の入国は認めなかったのである。[5]

八世紀の遣唐使が唐文化の摂取に果たした役割については、日唐の史籍に具体的に記されている。阿倍仲麻呂(六九八?〜七七〇?)、吉備真備(六九五?〜七七五)、道昭(六二九〜七〇〇)、道慈(?〜七四四)、玄昉(?〜七四六)など優秀な留学生や留学僧を送迎したり、大量の書籍や先進文物・貴重品などを持ち帰ったり、さまざまな文化的施設を見学したり、鑑真（六八八〜七六三）や菩提僊那（七〇四〜六〇）などの優れた仏僧・知識人を招聘するなどその活動は多岐にわたっている。しかし注意しなければならないのは、遣唐使がなんでも自由に持ち帰れたわけではないし、またあえて日本にもたらさなかったものもあって、文化の摂取には制限や選択があったことも知っておく必要がある。例えば、日本の遣唐使のみならず唐に滞在する外交使節には自由な外出や買い物は許されておらず、買い物の許可があっても輸出禁制品の国外持ち出しは原則として禁じられていた。[6]また、唐側から道教の日本での布教を持ちかけられた時には、これを拒否している。道教の開祖老子は唐の帝室の祖とされており、道教を崇めることは日本の支配体制に抵触することとして忌避されたのであろう。[7]遣唐使に選ばれた人々は、危険な渡海に勇気を振り絞るだけでなく、さまざまな制限のもと当時必要とされた人や物を最大限日本へもたらすことに非常に苦心したのである。

(3)　九世紀の遣唐使

八世紀にはほぼ定期的に派遣されていた遣唐使だが、九世紀以降になると次第に派遣間隔が開きだし、ついには派遣が途絶えてしまうことになる。九世紀最初の第一八次遣唐使は桓武天皇（七三七〜八〇六）の延暦二十三年（八〇四）に出発しているが、次の第一九次遣唐使は仁明天皇（八一〇〜五〇）の承和五年（八三八）に日本を発っている。この間、三四年間の空白期間がある。さらに、その次に派遣が計画された第二〇次遣唐使が任命されたのは宇多天皇（八六七〜九三一）の寛平六年（八九四）であり、五六年も間が空いている。そして、この寛平の遣唐使は派遣が中止され、その後九〇七年に唐朝が滅亡することで、遣唐使の歴史は幕を閉じることになる。寛平の遣唐大使に任命された菅原道真（八四五〜九〇三）の建言により遣唐使制度が廃止されたと考えられることも多いが、あくまでも寛平の遣唐使派遣の中止が決定されただけであり、その後も一切派遣しないことがこの時に決められたわけではない。寛平以降遣唐使派遣が計画される以前に唐朝が滅んでしまったため、結果として遣唐使を派遣できなくなってしまったというのが事実に近いであろう。なお、寛平の遣唐使については、明確な決定がなされないまま、計画が立ち消えになったとする意見もある。(8)

八世紀以降、遣唐使は唐朝の優れた学術を学び、その先進文物を入手することを大きな目的としていたが、それはあくまでも朝貢使という外交形式にしたがった遣唐使を派遣しないことには不可能であった。先にも述べたように、唐朝は朝貢使以外の入国を認めなかったからである。しかし、唐朝は安史の乱(七五五〜六三)以降、農業生産にのみ依拠する律令制的税制から商業活動にも課税する税制に改めるなど国政改革を大いに進めた。これにともない、八世紀後半から九世紀にかけて外交方針の転換がなされ、民間商船などの出入国も認められるようになった。(9)このため、東アジア地域の国際交易が活発化し、八世紀後半から新羅、そして九世紀以降には唐の商船が来日し、唐の文物をもたらすようになったのである。新羅・唐の商船は留学僧らの往還にも用いられ、唐の学術を求める道をも新たに開くことになった。要するに、遣唐使を派遣しなくても文化的な目的を十分達することができるようになったのである。遣唐使派遣の間隔が次第に開いていった背景には、このような東アジア地域の国際関係の変化が存在していたのであり、民間商船の行き交う交易圏の成立により、遣唐使派遣の意義が薄れていったと考えられる。(10)

九世紀には新羅・唐の商船がもたらす文物に加え、渤海使の中継貿易による唐物の流入も指摘されている。いわゆる「唐風文化」の時代であり、唐の文物に対する希求もより高まった時代であったと考えられる。そのため、ただ単に諸外国のもたらす唐物にのみ満足するのではなく、自ら望むものを主体的に入手しようとする動きも生じることになった。従前の遣唐使が朝貢使という性格を帯びざるを得なかったのに対し、九世紀においてはそのような規制はなくなり、唐物の入手のみを目的とする遣唐使の派遣も可能になったのである。六国史の一つである『日本三代実録』

や慈覚大師円仁（七九四～八六四）の旅行記『入唐求法巡礼行記』などには、香薬などの唐物を買うために大神巳井、多治安江ら官人を何度か唐に遣わしたことが記されている。(11)彼らは朝廷から派遣された国家的な使節であり、その意味ではまぎれもない遣唐使であるが、これまでの遣唐使研究においてはまったく対象外の扱いをされてきた。九世紀の遣唐使派遣間隔も、この買い物目的の遣唐使をカウントするならば、それほどの開きはなかったことになり、遣唐使の歴史のとらえ方自体にも修正をせまることになるであろう。

九世紀の遣唐使にともなわれて入唐留学した著名な人物として、天台宗の開祖最澄（七六六～八二二）、真言宗の開祖空海（七七四～八三五）、三筆の一人橘逸勢（?～八四二）、天台宗の密教化を進めた円仁などが知られるが、彼らの成し遂げたことが後代に引き継がれ、日本の社会・文化に大きな影響力を持ったことが注目される。七・八世紀の留学生たちにも名の知られた人物は少なくないが、その多くは単に文物の将来者として知られているだけであって、九世紀の彼らほど顕著な文化的成果を挙げたものはいないと思われる。また、彼らは八世紀までの留学生らに比して、概して留唐期間が短縮化しており、ある程度唐文化の素養を身につけたうえで入唐したものと考えられる。すなわち、直接唐に行かなくても、日本でもそれなりに唐文化を学ぶことができたのであり、九世紀までの唐文化の摂取・消化を通じて日本側の文化レベルが向上していたことがうかがわれる。このように日唐の文化レベルの懸隔が縮まったことも、遣唐使制度変質の重要な要因であろう。

二　訳語の役割と実態

(1)　遣唐使の構成

遣唐使は遣外使節であるが、大使（長官）・副使（次官）・判官・録事（主典）とその幹部構成は官司（役所）と同じ四等官の構成をとっており、ほかの律令官司同様に官印（「遣唐使印」）を持ち、公文書を発給できた。なお、大使の上に、特に押使・執節使が置かれることもあったが、きわめて例外的である。

四等官の下には、その補佐をする史生・傔従・傔人・雑使、操船にかかわる知乗船事・船師・船匠・柁師・挟杪・水手長・水手、渡航中の安全や健康などの保持につとめる主神・医師・陰陽師・卜部・射手、各種の技能・技術者である画師・音声長・音声生・玉生・鍛生・鋳生・細工生、唐文化を学びに行く請益生・留学生・学問僧・還学生、そして唐語（中国語・漢語）の通訳をおこなう訳語、新羅語・奄美語などの通訳と思われる新羅・奄美など訳語がいた。

新羅・奄美など訳語は、本来遣唐使船が航海中に寄港ないし漂着する可能性のある地域の通訳として乗船したものと思われ、「新羅・奄美等」と地域がぼかされているのは、その時々の航路の変化により乗船する訳語の種類に違いがあったためであろう。なお、後述するように、新羅訳語が唐語の通訳をすることもあり、新羅・奄美など訳語とは新羅人や奄美人などの訳語というほどの意味とも考えられる。

(2)　訳語の役割

訳語の仕事は、一言で言ってしまえば外国語と自国語の通訳である。一般的には、音声言語の翻訳者のイメージがあるが、唐代の用例などを見てみると文字言語の翻訳者にも訳語という名称が用いられていたことが知られる。[12]遣唐使に随行した訳語は音声言語の通訳者であり、口頭による相互の意思のやりとりの仲介、種々の音声情報の摂取・翻訳にあたった。遣唐使は当然のことながら現地語である中国語（唐語）によって唐の役人たちと交渉をしなければならなかったが、文書による交渉以外はこの訳語を介しての音声によるコミュニケーションが必要であった。周知の通り日本は古くから漢字文化圏に属しており、遣唐使に選任されたような官人には漢文の読解・作成能力があったため、文書（文字言語）に関しては訳語は必要なかったのである。

中国では文書行政が早くから確立しており、行政の細部・末端にまで文書主義が徹底していた。これは唐国内の官司・官僚間にとどまらず、諸外国との外交関係にまで及んでいた。国家間の意思の伝達が国書という外交文書によって行われたことに代表されるように、唐に入国した外交使節はその交渉にあたってはさまざまな局面において文書の提出を求められた。例えば、遣唐使は唐土を踏むやいなや、その到着を文書によって唐の官庁に報じなければならなかった。[13]その後、唐都上京にあたっては、入京人数に制限があったため、留学生・留学僧らができるだけ多数入京できるように、または希望の留学地に滞在できるように要請する文書を差し出したりしている。[14]入京後は市での買い物の許可申請、寺院などの拝観の許可申請[15]などが行われているが、唐の学者による特別講義の要求申請が文書で行われているように、[16]この種の申請は文書で行われたものと考えられる。帰国にあたって、留学生らを連れ帰る許可もおそらく文書によって申請したものと思う。[17]こうした文書提出は皇帝や中央官庁の裁可を受ける必要があったからだが、逆に言うとそうした裁可を受ける必要のない場合には文書によらない会話による交渉もあったことを意味する。

実際、遣唐使が唐の皇帝や官人を前に下問・推問に答えたことが知られているが、[18]そうした場合は訳語を通して口頭で応答したものと思われる。一例を挙げるならば、唐の律令の規定では、外国使節が入朝した際に、鴻臚寺（外交を管轄する中央官庁）がその国の地形や風土などを尋問することになっていた。[19]これに関して、『旧唐書』日本伝には、鴻臚寺の尋問に対し遣唐使が日本の領土について答えたと思われる記載が見られる。

また（日本国の使者が）云うことには、「わが国の領土は、東西南北各数千里あって、西の国境と南の国境は大海に至っており、東の国境と北の国境は大山をもって限られており、山の向こう側は即ち毛人（蝦夷）の国である」と。（原漢文を、現代語訳）

遣唐使として入唐する以前に、学問僧として留唐経験があったとされる粟田真人[20]や長期間留学した吉備真備などは自ら中国語（唐語）を操って皇帝や官人らの問いに直接答えることができたかもしれないが、多くの遣唐使はやはり訳語を通して受け答えせざるをえなかったであろう。

本来唐国内においては外国使節は役人以外の唐の人々と会話することは禁止されていたが、[21]遣唐使としての使命を達するためには、合法・不法にかかわらず唐の人々と接触して情報・文物などを入手する必要があった。そもそも、当時の航海技術では目的地に間違いなく到着することは至難であり、遣唐使船の到着した場所がどこであり、どこに官庁があるか情報を求め、迎えの船を催促することから始めて、遣唐使船の破損がひどい場合には帰国の船の手配に至るまで、現地の唐人と会話でさまざまな交渉を行わなくてはならなかった。円仁の『入唐求法巡礼行記』などを見ると、そうした交渉において訳語が活躍したさまが克明に記されている。

また、遣唐使は唐の文物を持ち帰ることを期待されていたが、その中心となるのは唐の皇帝から賜与される回賜品

（貢ぎ物に対する返礼の品物）であった。しかし、実際のところそれだけでは不十分なのであって、足りない分は独自に入手する必要があった。公的・合法的には、先に述べたように、申請して市場での買い物の許可を受けることで、文物の入手を図ることができた。しかしながら、唐朝では諸外国が望むような文物に対しては厳しい輸出規制を設けていたために[22]、公的な形ではなかなか必要な文物を入手できなかった。そのため、危険を顧みず、非合法的な方法でひそかに文物を購入せざるをえなかった。訳語（通事）をともなって無許可で買い物に行き、唐の官憲に逮捕されたという実話もある[23]。合法的にしろ非合法的にしろ、回賜品以外に唐の文物を入手しようとするならば、訳語を通して唐の市人（商人）らと交渉しなければならなかったのである。

遣唐使の訳語の役割について以上に述べたことはあくまでも例示的なものであって、その全体像を提示できたわけではない。我々がその具体的な活動を知りうる史料として『入唐求法巡礼行記』に注目してきたが、あくまでも円仁個人の興味・関心によって記録されたものである以上、訳語の活動全般について記しているわけではないことを知っておく必要がある。ただ、明らかなことは、遣唐使の公式・正式な外交交渉の主要な部分は文書によって意思疎通が図られたとしても、文書だけでは遣唐使の使命を果たすことは到底できず、訳語らの役割は非常に重要であった。訳語は後見的存在とか黒子（裏方）と評されるのも[24]、もっともなことである。

(3)　唐の訳語

先に唐では文字言語の翻訳者のことも訳語と称していたと述べたが、そもそも訳語という言葉は漢語であり、したがって中国に由来するものであって、日本固有の存在ではない。すなわち、訳語と呼ばれた人々が中国にもいたことに気づかねばならない。というよりも、外交交渉の場に訳語という通訳を同伴する制度自体は中国を模倣したと考えてよいだろう。『礼記』や『周礼』といった中国の古典の中にも通訳にかかわる記述が見られ、唐代の史料にも訳語の存在が確認される。[25]

『唐六典』という唐の開元年間（七一三～四一）の国家体制について記した書物によれば、外交を司る鴻臚寺という官庁には定員二〇人の訳語が所属していた。[26] しかし、『唐六典』には当時唐朝に朝貢している蕃国の数は七十余と記しているので、[27] すべての国に対応して訳語を設置していたわけではないことが分かる。相手国の重要性や通交の頻度などによって、訳語が用意される国とそうでない国が区別されていたのであろう。また、国境付近の州に訳語を教習する学官の配置を命じた史料があるが、[28] 諸外国に接する辺境の州には入国する可能性の高い国の言語を解する人材を用意していたのであろう。唐に朝貢した諸外国の側も唐語通訳を同伴したが、それを迎え入れた唐側も相手国の言語を解する通訳を用意し、基本的に双方向的な意思疎通が図られていたといえる。

ただ、日本の場合、毎年のように朝貢していた隣国の新羅・渤海と比べるとその通交の頻度がきわめて低く（平均して一六、七年に一度）、また国境も接しない東海の辺遠国と認識されていたこともあって、通訳を常設しなければならない国とは意識されていなかったと思われる。さらに、日本が漢字文化圏に属し、文書（文字言語）によって意思疎通が可能であったことも、唐側に日本語通訳の必要性を覚えさせなかったということもあるだろう。[29] 日本と唐の外交交渉において唐側の訳語（日本語通訳）の影があまりうかがえない理由は、そのようなところにあるのではないかと考える。中華たる中国に朝貢してくる国々こそ中国語の通訳を連れてくるべきであるという帝国主義的な考えによって、日本に漢語の使用を強制していたという意見もあるが、[30] 日本と唐の関係、または漢字文化圏に属する国々のケースを一般化して唐の言語的帝国主義の存在を認めることはできない。東アジアにおいて漢語が共通言語として機能していたことは事実であるが、それは単に中国側から漢語の使用を強制されてそうなったのではなく、日本や朝鮮諸国などが主体的に受け入れていった側面もあることを無視してはならないであろう。[31]

日唐間の外交交渉において主として日本側の訳語が会話の通訳にあたったことは間違いないと思われるが、唐の訳語が日本の遣唐使人との折衝に関与したと思われる史料も存在している。五代の翰林学士陶穀（九〇三～七〇）の書『清異録』には、建中元年（宝亀十一年〈七八〇〉）に来朝した日本使の真人興能（宝亀十年の送唐客使布施清直か）が能筆であったため、訳者がその書を乞い、『文選』中の詩を書いたものを二幅入手したことが記されている。[32]日本語通訳であったとは断定できないが、唐側が日本の遣唐使に対して通訳を用意した時もあったことを指摘しておきたい。

(4)　日本人訳語と新羅訳語

円仁の『入唐求法巡礼行記』には訳語の具体的活動が記されていることを述べたが、実をいうとそれらの活動の中で中心的な働きをしたのは新羅訳語と呼ばれる新羅人の通訳たちで、日本人の通訳の存在感は薄い。新羅訳語は遣唐使船の水先案内人的な助言をしたり、[33]円仁の滞唐のための具体的な相談に応じたりもしており、[34]単に唐語・新羅語そして日本語を話せるだけでなく、唐の現地の地理や情勢に通じており、唐をしばしば訪れたか、ある程度長い期間滞在した経験をもった人々ではないかと推測される。新羅は八世紀後半以降積極的に海外貿易を展開し、九世紀には唐の沿岸各地に居留地を形成し、唐と日本との中継貿易をおこなっていた。承和の遣唐使が採用した新羅訳語は、そうした国際貿易などに従事したことのある海外経験豊富な新羅人であったかと思われる。

新羅訳語に比して日本人の訳語の活躍があまり目立たないのは、唐語会話力の不足、海外経験の乏しさなど、新羅訳語に比べ訳語としての能力が劣るため、あまり活躍の場を与えられなかったと思われる。日本は新羅と違い、朝貢使（遣唐使）の派遣頻度が低いだけでなく、九世紀の段階でもなお律令制の原則に基づき私的な海外との通交を禁じ続けていたため[35]、国際交流がきわめて制限されていた。したがって、日本人は、新羅人に比べ、会話力を磨き、国際経験を積む機会が大いに奪われていたということができるだろう。

(5) 日本人訳語の養成とその実態

『入唐求法巡礼行記』に描かれた新羅訳語が活躍する状況が生まれたのは、おそらく東アジア交易圏が成立した九世紀以降のことと思われ、それ以前においては日本人訳語に活躍を求める部分が大きかったと思われる。日本政府もそれなりに訳語の育成に配慮し、漢語に堪能な官人に弟子をとらせて教習させたり[36]、大学生に漢音の読習を義務づけたり[37]、大学に漢語を専門に学ぶ学生定員を設けたりするなど[38]いくたびか漢語教育にかかわる法令を出している。しかし、その成果はあまりはかばかしくはなかったようである。

延暦の遣唐使の録事（第四等官、書記官）として入唐した上毛野穎人（七六六〜八二一）の伝記には、訳語が訳して通じないところがあれば、彼が筆談で伝え、唐人の理解を得たという逸話が記されている[39]。こうした筆談によるコミュニケーションはこの時ばかりであったとは考えられない。例えば、唐の通訳に書を求められた真人興能は「善書札」（書き付けが素晴らしい）と特記されているが[40]、北宋に入朝して日本の風土について尋ねられて筆談で答えた奝然（九三八〜一〇一六）も「善書札」と記されていることを考えるならば[41]、真人興能の場合も筆談のおりに書いたものが唐人の目にとまったと考えられるのではないだろうか。訳語の会話力の不足を、しばしば筆談によって補わなければならないのが実態であったと思われる[42]。

結局、成果があまりないと見切りをつけられたのか、大学などにおける訳語養成政策は九世紀前半には放棄されたようである。その後、日本政府は新羅訳語のような来日外国人や日本人でも長期の滞唐経験をもつ官人などを必要に応じて訳語に抜擢するという現実的な方策を採るようになっていった。[43] 学校での語学教育だけでは限界があり、実際に海外に長期間出かけるなど実践的な経験を積むことの方が会話力の上達に結びつくというのは現代にかぎったことではないということであろう。

おわりに

遣唐使の唐における活動全般において訳語の求められた役割は非常に重要であったといえるが、日本人訳語にかぎっていうならば、その職責を十分果たすことができていたとは言い難い。訳語という外国語のエキスパートにしても会話能力が不足しており、最後に頼りになるのは文書や筆談などの文字によるコミュニケーションであった。古代日本における海外との人的交流の乏しさ、書物（文字文化）を中心とした外国文化摂取のあり方が、遣唐使の訳語の実態に如実に反映していたといえるであろう。

註

（1）遣唐使の計画・派遣の回数の数え方については、諸説がある。石井正敏「外交関係」（池田温編『古代を考える　唐と日本』吉川弘文館、一九九二年）を参照。
（2）池田温「裴世清と高表仁」（『東アジアの文化交流史』吉川弘文館、二〇〇二年、初出一九七一年）を参照。
（3）河内春人「大宝律令の成立と遣唐使派遣」（『続日本紀研究』三〇五、一九九六年）を参照。
（4）東野治之「遣唐使の朝貢年期」（『遣唐使と正倉院』岩波書店、一九九二年、初出一九九〇年）を参照。
（5）本書第一部第一章を参照。
（6）本書第一部第四章を参照。

(7) 東野治之「遣唐使船は何を運んだか」(『遣唐使船　東アジアのなかで』朝日新聞社、一九九九年)などを参照。
(8) 石井正敏「いわゆる遣唐使の停止について」(『中央大学文学部紀要　史学科』三五、一九九〇年)を参照。
(9) 本書第一部第二章を参照。
(10) 本書第一部第四章を参照。
(11) 佐伯有清『最後の遣唐使』(講談社、一九七八年)、東野治之「遣唐使の諸問題」(『遣唐使と正倉院』岩波書店、一九九二年、初出一九九〇年)を参照。
(12) 『新唐書』巻四七、百官志・中書省条には「蕃書訳語」が見られ、文字通り「蕃書」の訳出にあたったものと思われる。なお、『唐六典』巻二、尚書吏部・吏部郎中条の諸司官吏常員の規定には、中書省に「翻書訳語」というものが見えるが、「蕃書訳語」の誤記と思われる。
(13) 『入唐求法巡礼行記』巻一、開成三年(八三八)七月二日条。
(14) 『入唐求法巡礼行記』巻一、開成三年八月一・三日条。
(15) 『冊府元亀』巻九七四、外臣部・褒異一、開元五年(七一七)十月乙酉条。
(16) 『太平寰宇記』巻一七四、四夷三・倭国条、開元初条。本書第二部付論一も参照。
(17) 『旧唐書』日本伝、元和元年(八〇六)条には、遣唐使判官高階真人遠成が橘逸勢・空海の帰国を上言して願い出たことが記されているが、空海の帰国願いの啓文を承けたものであることから、遠成の上言も文書によるものと考える。空海の啓文は、逸勢のために代筆した啓文も含め『遍照発揮性霊集』巻五に、「与本国使請共帰啓」「為橘学生与本国使啓」として収載されている。
(18) 『日本書紀』斉明天皇五年七月戊寅条所引「伊吉連博徳書」を参照。
(19) 『唐令拾遺補』公式令補遺二条。
(20) 佐伯有清「山上氏の出自と性格」(『日本古代氏族の研究』吉川弘文館、一九八五年、初出一九七八年)を参照。
(21) 『唐律疏議』巻八衛禁、31越度縁辺関塞条疏議所引「唐主客式」。石見清裕「交雑の禁止――朝貢使節の入京途上規定――」(『唐の北方問題と国際秩序』汲古書院、一九九八年、初出一九九六年)も参照。
(22) 本書第一部第四章を参照。

(23)『入唐求法巡礼行記』巻一、開成四年（八三九）二月二十～二十二日条。
(24)酒寄雅志「渤海通事の研究」（『渤海と古代の日本』校倉書房、二〇〇一年、初出一九八八年）、湯沢質幸『古代日本人と外国語』（勉誠出版、二〇〇一年）を参照。
(25)唐代の訳語については、謝海平「訳語、郷導」（『唐代留華外国人生活考述』台湾商務印書館、一九七八年）、黎虎「唐代中央外交関渉機構」（『漢唐外交制度史』蘭州大学出版社、一九九八年）などを参照。
(26)『唐六典』巻二、尚書吏部・吏部郎中条の諸司官吏常員の規定に見える。
(27)『唐六典』巻四、尚書礼部・主客郎中条には、「凡四蕃之国経朝貢已後自相誅絶及有罪見滅者、蓋三百余国。今所在者、有七十余蕃」とある。
(28)『冊府元亀』巻九九六、外臣部・鞮訳、開成元年五月勅。
(29)石井正敏「遣唐使と語学」（『歴史と地理』五六五、二〇〇三年）を参照。
(30)遠山美都男「日本古代国家における民族と言語」（『学習院大学文学部研究年報』三八、一九九一年）、同「日本古代の訳語と通事」（『歴史評論』五四七、一九九七年）を参照。
(31)李成市『東アジア文化圏の形成』（山川出版社、二〇〇〇年）を参照。
(32)池田温「前近代東亜における紙の国際流通」（『東アジアの文化交流史』吉川弘文館、二〇〇二年、初出一九八七年）を参照。
(33)『入唐求法巡礼行記』巻一、承和五年（八三八）六月二十八日条。
(34)『入唐求法巡礼行記』巻一、開成四年（八三九）三月十七日条。同書巻二、開成四年四月二十九日条、同六月二十九日条。
(35)本書第一部補論二を参照。
(36)『続日本紀』天平二年（七三〇）三月辛亥条。
(37)『日本紀略』延暦十一年（七九二）閏十一月辛丑条。
(38)『日本紀略』弘仁八年（八一七）四月丙午条。
(39)『類聚国史』巻六六、人部・薨卒四位。
(40)『清異録』および抄本系の『唐会要』巻九九、倭国条、『太平寰宇記』巻一七四、倭国条には、真人興能の「善書礼」（『唐会要』は「善書翰」とする）が特記されている。なお、『新唐書』巻二二〇、東夷伝・日本条では「善書」とする。本書第二部付論一および付論二も参照。

(41)『宋朝事実類苑』巻四三、仙釈僧道・日本僧条。

(42) 東野治之「平安時代の語学教育」（『新潮45』一二―七、一九九三年）を参照。

(43) 森公章「大唐通事張友信をめぐって」（『古代日本の対外認識と通交』吉川弘文館、一九九八年）を参照。

〔補記〕本章で扱った遣唐使に関する近年の研究として、森公章「大宝度の遣唐使とその意義」（『続日本紀研究』三五五、二〇〇五年）、同「遣唐使の時期区分と大宝度の遣唐使」（『国史学』一八九、二〇〇六年）、同「菅原道真と寛平度の遣唐使計画」（『続日本紀研究』三六二、二〇〇六年）、同「唐皇帝と日本の遣唐使」（『東アジアの古代文化』一二九、二〇〇六年）、東野治之『遣唐使』（岩波書店、二〇〇七年）などがある。また、訳語・通事に関しては、馬一虹「古代東アジアのなかの通事と訳語――唐と日本を中心として――」（『アジア遊学』三、一九九九年）も参照されたい。

付論一　『太平寰宇記』の日本記事について

はじめに

北宋の楽史（九三〇～一〇〇七）の撰した『太平寰宇記』二〇〇巻[1]（以下『寰宇記』と略称する）は、唐宋の地理研究に不可欠な史料であるとともに、多くの佚書の逸文を含む有益なものである。漢唐の地理書の逸文をはじめとして[2]、経・史・子・集の四部すべてにわたる諸書[3]、そして碑文や俗伝などからの引用も広くみられ[4]、地理研究のみならず、前近代の中国史研究全般にわたって参看されるべき史料価値をもつ文献と思う。

さて、本付論で取り上げる『寰宇記』の日本記事（巻一七四、四夷三、倭国条）には、現在通行の諸史料にはみられない日中交渉について記されている。典拠とされた書名などは明示されてはいないが、しかるべき史料によったと考えられ、その記事内容を無視することはできない。そこで、この日本記事、すなわち『寰宇記』倭国条がどのような史料をもとに書かれたのかを考察し、古代の日中交渉史研究にとっての有用性を明らかにしたいと思う。

一　『寰宇記』倭国条の移録

考察にあたって、まず、『寰宇記』倭国条を示すことにしたい。(5)

倭国

A　倭国、自後漢通焉。古倭奴国也。在新羅東南大海中、世世依山島為居。凡百余国。後漢書云、光武中元二年、倭奴国奉貢朝賀。使人、自称大夫。桓・霊間、倭国大乱。更相攻伐、歴年無有主(無主。有)。一女子、名曰卑弥呼。年長不嫁、事鬼神道、能以妖惑衆。於是共立為主(王)。侍婢千人、少見者、唯男子一人、給王飲食、伝辞語。居処宮室楼観城柵、皆持兵守衛。為法甚厳。

魏明帝景初二年、司馬宣王之平公孫氏也、倭女王始遣大夫貢献。魏以為親魏倭王。正始中、卑弥呼死。立其宗女一奥(壱与)、為主(王)。又、按魏略云、「倭人自謂泰伯之後」、未詳其由。其後復立男主(王)、受中国爵命。晋太始初、遣使重訳入貢。

宋永初二年、倭王請(讃)修貢職。至曾孫武、順帝昇明二年、遣使上表曰、「封国偏遠、作藩於外、自昔祖禰、躬擐甲冑、跋渉山川、不遑寧処。東征毛人五十五国、西服衆夷六十六国、渡平海北九十五国。臣雖下愚、忝守先緒、駆率所統、帰崇天極、道逕百済、装理船舫。而高麗無道、図欲見呑、虔劉不已、毎致稽滞。臣欲練理兵甲、摧此強敵、尅靖方難、無替前功。竊自仮開府儀同三司、其余咸各仮授。」因詔除武使持節・安東大将軍・倭王。

B　按其王理邪為(馬)台国、或名邪摩惟。去遼東万二千里、在百済・新羅東南、其国界東西五月行、南北三月行、四境各至於海。大較在会稽、閩川之東、亦与珠崖、儋耳相近。

C　官有十二等。一曰大徳、次小徳、次大仁、次小仁、次大義、次小義、次大礼、次小礼、次大智、次小智、次大信、次小信、員無定数。有軍尼百二十人、猶中国之牧宰。八十戸置一仍一作伊尼翼、如里長。十仍尼翼属一軍尼。其王以天為兄、以日為弟。尤信巫覡。毎正月一日、必射戯飲食、其余節略与華同。楽有五弦之琴。好棋博、握槊、摴蒲之事。

隋開皇二十年、倭王姓阿毎、名多利思比孤、其国号「阿輩雞弥」、華言天児也、遣使詣闕。其書曰、「日出処天子致書日没処天子、無恙」云云。帝覧之不悦、謂鴻臚卿曰、「蛮書有無礼者、勿復以聞。」明年、帝遣文林郎裴清使於倭国。渡百済、東至一支国、又至竹国(竹斯国)。又東秦王国、其人同於華夏、以為夷州、疑不能明也。又経十余国、達於海岸。自竹斯以東、皆附庸於倭。清将至、倭王遣小徳阿輩台、従数百人、設儀仗、鳴鼓角来迎。又遣大礼歌多毗、従二百余騎、郊労。既至彼都、其王与清相見、設宴享以返。復令使者随清来貢方物。其国跣足、以幅布蔽其前後、椎髻無冠帯。煬帝時始賜以衣冠、令以綿綵為冠飾、裳皆施襈音撰縁也、綴以金玉。衣服之制、頗同新羅。腰間或佩銀花、長八寸、左右数枝、以明貴賤等級。

D

1 唐貞観五年、使至。太宗矜其路遠、遣新羅(州)刺史高仁表持節撫之。浮海数月方至。自言路経地獄之門、親見其上気色翕翕、又聞鎚鍜之声、甚可畏懼也。仁表負綏遠之才、与其王争礼、不宣朝命而還、由是遂絶。

2 至永徽五年、遣使貢琥珀、瑪瑙。琥珀大如斗、瑪瑙大如五升器。高宗降書慰撫之、仍云、「本国与新羅接近。新羅数為高麗、百済所侵。若有危急、王宜遣兵救之。」因有是勅。其国東海嶼中野人有古(耶古)、波(波耶)、多(多尼)、凡三国、皆附庸於倭。西与越相距。頗有絲綿、出瑪瑙、有黄白二色。其琥珀、云海中涌出。

3 又東北千余里至侏儒国、人長三四尺。自侏儒東行一年、至裸国、黒歯国、使駅所伝、極於此矣。

4 又按東夷記云、「倭、又名日本。自云、国在日辺、故以為称。蓋悪旧名也。」

5 顕慶中、其国使、又領蝦夷国人同来朝、貢方物。

6 咸亨元年、遣使賀平高麗、爾後継来朝貢。

7 長安三年、又遣使貢方物。其使朝臣、号真人。真人者官号、猶中国尚書也。頗読経史、解属文。首冠進徳冠、其頂有花、分而四散。身服紫袍、以帛為腰帯。容止温雅。則天宴之、拝為司膳外郎、放還。

8 開元初、又遣使来朝、表請儒者講論語。遣四門博士趙元(玄)黙、就鴻臚寺教之。乃遺元(玄)黙濶幅布以為束修之礼、題曰「白亀元年調布」、蓋誇誕耳。所得賜賚、尽市文籍、泛海而還。其偏使朝臣仲満、慕中国之風、因留不去、改姓名為朝衡、歴左補闕、終左常侍、鎮南都護。

9 三(二)十三年、遣使、請老子経本及天尊像、帰本国。

10 天宝已後、海路多為新羅絶隔、朝貢乃由明州、越州等路。

11 大歴(暦)十二年、遣大使朝楫寧、副使和聡達来朝貢。

12 建中元年、遣大使真人興龍(能)、判官調揖悉(唐会要作調提志)、自明州路朝貢。真人興龍(能)、蓋因本官命氏也。風調甚高、善書札。其本国紙、似繭而潔滑、人莫能名。

13 貞元十五年、其国二百人、浮海至揚州、交易而還。

14 永貞元年、遣使真人遠誠等来朝。

15 開成四年、遣使藤原朝韋(常)嗣等來貢方物。

四至

E 按其王理邪(馬)為台国、或名邪摩維、是也。去遼東万二千里、在百済、新羅東南。其国界東西三(五)月行、南北五(三)月行、四境各至大海。大較在会稽、閩川之東、亦与珠崖、儋耳相近。

土俗物産

F 其国土俗宜禾稲、麻苧、蠶桑、知機織為縑布。出白珠、金玉。其山出銅及丹。土気温煖、冬夏生菜茹。無牛、馬、虎、豹、羊、雞。百(有)桂、薑、椒、橘、蘘荷。出黒雉。又有獣如牛、名山鼠。又有大蛇呑此獣、其堅不可斫、其上孔乍開乍閉、時或有光、射中之、蛇則死。其兵有矛、楯、木弓、竹矢、以骨為鏃。男子皆黥面文身。自謂泰伯之後。衣皆横幅結束相連。女人被髪屈紒、衣如単被、貫頭而着之。並以丹朱粉身、如中国之用粉也。有城柵、屋宇、父母兄弟共処、唯会同男女無別。飲食以手、而用籩豆。俗皆徒跣、以蹲跪為恭敬。人性嗜酒、多壽考。国多女、大人皆四五妻、其余或両或三、女人不淫不妬。又俗不盗竊、少争訟。其婚嫁不娶同姓。婦入夫家必先跨火、乃与其夫相見。其死停喪十余日、家人哭泣、不進飲食肉、親賓就屍歌舞為楽。有棺無槨、封土作冢。挙大事、灼骨以卜吉凶。其行来渡海詣中国、恒使一人不櫛沐、不食肉、不近婦人、名曰「持哀(衰)」。若在金吉利、則顧以財物。如疾病、遭害、以為持哀(衰)不謹、便共殺之。

説明の便宜上、A～Fの記号とDの部分には特に1～11の番号を付した。次節で、記号・番号で区分した部分ごとに、その記述に利用されたと考えられる史料について考えてみたい。

二　『寰宇記』倭国条の典拠史料

まず最初に、『寰宇記』の記事全体に目を通し、正史や政書などの各種の史料と読み合わせてみると、『通典』巻一八五・辺防一の倭条（以下、『通典』倭条と略称する）との類似点が多いことに気づく。いや、むしろ、基本的に『通典』の記述をほとんどそのまま引き移しているという表現の方が妥当かもしれない。記事内容の構成上、記述の順番が前後したり、重複したりしているところもあるが、『寰宇記』が『通典』に大きくよっていたことは明らかである。それは倭国条だけのことではなく、他国の諸条でも同様なことが確認できる。両者の大きな違いは、『寰宇記』倭国条ではA～Fの順に記事が配列されているが、『通典』倭条の方ではD2・5・6・8～15に相当するものがなく、

A・B（EはBの重出）・F・C・D1・D3・D4・D7という順番になっていることである。従って、問題は、『通典』倭条に対応記事がある部分では『通典』本来の記述にどのようなアレンジが行われているかということと、『通典』倭条に対応記事のない部分の典拠史料は何かということになる。

Aの第一段階は、日中の通交の始まった後漢時代の倭国について述べている。その「倭国、自後漢通焉。」という書き出しは、『通典』の「倭自後漢通焉。」という書き出しによったことは一目瞭然であるが、「倭」を「倭国」と書き改めている点が注意される。(補註1) その後に続く「古倭奴国也。」という文が『通典』になく、「帯方」が「新羅」に書き改められ、「世世」が挿入されるといった違いも見られる。この書換え部分は、『旧唐書』巻一九九上・東夷伝倭国条（以下、『旧唐書』倭国伝と略称する）、『唐会要』巻九九・倭国条（以下、『唐会要』倭国条と略称する）に同様な表現が見られることから、(6) この両書を参照して書き改めたものと考えられる。「光武中元二年」以下の記事に対し、『通典』はその典拠を明示していないが、『寰宇記』では「後漢書伝」とその出典を明らかにしている。また、『通典』の「伝辞出入」を「伝辞語」に、「常有人持兵守衛」を「皆持兵守衛」に改めた部分は、『後漢書』巻八五・東夷伝倭条（以下、『後漢書』倭伝と略称する）の表現に改めたものであり、『通典』によりつつも、更にその典拠史料をも確認していたことが分かる。「給王飲食」と「為法甚厳」は、『北史』巻九四・倭伝（以下、『北史』倭伝と略称する）ないし『隋書』巻八一・東夷伝倭国条（以下、『隋書』倭国伝と略称する）によって書き改めたのであろう。「少有見者」を「小見者」に、「有男子一人」を「男子一人」にというように『通典』の字を削ったり、「倭国之極南界也。安帝永初元年、倭国王帥升等献生口百六十人」の部分をそっくり省略するという改変も行われている。こうした『通典』倭条の記事の短縮化は、『寰宇記』倭国条全体にわたって行われており、一々指摘することは煩雑になるので、以下こうした改変点については特に述べないことにする。

Aの第二段階は、三国時代の魏とその後の晋との通交について述べている。『通典』との大きな異同は特にはないが、「魏略」の引用部分に、「按魏略伝、……。未詳其由」と「按」や「未詳其由」を書き加えているのは、やはりわざわざ『魏略』に当たりなおして確認したことを示しているものと思う。「太伯」が「泰伯」になっているのは、楽史らが参照した『魏略』によったためなのかは不明。(7)

Aの第三段階は、宋代についての記述部分だが、「忝胤先緒」を「忝守先緒」に、「装船理舫」を「装理船舫」に、「句麗」を「高麗」に、「練甲理兵」を「練理兵甲」に改めている。管見の限りでは、先行の諸書にこのような表現が見られない。楽史らが、独自に改めたものではないかと推察する。

Bは、倭国王の治めた「邪為台国」の位置について述べている。「邪為台国」は「邪馬台国」の誤りであることは明らかであるが、Bの冒頭に「按」があることと、その注文が「或云邪摩堆」から「或名邪摩惟」（本付論で利用した『寰宇記』では、「惟」は本文になっているが本来は注文であったであろう）に改められているのは、『後漢書』倭伝などを参照したことを示しているのではないかと思われる。ちなみに、『寰宇記』と同時期に編纂された『太平御覧』巻七八二・四夷部三・倭条の引用する『後漢書』では、「倭王居邪馬台国（倭今名邪魔惟、音之訛反）」となっている。

Cの第一段落は、冠位十二階など推古朝の頃の国制や風俗などについて記している。「飲酒」と「飲食」、「五絃琴、笛」と「五弦之琴」、「摴蒲之戯」と「摴蒲之事」など字の異同は多少あるが、先行諸書との関連は確認できない。(補註2)この部分の改変も、独自なものの可能性が高いと思われる。

Cの第二段落は、隋代の日中交渉について記すが、「日出処天子」云々の国書を開皇二十年（六〇〇）のものと誤っている。正しくは、大業三年（六〇七）であるが、『通典』の誤りをそのまま踏襲したものである。「王遣小徳阿輩台」が「倭王遣小徳阿輩台」に改められたのは、『北史』倭伝、もしくは『隋書』倭国伝によった可能性がある。この段落の最後の一文、「腰間、或佩銀花……等級」は、『通典』倭条にはないものだが、ほぼ同文が『旧唐書』倭国伝、『唐会要』倭国条に見られる。この二書のどちらかによったと考えて良いだろう。「設宴享以遣」が「設宴享以返」に、「綵錦」が「綿綵」になっているのは、伝写の間の誤りか。(補註3)「始賜以衣冠」の「以」字、(補註4)「襈」の注に「縁也」が加えられた理由は不明。

Dは、唐代の交渉についての記述部分だが、『通典』倭条の記載の薄いところであるため、ほかの部分と異なり、『通典』以外の史料に大きく依存しなくてはならない箇所である。そのため、この部分だけは、一条ごとに検討することにしたい。

D1の貞観五年(六三一)の記事は、「使至」という書き出しから分かるように、『唐会要』倭国条がベースになっており、「新州刺史高仁表」(本付論の用いた『寰宇記』では、「新羅刺史高仁表」となっているが、「羅」は「州」の誤りであろう)(補註5)の部分だけ『通典』倭条によったのであろう。ちなみに、『旧唐書』倭国伝・『唐会要』倭国条では、該当部分が、それぞれ、「新州刺史高表仁」・「高表仁」となっている。

D2の永徽五年(六五四)の記事は、『通典』倭条にはまったく対応記事がない。本記事とほぼ同文が『唐会要』倭国条に見られることから、同書によったものと考えられる。但し、字句の異同と文章の節略が多少見られる。(8)

D3は、倭国から侏儒国、裸国、黒歯国までの距離・旅程を記す。『通典』倭条によったことは明らかだが、「東北」という方角を書き加えたり、「東南」を「東」に改めた理由は不明。伝写の誤りの可能性もあるであろう。

D4では、日本の国名の由来について述べている。『通典』倭条にも対応記事があるが、それにはよらず、別に『東夷記』という史料を引用している。恐らくは、この書が『通典』の典拠史料と考えてのことであろう。現在のところ、『東夷記』がどのような書物なのかは不明。(9)

D5の顕慶中の記事は、『通典』倭条には見えない。同書・同巻の蝦夷条には、「大唐顕慶四年十月、随倭国使人入朝。」とあるが、『寰宇記』の文章とは隔たりがあるように思われる。『唐会要』巻一〇〇・蝦夷条、『冊府元亀』巻九七〇・外臣部・朝貢三の記事も、『通典』の記事とあまり変わりはなく、D5の典拠史料は不明と言うほかはない。或いは、現存しないほかの史料によったのかも知れない。

D6の咸亨元年（六七〇）の記事は、「三月」を省略しただけで、後は『唐会要』倭国条と同文である。

D7の長安三年（七〇三）の記事は、『通典』倭条の方では、「武太后長安二年」と年紀が異なっている。『唐会要』巻一〇〇・日本国条（以下、『唐会要』日本国条と略称する）、『旧唐書』巻一九九上・東夷伝日本国条（以下、『旧唐書』日本国伝と略称する）の年紀に従ったのであろう。書き出しの「又遣使貢方物」は、『旧唐書』巻六・則天本紀・長安二年条の記事から「日本国」を外し、「又」の字を加えたものと思われる。その後の「其使朝臣、号真人。真人者官号、猶中国尚書也」の部分は、類似した表現が他書に確認できない。『通典』、『唐会要』、『旧唐書』などを参照したものの、大きく改変を加えたのか、はたまたまったく別の佚書によったものか、判定できない。「頗読経史、……。容止温雅」は、『通典』倭条と同文である。「則天宴之」は『旧唐書』日本国伝、「拝為司膳員外郎」は『通典』倭条、「放還」は『旧唐書』日本国伝にそれぞれよったものであろう。

D8の開元初めの記事は、ほぼ同文の記事が『旧唐書』日本国伝と『唐会要』日本国条の双方に見られるが、朝衡（阿倍仲麻呂）の極官を「左（散騎）常侍、鎮南都護」とする点は『旧唐書』によったものであろう。「表請儒者講論語。遣四門博士趙元黙」の部分は、『旧唐書』や『唐会要』のみならず、現存の諸書の記載と大きく異なっており、注目される。「四門博士」という官名は、開元初めのものでなく極官を記したと考えれば、特に矛盾と考える必要はないだろう。(10)(補註6)「玄」が「元」になっているのも、本付論で用いている『寰宇記』が清代の刊本であることから清の聖祖の諱を避けたものであろう。[11]上表して『論語』の受講を請求するという内容は、きわめて具体的であり、何らかのよるべき史料があったと考えられるのではないか。この点については、次節でもう少し考えてみたいと思う。「蓋誇誕耳」も現存の他書には見えない表現である。楽史らの表現か、佚書からの引用かは不明。

D９の（開元）三十三年の記事は、（開元）「二十三年」（七三五）と年紀を改める必要がある。恐らく、伝写の誤りであろう。[補註7]『冊府元亀』巻九九九・外臣部・請求には、「（開元）二十三年閏十一月、日本国遣其臣名代来朝、献表懇求老子経本及天尊像、以帰于国、発揚聖教。許之。」とあり、本記事はこの史料を節略したものと考えられる。但し、『冊府元亀』は、『寰宇記』よりも後に成立した書なので、正確には『冊府元亀』の原史料となった唐代の実録などを参照したのであろう。[12]

D10は、天宝年間以降、遣唐使の入朝ルートが変わったことを述べる。この記事に対応する史料としては、『新唐書』巻二二〇・東夷伝日本条（以下、『新唐書』日本伝と略称する）に、「新羅梗海道、更繇明、越州朝貢」という記載があるだけである。この文は天宝十二載と建中元年の遣唐使記事の間に置かれており、『寰宇記』の記事と時期的に合致する。しかし、『新唐書』も『冊府元亀』と同様に『寰宇記』よりも成立が遅いので、『新唐書』日本伝そのものを参照したわけではなく、『新唐書』の原拠となったしかるべき史料によったものと考えられる。

D11の大暦十二年（七七七）の記事は、『唐会要』倭国条によったことは明らかである。注目すべきは、「和聡達」と副使の姓として「和」字が見られることである。現在通行の『唐会要』（武英殿聚珍版本の鉛印本）には「副使総達」とあるが、康熙抄本とされる静嘉堂文庫所蔵の『唐会要』の旧抄本[13]（以下、静嘉堂抄本と略称する）には『寰宇記』と同じく「副使和聡達」とあり、「和」字が衍入でないことが確かめられる。「和聡達」は、この時の遣唐副使の一人、大神末足の唐名と考えられ、「和」はその姓「大神（おおみわ）」の最後の音を取ったものであろう。

D12の建中元年（七八〇）・D13の貞元十五年（七九九）・D14の永貞元年（八〇五）の各記事は、いずれも通行本の『唐会要』にも見えないものだが、静嘉堂抄本にはほとんど同文があり、『唐会要』倭国条によったものとしてよいだろう。(補註8) なお、この三記事については、既に古畑徹氏が『唐会要』の各種のテキストとの対校を付して紹介されている。(14)

D15の開成四年（八三九）の記事も、『唐会要』倭国条にほぼ同文があり、これによったものと思われる。

Eは、Bの重出だが、一ヶ所だけ大きな違いがある。「邪為台国」の下の注が本文化し、「或邪摩維、是也。」と、Bとは表現も改められている。先行諸書との関連は確認できず、独自の改変か。(補註9)

Fは、倭国の土俗物産について記している。字句の省略など文章の短縮化が行われているが、『通典』倭条とほぼ同文である。

以上、きわめて煩雑になったが、『寰宇記』倭国条の典拠史料について検討した。その結果として、『寰宇記』の記事は『通典』倭条をベースにして書かれたものであり、『通典』の記事にほとんど依存している唐代以前の部分に関してはその原拠となった史料などに当たりなおしたり、ほかの信頼できる史料により記事を補ったりしていることが確認できたと思う。また、『通典』の記事が薄い唐代の部分に関しても、『唐会要』倭国条・日本国条、『旧唐書』倭国伝・日本国伝などしかるべき史料に基づき記述されていることを確かめることが出来たと思う。字句の省略、複数の史料の組み合わせなど、多少原史料の改変が行われている部分もあるが、記事の内容自体の信頼性は高いものと思う。

三　『寰宇記』倭国条の史料的価値

『寰宇記』倭国条の史料的価値としてもっとも大なるものは、上述したD8のように現存の他史料に見えない唐代の日中交渉についての貴重な記事が含まれているということがある。典拠した史料名が明記されていないのは惜しまれるが、前節でも確認したように倭国条の記事の内容には充分信頼できるものがあり、典拠史料が明確でないからといって簡単に否定することはできないと思う。『寰宇記』全体に目を通すと、唐代の史料に限定しただけでも、『国史』(15)、『唐歴(暦)』(16)、『続会要』(17)などの佚書からの引用が散見されるし、宋代には存したことの確認できる実録の類も当然参照したであろうから、現存史料以外の唐代の史料に基づきD8などの記事を書いたと考えて何ら無理はないと思う。D9・D10の記事も、『冊府元亀』や『新唐書』を参照したものではない以上、典拠が不明ということではD8と同性格のものであり、たまたま後代の史料に類似の記事があるためその内容を疑われないのにすぎない。D9・10の記事同様、D8の記事にも充分信を置いて良いと思う。

『寰宇記』倭国条の史料的価値として次に挙げるべきは、『唐会要』倭国・日本国条の誤脱を補正できる有益な史料であることである。『唐会要』の通行本が誤脱の多い不十分なものであり、旧抄本や逸文などとの対校の必要があることは、つとに指摘されているところだが、そうした意味で『寰宇記』も『唐会要』の不備を補うことができると思われる。『寰宇記』が『唐会要』を利用して記事を書いたと思われることは前節で既に述べた通りだが(18)、両書の成立時期がそれほど隔っていないことを考えるならば、『寰宇記』が依拠した『唐会要』は、史館に蔵せられた上呈本の可能性が高く、『唐会要』の逸文としてははなはだ史料価値が高いと思われる。この点に関して言うならば、ただに倭国条のみならず、『寰宇記』のほかの部分の『唐会要』の逸文にも同じことが言えるであろう(19)。

以上の二つ以外にも、例えば宋代の日本観を示す史料としての価値など、いろいろあると思うが、上述した唐代の日中交渉史料としての有用性を越えるものではないだろう。

おわりに

費やした紙数のわりに、その成果は実に乏しく、己の不明を恥じなければならないが、古代の日中交渉史研究に有益な「新史料」を提示できたのではないかと思う。本付論ではわずかに倭国条のみを検討したにすぎないが、『寰宇記』の佚書逸文の豊富さという特徴からして、他国の諸条においても倭国条同様に貴重な記事が含まれている可能性は十分あると思われる。今後継続して検討してみたい。

註

（1）『太平寰宇記』の解題については、『四庫全書総目提要』巻六八・史部二四地理類一、神田信夫・山根幸夫編『中国史籍解題辞典』（燎原書店、一九八九年）などを参照。

（2）漢唐の地理書の逸文を集めたものに、清・王謨『漢唐地理書鈔』（中華書局、一九六一年）があり、そのすべてではないが、『寰宇記』中の逸文も収められている。

（3）王恢『太平寰宇記索引』（文海出版社、一九七五年）には、『寰宇記』の引用書目の一覧が載せられているが、漏れ落ちているものが少なくない。

（4）『寰宇記』中の佚書の種類・量の多さにより、その全貌をここで示すことはできないが、北魏代のものに限るならば、朱祖延『北魏佚書考』（中州古籍出版社、一九八五年）を参照すれば、その一端を窺うことができる。

（5）本付論で用いたのは、『宋代地理書四種』（文海出版社、一九六二年）所収刊本。移録にあたって、内容に従って段落・句読点をつけ、固有名詞にはその左側に傍線を、特に書名の場合は波線を付した。割注部分は（　）の中に入れて示した。また、明らかな誤字・脱字がある場合は、その右側の（　）内に正しい字句を示した。

（6）「世世」は、『旧唐書』倭国伝・『唐会要』倭国条では「世与中国通。」となっており、『寰宇記』の方に何らかの誤脱が考えられる。

（7）『翰苑』所引の『魏略』でも、「太伯」となっている。
（8）現在通行の『唐会要』の刊本と『寰宇記』との字の異同に関しては、『寰宇記』の改変・誤字の場合もあるだろうが、『唐会要』の通行本が伝写の間に生じた誤りである場合も少なくないと考えられる。なぜならば、通行本と異同があっても、抄本系の『唐会要』と『寰宇記』が一致することが多いからである。
（9）『東夷記』は、「東夷伝」の誤りの可能性もある。その場合は、『旧唐書』東夷伝のことをさすことになると思うが、『通典』は『旧唐書』を参照できないので、当然その典拠史料とはなりえない。『東夷記』が「東夷伝」の誤りならば、『寰宇記』が「東夷伝」を引用したのは、『通典』よりも多少記事が詳しいことによるのであろう。
（10）趙玄黙には、伝記史料がまったく現存していないので、あくまでも推測である。極官でなくとも四門博士になった可能性はあると思う。
（11）唐の皇帝「玄宗」も、「元宗」に改められている。なお、年号の「大暦」が「大歴」に、歴史書の「唐暦」が「唐歴」に改められているのも、やはり、清の高宗（弘暦）の避諱によるのであろう。
（12）『冊府元亀』が唐代の実録によったことについては、岑仲勉「冊府元亀多採唐実録及唐年補録」（『唐史余瀋』中華書局、一九六〇年）、貝塚茂樹・平岡武夫「唐代史料の集成について」（『学術月報』七―六、一九五四年）、池田温「正史ができるまで――唐書を例として――」（『中国の歴史書』尚学図書、一九八二年）などを参照。
（13）『唐会要』の刊本・抄本の書誌学的な面については、古畑徹「『唐会要』の諸テキストについて」（『東方学』七八、一九八九年）を参照。
（14）古畑氏註(13)論文。
（15）巻八―六ａ（巻数―葉数、ａは表、ｂは裏。以下同様）に、「唐国史」とある。ほかに「唐史」が多く引用されているが、「唐史」は「唐国史」の省略した称呼か。唐代の『国史』については、池田氏註(11)論文を参照。
（16）巻二九―一二ｂに、「唐歴」とある。『唐歴（暦）』については、太田晶二郎「『唐暦』について」（『太田晶二郎著作集』一、吉川弘文館、一九九一年、初出一九六二年）などを参照。
（17）巻三〇―一四ａ、巻一〇三―七ａに見える。『続会要』については、鈴木俊「旧唐書食貨志の史料系統について」（『史淵』五四、一九五〇年）を参照。

(18)　厳密には、『唐会要』のもとになった『続会要』などからの引用の箇所もあると考えられる。
(19)　本書第一部第二章では、『寰宇記』巻二〇〇、雑説并論に見える銅魚符の記事について考察した。
(補註1)　中華書局本では『通典』同様に「倭」となっており、楽史らが書き改めたのではなく、伝写の間に書き誤られたものと思われる。後述の補記も参照されたい。

(補註2)　中華書局本では、「飲酒」、「五絃之琴」(「笛」はない)、「摴蒲之戯」と『通典』と同じ表記となっているので、楽史らが書き改めたのではなく、伝写の間に書き誤られたものと思われる。後述の補記も参照されたい。

(補註3)　「設宴享以返」は、中華書局本では『通典』同様に「設宴享以遣」となっており、伝写の間に書き誤られたものと思われる。しかし、「綿綵」は中華書局本も同じであり、意図的に書き改められた可能性もあるだろう。後述の補記も参照されたい。

(補註4)　「以」字は、中華書局本では「与」となっている。後述の補記も参照されたい。

(補註5)　「新羅刺史」は、中華書局本では「新州刺史」となっており、伝写の間に書き誤られたものと考えられる。後述の補記も参照されたい。

(補註6)　趙玄黙が四門博士になったことは、『唐会要』巻六四・集賢院の開元十三年(七二五)四月の記事によって知られる。池田温「盛唐之集賢院」(『唐研究論文選集』中国社会科学出版社、一九九九年、初出一九七一年)も参照されたい。

(補註7)　中華書局本は、正しく「二十三年」となっている。後述の補記も参照されたい。

(補註8)　静嘉堂抄本のみならず、北京大学図書館李氏旧蔵抄本や北平図書館抄本の『唐会要』にも、D12〜14の記事が収載されている。本書第二部付論二を参照されたい。

(補註9)　中華書局本も注が本文化しているので、独自の改変と考えてよいと思われる。

〔補記〕　本書校正中に、中国古代地理志叢刊の一つとして王文楚等点校『太平寰宇記』(中華書局、二〇〇七年)が刊行された。善本とされる金陵書局本を底本とし、宋版により欠失部分を補ったもので、校訂も行き届いた信頼できるテキストとなっている。今後はこの中華書局本に依拠すべきと思われるが、ここでは本付論で用いた文海出版社本との異同を示すことにしたい。なお、「於」と「于」の用字の違いは一貫しているので、取り上げないことにする。

記号	番号	文海出版社本	中華書局本
題		（注文ナシ）	「又曰日本国」ノ細注アリ
A		倭国	倭
		光武中元二年	建武中元二年
		歴年無有主。一女子……	歴年無主。有一女子……
		共立為主	共立為王
		唯男子一人	惟男子一人
		魏以為親魏倭王	以為親魏倭王
		宗女一奥	宗女一粤
		為主	為王
		晋太始初	晋泰始初
		倭王請	倭王讃
		遣使上表曰	遣使上表云
		忝守先緒	忝纘先緒
		道逕百済	道経百済
		尅靖方難	克靖方難
B		邪為台国	邪馬台国
		細字双注「或名邪摩」＋	細注「或名邪摩堆」
		本文「惟」	
		如里長	如里長也
C		必射戯飲食	必射戯飲酒
		五弦之琴	五絃之琴
		摴蒲之事	摴蒲之戯
		蛮書	蛮夷書
		竹国	竹斯国
		又東秦王国	又東至秦王国
		以為夷州	以為夷洲
		自竹斯以東	自竹斯国以東
		設宴享以返	設宴享以遣
		煬帝時始賜以衣冠	隋煬帝時始賜与衣冠
D	1	新羅剌史	新州刺史
		本文「自言路経地獄之門、親見其上気色翕翕、又聞鏈煆之声、甚可畏懼也」	細注「自云路経地獄之門、親見其上気色翕翕、又聞鏈鍛之声、甚可畏懼也」
		負綏遠之才	無綏遠之才
	2	本文「琥珀大如斗、瑪瑙大如五升器」	細注（文字ノ異同ナシ）
		有古、波、多、凡三国	有邪古、波邪、多尼
		西与越相距	西南与越州相距
		海中涌出	海中湧出
	3	使駅所伝	使訳所伝
	4	又按東夷記	又東夷記
	5	同来朝、貢方物	同来朝貢
	7	其使朝臣、号真人	其使号朝臣真人
	8	趙元黙	趙玄黙
		遺元黙濶幅布	遺玄黙闊幅布
		題曰	題云
	9	三十三年	二十三年
	10	絶隔	隔絶
	11	大歴十二年	大暦十二年
	12	真人興龍	真人興能
		細字双注「唐会要作調提志」	細注「唐会要作調摂志」
		真人興龍	真人興能

		潔滑	緊滑
	13	交易	市易
	14	来朝	来朝貢
	15	藤原	滕原
E		邪為台国 或名邪摩維 東西三月行、南北五月行	邪馬台国 或名邪摩堆 東西五月行、南北三月行
F		金玉 百桂、薑、椒、橘、蘘荷 其堅不可斫	青玉 有桂、薑、橘、椒、荷 皮堅不可斫

		蛇則死	其蛇即死
		貫頭而着之	貫頭而著之
		丹朱粉身	丹朱・身
		父母兄弟共処	父母兄弟異処
		蹲跪	蹲踞
		乃与其夫相見	乃与夫相見
		不進飲食肉	不進酒食肉
		名曰持哀	名曰持衰
		若在金吉利	若在塗吉利
		持哀不謹	持衰不謹

付論二　北京大学図書館李氏旧蔵『唐会要』の倭国・日本国条について

はじめに

筆者は、九州大学大学院人文科学研究院教授坂上康俊氏を研究代表者とする科学研究費補助金による共同研究「中国法制文献の日本への伝来とその伝存状況に関する基礎的研究」の研究分担者の一人として、二〇〇一年十月二十二・二十三日の二日間、北京大学図書館において法制文献を中心に貴重書を調査する機会を得た。本付論では、そのささやかな成果の一端として、北京大学図書館の所蔵する抄本系『唐会要』の一種である李盛鐸氏旧蔵の『唐会要』(1)（以下、「李氏旧蔵抄本」と略称する）の倭国・日本国条について述べることにしたい。

本付論において「倭国条」・「日本国条」のみを取り上げるのは、閲覧時間が限られていたため本書全体を精査することができなかったこともあるが、古代日中関係史の基本史料でありながら『唐会要』倭国・日本国条については信頼できるテキストが未だ用意されていないという事情があるからである。近年、古畑徹氏は抄本系の『唐会要』を精力的に調査され、現在の通行本である武英殿聚珍版本の不備を明らかにされておられるが、(2)倭国条についても数行にわたる脱落箇所があることを指摘されている。(3)筆者も古畑氏の驥尾に付し、『唐会要』倭国・日本国条について史料的検討を行いたいと考え、(4)その基礎作業として抄本系『唐会要』の一本である李氏旧蔵抄本についていささか知見を開陳することにしたい。

一　移　録

まず、最初に李氏旧蔵抄本の倭国条と日本国条の全文を示すことにしたい。なお、録文においては、書写時の原文を生かし、墨筆によって補訂された文字は〈　〉に入れ、朱筆による校訂については該当箇所のかたわらに（　）を入れて示すことにする。また、字体は原文の表記に従い、あえて統一を行っていない。

(1)「倭国条」の移録

1　倭國
2　古倭奴國也在新羅東南居大海之中世與中國通其王姓阿
3　母氏設官十二等俗有文字敬佛法椎髻無冠帯随煬帝賜之
4　衣冠令以錦綵為冠飾衣服之制頗類新羅腰佩金花長八寸
5　左右各数枚以明貴賤等級
6　正觀十五年十一月史(使)至太宗矜其路遠遣高仁表持節撫之
7　表(レ)仁浮海数月方至自云路經地獄之門親見其上氣色翁蓊又聞呼叫〈鎚〉鍜之声甚可畏惧也表

仁無綏遠之才与王争理不宣朝命而還由是復絶
永徽五年十二月遣使献琥珀瑪脳琥珀大如斗瑪脳大如五
升器高宗降書慰撫之仍云王國与新羅接近新羅数為高麗
百濟所侵若有危急王宜遣兵救之倭国東海嶼中野人有耶
古波耶多尼三國皆附庸於倭北限大海西北接百濟正北底
新羅西南與越州相値頗有絲綿出瑪瑙有黄白二色其琥珀
好者云海中湧出咸亨元年三月遣使賀平高麗爾後繼来朝
貢則天時自言其國近日所出故號曰(日)本国盖悪其名不雅而
改之
大歴十二年遣大使朝楫寧副使和聡達朝貢
建中元年又遣大使真人興能判官調揖志自明州略奉表献
方物真人與能盖因官命也風調甚高善書輸其本国紙似璽而緊滑人莫能名
正元十五年其國有二百人浮海至揚州市易而還
永正元年十二月遣使真人遠誠等来朝貢
開成四年正月遣使薛原朝常嗣等来朝貢

(2)「日本国条」の移録

日本国
倭國之別種以其國在日邉故以日本國為名或以倭國自悪
其名不雅改為日本或云本舊小國呑併倭國之地其人入朝
者多自矜夫（大）不以實對故中國疑焉
長安三年遣其大臣朝臣真人来朝貢方物朝臣真人者猶中
国戸部尚書冠進徳冠其頂為化分而四散身服紫袍以帛為
腰帯好讀経史解屬文容止閑雅可人宴之授司膳卿而還
開元初年又遣使来朝貢因請士授経詔四門助教趙元默就
〈鴻〉臚教之及遣元默闊幅布以為束修之礼題云白亀元年調布
人亦疑其偽為題貯得賜賚盡市史籍泛海而還其偏使朝臣
仲滿慕中國之風因留不去改姓名為朝衡歴仕左補闕終右
常侍安南都護

二　校　異

李氏旧蔵抄本と、静嘉堂文庫所蔵抄本（以下、本文では「静嘉堂抄本」と略称する）、四庫全書本（以下、本文では「四庫本」と略称する）、武英殿聚珍版本（世界書局本を利用。以下、本文では「殿版」と略称する）との校異を記す[補註1]。先掲の録文に付した行数ごとに、李氏旧蔵抄本と諸本との間に字句の異同のあるものを示すことにする。諸本の略号は、それぞれ「静」、「四」、「武」とする。

(1) 倭国条

3 「母」→四武「毎」、「随」→静四武「隋」、「賜之」→静「之」・四「賜」

4 「令」→武「今」

6 「正」→四武「貞」、「史」→静四武「使」、「仁表」→静四武「表仁」

7 「翁」→静四武「蓊」、「叫」→武「叫」、「鍜」→武「鍛」、「惧」→四武「懼」

8 「王」→四「王子」、「理」→四武「禮」

9 「腦」→四武「瑙」

10 「忄尉」→静「尉」・四武「慰」、「数」→武「素」

11 「耶」→静「即」

12 「底」→四武「抵」

13 「西南」→武「南」、「値」→四「接亦」・武「接」

17 「歴」→静「暦」、「楫」→静「揖」「和聡違」→静「和聡違」・四「聡達」・武「総達」、「朝貢」→武「來朝貢」

18 「㒷」→静四「興」、「陏」→静四「路」

19 「與」→静四「興」、「因」→四「其」、「命」→四「名」、「輸」→静四「翰」、「璽」→静四「壐」

20 「正」→四「貞」

21 「正」→四「貞」

22「薛」→静「藤」
＊18〜21→武、全文ナシ

(2) 日本国条

2「倭國」→武「日本倭國」、「各」→静四武「名」
3「本」→武「日本」
4「夫」→静四武「大」
5「猶」→静「犹」
6「項」→武「頂」、「化」→四武「花」
7「閑」→四「温」、「可人」→静「則人」・四「則天」、「宴之」→武「宴之麟徳殿」
8「初年」→四武「初」、「来朝貢」→静四武「來朝」
9「及」→四武「乃」
10「賜」→静「錫」
11「補」→静「輔」

三　概観と考察

李氏旧蔵抄本については、『北京大学図書館蔵李氏書目』では次のように記載されている。(補註2)

唐会要一百巻　宋王溥撰　清抄本（徐時棟校跋存巻一至六巻一一至九一巻九四至一百）　三二冊（李□5111）

これによれば、『唐会要』全一〇〇巻のうち九四巻が残存しており、それが三二冊に分冊されていることがわかる。また、この抄本には徐時棟の校訂・跋語があり、(5)清代のものであることが知られる。なお、最後の括弧内の「李□5111」は、北京大学図書館において付された索書号碼で、□は善本であることを示す。ちなみに、本付論で扱う倭国条は巻第九九（八葉表〜九葉表）に、日本国条は巻第一〇〇（一〇葉表〜裏）に存する。

次に、筆者の観察による本書の外観について述べる。冊子の大きさは、縦二八、七センチメートル、横は一八、三センチメートルであり、線装本に装丁されている。一葉は書写面を外にして真ん中で二つ折りにされ、折り線の少し手前部分に巻数と葉数が記されている（見た目には、表葉の最終行にあたるように見える）。一頁（半葉）の行数はほぼ一二行であり、一行は二四字を基本としている。(6)また、虫損もほとんどなく、良好な保存状態であった。

墨筆・朱筆の二種類の訂正が見られるが、(7)朱筆は跋語も朱筆であることから跋語の筆者「徐柳泉」すなわち徐時棟であろう。(8)墨筆の校訂は書写者自身のものなのか第三者のものなのか判断に苦しむが、恐らくは書写者によるものではないかと考える。跋語に「同治庚午二月」(9)とあることから、清朝の同治九年（一八七〇）二月以前に写された抄本であることを示す。書写の上限は、清の聖祖の諱玄燁の「玄」(10)と高宗の諱弘暦の「暦」が避けられていることから、乾隆年間（一七三六〜九五）ということになるであろう。また、宣宗の諱旻寧の「寧」が用いられていることから、(11)下限は嘉慶年間（一七九六〜一八二〇）と考えられる。そうなると、書写されてから徐時棟が校訂を加えるまでに少なくとも五〇年以上経過していることになるが、書写者ならびにその後の伝来の過程は不明である。なお、本抄本には、「北京大学蔵」と「馨嘉館印」という二種類の蔵所印が捺されているが、後者の印は李盛鐸のものである。

諸書との比較を通じてみられる特徴としては、一つには誤字が多いことである（倭国条では九箇所、日本国条では二箇所)。静・四・武三書が同じで本書のみ異なっている場合は、まず誤字と考えてよさそうである。また、文意からみて誤字が明らかなものもいくつか確認される[12]。

二つめの特徴としては、用字の点など静嘉堂抄本との共通性が高いということがある。誤脱と思われるものを除くと、ほかの二書と相違しても、李氏旧蔵抄本と静嘉堂抄本との間では同字句である場合がきわめて多い。例えば、倭国条の9、20、21行目において、本来「貞」とあるべきところが「正」とされているが、古畑氏も指摘されているように北宋の仁宗の諱「禎」を避けたもので[13]、両本ともに祖本である宋本の表記を継承していることがわかる。この点、四庫本や殿版には宋代の避諱がみられず、清代の校訂の痕が窺われる。これ以外にも、倭国条の3行目の「母」や8行目の「理」、17行目の「和聡(聡)違」、日本国条6行目の「化」など特徴的な用字において両本の共通性が確認される。従って、両本はきわめて近い伝写関係にあることは明らかである。ただし、康熙抄本とされる静嘉堂抄本の誤脱を時期的に遅れる李氏旧蔵抄本が正しく表記してある点を考えるならば[14]、直接の親子関係にはないと思われる[15]。恐らくは、静嘉堂抄本と兄弟関係ないし兄弟の子孫といった関係にあるものと想定される。

以上のほかに、倭国・日本国条を通覧して気付くこととして、李氏旧蔵抄本では文字の字体が統一されていないということがある。すなわち、同一の文字でありながら、箇所によって字体が異なっているケースが散見される。たとえば、「国」と「國」、「与」と「與」、「所」と「斦」、「等」と「寺」などである。特に使い分けの法則性もみられず、なぜこのような字体の不統一が存在するのか甚だ理解しがたい。倭国条の18行目にみられる「夙」や「陥」のように判読の困難な字がみられることや文意の通らぬ誤字がままみられることなどからすると、書写者が文意を理解せず、忠実に親本(書写の原本)を書き写そうとした結果と考えることができるかもしれない。文字の不統一、判読不明な文字の原因は、親本がそもそも読みとりにくい筆体であったことによるのではないだろうか。その意味では、他書との校合も行われていない、親本に忠実な写本ということができる。宋本の避諱が残っているのも、そのためであろう。

李氏旧蔵抄本の特徴ではないが、四本を比較してみると殿版の特異性がわかる。すなわち、残りの三本が共通していて、殿版のみが相違するというケースが少なくない。それも、単なる字句の誤脱による違いというのではない。一番大きな違いは古畑氏も指摘されているように倭国条18行目から21行目にあたる部分がそっくり抜けているということがあるが[16]、それ以外にも日本国条2行目の書き出しが「倭国」ではなく「日本倭国」となっていることや、同7行目の宴会の場所を「麟徳殿」と明記してあるなどほかの三本にない語句が存在している部分もある。ちなみに、このようなほかの三書と異なる部分を『旧唐書』倭国伝・日本国伝と比べてみると、殿版と『旧唐書』の一致をみる場合が多い。すなわち、殿版を作る際に『旧唐書』との校合を行い、『旧唐書』により改めた部分があるのではないかと思われる。このことは、殿版の底本が節本であり、唐代史料により校訂・補入が行われたとする古畑氏の説を裏付けるものと考える[17]。その点からすると、殿版の倭国・日本国条は、本来の『唐会要』倭国・日本国条からもっとも離れた存在であるといえるであろう。今後『唐会要』倭国・日本国条を利用する際は、四庫本をはじめとして抄本系のテキストに十分留意することがもとめられる。

おわりに

以上、本付論では古代日中関係史の基礎史料である『唐会要』倭国・日本国条について、史料紹介と若干の考察を行った。日本古代史研究者はこれまで不備の多い武英殿聚珍版本のみによって『唐会要』倭国・日本国条を検討してきたが、その史料的な不備を検討するための素材を提供したということでは多少の貢献ができたと思う。

また、本付論で扱った李氏旧蔵抄本は、『唐会要』のテキスト研究をリードされている古畑徹氏もまだ言及されていないものである。筆者の調査不足のため新たな知見をあまり示すことはできなかったが、今後十分な調査検討をするべき価値をもつ史料と信ずる。とりわけ、静嘉堂抄本と親近な関係にある台北抄本との比較、検討が必要と考える。本付論が機縁となって、古代日中関係史研究や『唐会要』のテキスト研究が進展することを期待して擱筆する。

註

（1）李盛鐸（一八五八～一九三五）については、任継愈（主編）『中国蔵書楼』（遼寧人民出版社、二〇〇一年）、橋川時雄編『中国文化界人物総鑑』（名著普及会より一九八二年復刊、初出一九四〇年）などを参照。
（2）貝塚茂樹・平岡武夫「唐代史料の集成について」（『学術月報』七―六、一九五四年）などを参照。
（3）古畑徹「『唐会要』の諸テキストについて」（『東方学』七八、一九八九年）、同「『永楽大典』所引『唐会要』記事一覧」（『金沢大学教養部論集人文科学篇』二九―一、一九九一年）、同「『唐会要』の流伝に関する一考察」（『東洋史研究』五七―一、一九九八年）、同『唐会要』の靺鞨・渤海の項目について」（『朝鮮文化研究』八、二〇〇一年）などを参照。
（4）筆者には、これに関連して本書第二部付論一がある。
（5）跋文の解読にあたっては、池田温先生のご教示を仰いだ。以下、先生の示された録文と読み下し文を掲載する。
　同治庚午二月、醒閲一過、読不能下、則置之。或偶見錯誤、為点出之、改正之。其譌字之多、真如淄澠之沙、雖計児不能数也。十八夕、徐柳泉識。
　同治庚午二月醒閲一過、読みて下る能わざれば則ち之を置く。或いは偶（たまたま）錯誤を見れば為に之を点出し之を改正せり。其の譌字の多きは真（まこと）に淄・澠の沙の如く、計児（かぞえやく）と雖も数うる能わ不（ざ）る也。十八夕、徐柳泉識（しる）す。
（6）倭国条の19行目に三一字あるのが例外であるが、葉紙の一行目ということで字数を単純に誤ったものと理解される。
（7）朱筆の校正が行われたのは、倭国条では「史」→「使」（6行目）、「表仁」→「表仁（仁表）」（7行目）、「曰」→「日」（15行目）の三箇所、日本国条では「夫」→「大」（4行目）の一箇所である。墨筆の修正は、倭国条では7行目の細行部分で「鎚」字の脱落を補った箇所に、日本国条では9行目の冒頭で「鴻」字の脱落を直してあるところにみられる。

(8) 徐時棟（一八一四～七三）は、清朝道光の挙人で、官は内閣中書に至った。詩・古文にすぐれ、蔵書家としても知られる。字は定宇・同叔、号は柳泉。陳乃乾編『清代碑伝文通検』（中華書局、一九五九年）、楊廷福・楊同甫編『清人室名別稱字号索引』（上海古籍出版社、一九八八年）、『続碑伝集』巻八〇所収の董沛「徐先生墓表」、任継愈（主編）『中国蔵書楼』〈註(1)〉などを参照。『続碑伝集』巻八〇所収の董沛「徐先生墓表」は徐氏の『烟嶼楼文集』に附載のこと、陳勱『運甓斎文稿続編』四（光緒二十年自刊）に徐時棟墓志銘があること、また、東京大学東洋文化研究所に『煙嶼楼読書志・筆記』（民国十七年排印本）と『烟嶼楼文集』（光緒三年刊本）が所蔵されていることなどを池田温先生からご示教を受けた。早速、お教えに従い確認したところ、徐時棟の読書志・筆記・文集といった著作中には、『唐会要』について触れている箇所がないことが分かった。なお、『烟嶼楼文集』の序の前に掲載されている「鄞県志伝」には、徐時棟が同治七年（一八六八）から没年まで鄞県志の纂修にあたって、同里の盧氏（不詳）や杭州の丁氏（丁丙、八千巻楼）の書なども借閲するなど多くの文献（千数百種）の捜採を行っていたことが記されている。本付論で取り上げた『唐会要』の抄本は、正にその県志纂修中に校訂したものであり、徐時棟の所持本ではなく、丁氏などほかの蔵書家より借覧したものであった可能性も考えられる。

(9) 正直なところ「同治」と読めるか多少不安があるが、前註に述べたごとく徐時棟が道光の挙人であったことを考えると、道光年間以降の「庚午」は「同治九年」（一八七〇）ということになる。

(10) 「玄」が避諱されているのは、日本国条の8、9行目において趙玄黙の「玄」が「元」に改められていることからわかる。「曆」の避諱は、倭国条17行目で年号の「大曆」が「大歴」に改められていることからわかる。

(11) 倭国条17行目においては、大使の名として「朝楫寕」とみえ、「寧」字が避けられていないことがわかる。なお、「寕」は、「寧」の異体字である。

(12) 倭国条19行目の「與」と「輸」は、文意からして誤字と判断できよう。

(13) 古畑徹「『永楽大典』所引『唐会要』記事一覧」〈註(3)〉、同「『唐会要』の流伝に関する一考察」〈註(3)〉を参照。

(14) 古畑徹「『唐会要』の諸テキストについて」〈註(3)〉を参照。

(15) 倭国条3行目の「賜之」や10行目の「𢥞」、日本国条5行目の「猶」など。

(16) 註(14)を参照。

(17) 註(3)を参照。

（補註1）　本書の校正にあたって静嘉堂文庫所蔵『唐会要』抄本該当部分の写真焼き付けを入手し、旧稿の誤りを正した。四庫全書本、武英殿聚珍版本も見直しを行い、いくつか修正を加えている。

（補註2）　北京大学図書館李氏旧蔵書の書誌を調べるにあたっては、李盛鐸が自ら著した『木犀軒蔵書題記及書録』（張玉範整理、北京大学出版社、一九八五年）も有用であるが、『唐会要』についてはまったく触れられていない。

第二章　遣唐使による漢籍将来

はじめに

遣唐使が多くの漢籍を持ち帰り、その将来された書籍が日本古代の政治・社会・文化に多大な影響を及ぼしたことは広く認められている。しかしながら、遣唐使がどのような漢籍をいつ舶載したのか、どのような漢籍が舶載されなかったのか、またもたらされたものともたらされなかったものとの違い、理由は何なのか、といった具体的な問題についてはまだ十分検討されていないように思われる。

本章においては、漢籍の舶載にかかった時間や、もたらされた漢籍の内容・性格といった観点から、遣唐使による漢籍将来の状況について概観してみたい。なお、本章における遣唐使とは大使以下の四等官のみを指す狭義のものではなく、留学生・留学僧などをも含んだ広い意味で用いることにする。また、漢籍には仏典（内典）は含めず、あくまでも外典のみを対象とすることをお断りしておく。

一　遣唐使は最新の漢籍をもたらすことができたのか

遣唐使が派遣された唐朝においては、強大な帝国支配の下で社会秩序が回復し、諸産業も活発化した。そうした社会的安定・経済的繁栄を背景に、南北朝文化の統合、東西文化の融合が進み、学術・文化が大いに発展・繁栄した(1)。その最新の学術・文化を学び、日本に伝えることも遣唐使の大きな使命であったが、実際どの程度その使命を果たすことができたのであろうか。この問題を、漢籍にかぎって考えてみたい。すなわち、日本の律令国家に必要とされた唐の最新の漢籍がどのくらいの時間差で将来されたのであろうか。

遣唐使がいつどのような漢籍を持ち帰ったのかを直接示す史料は、きわめて少ない。次に示す吉備（下道）真備の漢籍将来記事は、奈良時代の漢籍将来状況を示す貴重な史料である(2)。

〔続日本紀〕天平七年（七三五）四月辛亥条

入唐留学生従八位下下道朝臣真備、『唐礼』一百三十巻・『大衍暦経』一巻・『大衍暦立成』十二巻・測影尺一枚・銅律管一部・鉄如方響写律管声十二条・『楽書要録』十巻・紘纏漆角弓一張・馬上飲水漆角弓一張・露面漆四節角弓一張・射甲箭二十隻・平射箭十隻を献ず。

この記事には、銅律管や弓・箭などさまざまな物品名も列挙されているが、『唐礼』・『大衍暦経』・『大衍暦立成』・『楽書要録』という四種類の漢籍の将来が記されている。なお、真備がもたらした漢籍はこの四種だけではなく、後述するようにほかにも存在したことが知られている。おそらくここに記された漢籍は真備将来本の中でも特筆すべき書であったと考えられる。このうち、『唐礼』とはその巻数から顕慶三年（六五八）に完成した『顕慶礼（永徽礼）』であったと思われる。(3)『大衍暦経』・『大衍暦立成』を『大衍暦』と同時の成立と考え、(4)『楽書要録』を則天朝（六八四〜七〇五）の成立とすると、(5)この四種の漢籍の成立から将来までの年代差は、表3のようになる。

表3　真備将来の四漢籍

漢籍名	成立年	将来年	年代差
『顕慶礼』	六五八	七三五	七七
『大衍暦経』	七二七	七三五	八
『大衍暦立成』	七二七	七三五	八
『楽書要録』	六八四〜七〇五	七三五	三〇〜五一

これによると、『大衍暦』関係の書は成立後比較的早くもたらされているが、『顕慶礼』や『楽書要録』はかなり遅れて舶載されていることが分かる。前者は真備帰朝の天平の遣唐使による舶載が最短・最速となるが、後者の『顕慶礼』や『楽書要録』の場合は単純に時間的に見れば、この何次か前の遣唐使でも持ち帰ることが十分可能であったはずである。なぜ、暦関係の書籍は早くもたらされ、『顕慶礼』や『楽書要録』は遅れてもたらされたのだろうか。暦書類についてはほかの漢籍と違い、唐代においては広く民間に流通しており、遣唐使が入手しやすい書籍の一つであったと考えられる。(6)問題とすべきなのは、『顕慶礼』や『楽書要録』の将来の遅れであろう。その理由を考える前に、この二書の遅れが特殊なケースなのか、ほかにも類例があるのかをまず考えてみたいと思う。

先に述べたように、いかなる書がいつ舶載されたかを示す史料は少なく、奈良時代においては同じく真備が『東観漢記』をもたらしたことを示す史料以外存在しないのではないかと思われる。(7)そこで、以下に唐代に成立した著名な書籍をいくつか挙げて、状況証拠から舶載の遅れがあったかどうかを考えてみることにしたい。

・李賢注『後漢書』〈成立＝儀鳳元年（六七六）〉

現在まで伝わっている『後漢書』は南朝宋の范曄が撰したものであるが、後漢の歴史を著したものは少なくなく、唐初においては後漢の劉珍らが撰した『東観漢記』の方が重んじられていた。范曄の『後漢書』が史書としての地位を高めたのは、唐の章懐太子李賢らによる注釈が施されてからとされる。それまで、三史といえば『史記』・『漢

書』・『東観漢記』を指したが、李賢注が成立した後は、『後漢書』が『東観漢記』に取って代わったという。(8)

さて、李賢注『後漢書』がいつ頃日本に舶載されたかだが、小島憲之氏は『日本書紀』の記事の潤色に『後漢書』が利用されていることを指摘し、その『後漢書』を李賢注本と推定されている。(9) 小島氏の推定に従うならば、『日本書紀』の成立した養老四年（七二〇）以前に日本に伝来していたことになる。しかしながら、東野治之氏が指摘されたように、『日本書紀』の述作に利用されている『後漢書』には太宗の避諱が見られず、避諱が行われた高宗朝よりも以前に書写された『後漢書』によっていたと思われる。(10) すなわち、『日本書紀』の述作に用いられた『後漢書』は高宗朝に成立した李賢注ではありえないことになるだろう。吉備真備が『東観漢記』をもたらし、それを三史の一つとして重視していたことを考えるならば、(11) 真備帰朝の天平七年（七三五）段階でも、まだ李賢注『後漢書』は到来していなかった可能性が高いのではないだろうか。そう考えた場合注目されるのが、次の記事である。

〔続日本紀〕神護景雲三年（七六九）十月甲辰条

大宰府言す、「此の府は人物殷繁にして、天下の一都会なり。子弟の徒、学者稍く衆し。而して府庫但だ五経を蓄へて、未だ三史の正本有らず。渉猟の人、其の道広からず。伏して乞ふ、列代の諸史を各一本給はり、管内に伝習せしめ、以て学業を興さんことを。」詔して、『史記』・『漢書』・『後漢書』・『三国志』・『晋書』各一本を賜ふ。

これによれば、八世紀後半の大宰府には、『史記』以下の列代の諸史の正本が無かったことが知られるが、丸山裕美子氏はこの「正本」を「テキストとすべき善本」と解され、『後漢書』の正本を李賢注『後漢書』のことと推定されている。(12) 従うべき解釈と思う。八世紀後半においては、李賢注『後漢書』の日本到来から未だ日が浅いため、大宰府には備わっていなかったと考えることができるであろう。遣唐使による舶載を考えるならば、天平勝宝五年（七五三）帰朝の遣唐使による将来の可能性がきわめて高いと思われる。(13)

以上の考察が認められるならば、李賢注『後漢書』は、成立後七十数年を経て舶載されたのだろう。

・『晋書』〈成立＝貞観二十二年（六四八）〉

唐の太宗の勅命により房玄齢らが撰上した西晋・東晋および五胡十六国時代の歴史書。宣帝・武帝両本紀と陸機・王羲之両伝の論を太宗自ら執筆したことによって、太宗御撰と称されることもある。(14) このため、少なくとも唐代においては、太宗時代に編纂された諸史の中でも特別視された史書であったと思われる。(15)

『晋書』の伝来を考えるにあたって、先と同様に、まず小島憲之氏の研究を参考にしたい。小島氏によると、『日本書紀』の述作には『晋書』は利用されなかったとみられる。(16) その理由について小島氏は述べられていないが、『日本書紀』編纂段階において、まだ『晋書』が舶載されていなかったか、または舶載直後のため十分参照できなかったという事情が想定される。『日本書紀』が、『晋書』に少し遅れて成立した『隋書』（顕慶元年〈六五六〉）を利用していることを考えるならば、太宗御撰として権威のある『晋書』が有りながら敢えて利用しないというのは考えがたいように思われる。(17)

逆に『隋書』がもたらされているのであるから、当然『晋書』も到来していたはずであるという考え方もあるかと思うが、『隋書』と『晋書』の史書としての性格の違いを考える必要があるだろう。『晋書』は太宗御撰として権威ある書として、新羅などに恩典として与えられており、どの国にでも賜与されるものではなかったと考えられる（この点については後で詳述する）。それに対し、『隋書』は唐朝の前代史として、唐朝を正当化するために作成された一面を持っており、(18) 広く諸外国に公開すべき性格の史書であったと考えられる。すなわち、『隋書』は比較的入手しやすい史書であって、『晋書』は何らかの条件が整わなくては入手できない史書であったと考えられる。

『晋書』が利用できなかった傍証としては、『日本書紀』に『晋起居注』が用いられていることがある。もし、『日本書紀』編纂時に『晋書』が利用できたならば、記事内容に大差の無い『晋起居注』をあえて利用する必要はなかったであろう。[19]

『晋書』の日本での初見史料は、天平二年（七三〇）の「写書雑用帳」で、『漢書』などと共に書写されたことが知られる。[20]これによれば、天平二年以前に伝来したと考えてよいだろう。『日本書紀』が完成した養老四年から、初見記事のある天平二年の間に伝来したと考えるのが整合的であるが、この時期には遣唐使の帰朝はない。

しかし、新羅には六四八年に『晋書』が下賜されていることから、この間に来日した新羅使による舶載が考えられるかもしれない。[21]または、養老二年帰朝の遣唐使が持ち帰ったが、『晋書』の内容を取り込む暇が無かったということを想定すべきかもしれない。[22]いずれにしろ、『晋書』は完成後七〇年以上経過してから日本に入ってきたことになるだろう。

・『御注孝経』〈開元初注本の成立＝開元十年（七二二）、天宝重注本の成立＝天宝二年（七四三）〉

孔子が弟子の曾参に孝道を説いた内容を記録したものとされる『孝経』には多くのテキストが存在するが、唐代前半においては孔安国が『古文孝経』に注釈を加えた『孔伝孝経』と鄭玄が『今文孝経』に注した『鄭注孝経』が学令に定められた正式なテキストであった。日本の学令もそれに倣い、「孔安国・鄭玄注」の『孝経』を正式なテキストとしていた。

ところが孔伝・鄭注共に偽作の疑いがあり、ほかの経書との矛盾が問題化したため、玄宗が中心となって二度にわたり『孝経』の注釈書を編纂した。これが『御注孝経』であるが、その初度のものを開元初注本（開元始註本ともいう）、二度目のものを天宝重注本（碑に書刻されたので石台本ともいう）と区別している。開元二十五年令では「開元御注」が正式なテキストに改められたが、天宝重注本が成立すると『孝経』のテキストは重注本に一本化され、孔伝・

鄭注のみならず開元初注本も湮滅したという。[23]

『御注孝経』の日本への伝来を直接示す史料はないが、清和天皇の貞観二年（八六〇）に『御注孝経』を正式なテキストとする制が出されている。[24] この制については、坂田充氏により詳細・的確な検討が行われており、この時採用され、以後日本で長らく正統なテキストとされたのが開元初注本の『御注孝経』であったことが明らかにされている。[25]

さて、『御注孝経』の存在自体は、日本でも早くから知られていたと思われる。

〔続日本紀〕天平宝字元年（七五七）四月辛巳条

勅して曰く、（中略）古は、民を治め国を安んずるは、必ず孝を以て理む。百行の本、これより先なるは莫し。宜しく天下をして家ごとに『孝経』一本を蔵して、精勤誦習し、ますます教授を加ふべし。（後略）

この孝謙天皇の勅の内容は、唐の天宝三載十二月に出された玄宗の勅を模したもので、唐において家ごとに天宝重注本『御注孝経』の所蔵・読習が命じられたことを日本の朝廷でも把握していたことを示している。この情報については、天平勝宝五年に帰朝した遣唐使によりもたらされたものと推測されている。[26]

『御注孝経』に関する情報をもたらした天平勝宝の遣唐使が『御注孝経』そのものも将来したと考えるのが自然かもしれないが、その確証はない。[27] しかし、ここで問題にしなければならないのは、天平勝宝の遣唐使が将来したかどうかより、むしろ日本にもたらされた『御注孝経』が開元初注本であったことであろう。すなわち、天宝重注本が施行された情報を持ちながら、結局日本にはその前の開元初注本しかもたらされていないのである。それは何故かということである。[28] 最新版のテキストが何故もたらされなかったのかという問題については後で取り上げることにしたいが、『御注孝経』の伝来にこのような問題があることをまず指摘しておきたい。天平勝宝五年帰朝の遣唐使が開元初注本を将来したとしても、成立から三〇年以上の遅れがあることになる。その伝来を一番遅く考えた場合は、承和の遣唐使による将来ということになるが、一〇〇年以上の遅れということになるだろう。天宝重注本に至っては、九世紀後半成立の『日本国見在書目録』に著録されていないことを考えるならば、どんなに少なく見積もっても百数十年以上伝来に遅れがあったことになるだろう。[29]

以上、三種の唐代成立の書籍を例にとって、日本への舶来に遅れがあったことを示した。もちろん、成立後間もなく伝来した書籍があったことも事実だが、遣唐使は常に最新の書籍を将来できたわけではないことを明らかにした。[30]『顕慶礼』や『楽書要録』舶載の遅れは、決して例外的な事象ではないのである。

二　遣唐使は最善のテキストをもたらすことができたのか

唐代は基本的に写本の時代であり、伝写の過程で往々にして誤脱・錯簡・竄入などが起こるため、多くの不正確な異本が生み出されていた。唐朝は歴代王朝と同様に正確なテキストを定めるため、当代一流の学者を動員して宮廷蔵書の刊正校定に意を注いだ。[31]また、唐代の主要な著作・編纂物の原本は、皇帝に献上され、宮廷蔵書に加えられた。[32]これにより、秘府には古今の典籍の最善のテキストが揃えられることになり、学術発展の大いなる基礎となった。

誤りの多いテキストでは正しい理解が得られず、学術の混乱・停滞を招くのは必至であり、我が遣唐使もできるだけ良いテキスト（善本）の入手を図ったものと思われる。もっとも良いテキストは唐の秘閣に収められたものであり、その原本の複写が最善であるが、それが不可能であるならばできるだけ宮廷蔵書原本に近い写本が望まれたものと思われる。そのことは、次に示す吉備真備の唐での蒐書活動を記した史料に示されている。

〔日本国見在書目録〕正史家・『東観漢記』注記[33]

右、『隋書』経籍志に載せるところの数なり。而して件の『漢記』は、吉備大臣の将来するところなり。其の目録注に云はく、「此の書は凡そ二本にして、一本は百二十七巻にて、集賢院見在書と合ふ。一本は百四十一巻にて、見書と合はず。又零落の四巻を得る。又両本の目録と合はず。真備、唐国に在りて、多く営み求むるところ、竟に其の具本を得ず。故に且く写し得るに随ふこと件の如し」と。今本朝に見在するは、百四十二巻なり。

これによれば、真備は唐で書籍を探し求めるにあたって、できるだけ『隋書』経籍志や集賢院の蔵書目録に著録されたものと同じ巻数の書の入手を図っていたことが知られる。同名の書であっても巻数の違う異本が多く存在していたため、宮廷蔵書と同じ巻数であることが、善本と判定する一つの方法になっていたものと思われる。(34)

しかしながら、在唐期間が二〇年近くに及び、二度も入唐した真備にあっても、宮廷蔵書と同じ巻数の『東観漢記』完本を探し出すことは容易ではなく、ついに入手することはできなかったのである。「具本を得ず」という表現からすると、欠巻がある本（端本）を写し取ったということであろう。この一事例をもって、遣唐使船載の漢籍全般を云々できるわけではないが、少なくとも善本・完本ばかりを選んで持ち帰ったということでは無いようである。この推測は、九世紀後半までに船載され、朝廷の書庫に収められた漢籍の目録である『日本国見在書目録』（以下、『目録』と略称する）に著録された漢籍の巻数によって裏付けることができる。(35)

章末に付した表4「『日本国見在書目録』中の端本・異本（一）」は、『目録』所載漢籍のうち、隋・唐の宮廷蔵書の目録によったと思われる『隋書』経籍志や『旧唐書』経籍志・『新唐書』芸文志（以下、それぞれ隋志・旧志・新志と略称する）などに著録された漢籍と同一の書である可能性が高いと思われるもので、『目録』所載本の方が巻数が少ない書目（『目録』の注記に欠巻を示すものも含む）と巻数を整理したものである。(36)すなわち、この表に掲げた漢籍は、明らかに欠巻のある端本か、もしくは端本の可能性のあるもの、または唐の宮廷蔵書と巻数の違う異本（写本系統の異なる書）ということになる。なお、『目録』所載の漢籍の方が隋・旧・新志などより巻数が多いものも少なくなく、こうした漢籍も異本の可能性が高いが、こちらは別に表5「『日本国見在書目録』中の異本（二）」にまとめた。また、隋・唐・新志に該当書を見出せないものについては、表6「『日本国見在書目録』所載の隋・唐目録外本」にその書名・部数を示した。

表4の中から、明らかな端本と考えられるものをいくつか具体的に示そう。

礼家の『御删定礼記月令』一巻には、「『冷然録』に、一巻、第一巻と云ふ」という注記がある。もともと一巻しかない本に「第一巻」という巻数が付されることはありえないので、全何巻かは不明だが、端本であることは明らかである。『冷然録』という冷然院の書籍目録に記されていることから、冷然院に旧蔵されていた段階からすでに欠巻があったことが分かる。

同じく礼家の『礼論条牒』二巻には、「第四・第七」の注記があり、現存の二巻が第四巻と第七巻にあたることが示されている。少なくとも、第一〜三巻、第五、六巻が欠巻であることは明らかであろう。

春秋家の『閫外春秋』三巻には、「冷然院本十巻」の注記があり、七巻の欠失があることが分かる。冷然院には元一〇巻あったことから、この欠巻が船載当初からのものではなく、伝来後に生じたことが分かる。

正史家の『後魏書』一〇〇巻（隋著作郎魏彦〈深〉撰）には、下記のような注記が付けられている。

右、経籍志に載するところの数なり。而して本朝に見在する書は、（魏）収と魏彦（深）を相ひ雑へしも纔かに六十巻なり。其の余は未だ所在を知らず。今、後来の全きを待たむがために、本の数を載す。

これによれば、『後魏書』は全一〇〇巻のうち六〇巻しかなく、しかもその内には後斉僕射魏収撰の『後魏書』（一三〇巻）の一部が取り混ぜられており、「取り合わせ本」であったことが分かる。このことは、先に取り上げた『東観漢記』の場合にも同様なことが言えると思われ、「見在百四十二巻」とは、「百四十一巻」本と「零落四巻」本の取り合わせの結果と見られる。また、この『後魏書』や『東観漢記』のように、『目録』の巻数がそのまま見在の実数を示していない場合もあることには注意すべきであろう。

以上、四例を具体的に示したが、これ以外にも、小学家の『桂苑珠叢』、正史家の『東観漢記』、土地家の『山海経』・『括地志』、簿録家の『帝王目録』、雑家の『錦帯書』・『兼名苑』、五行家の『秘要』、医方家の『大清神丹経』などもその注記から端本であるのは確実と思われる。伝存した『目録』の写本が略本であるため、原本にはこれ以外の書目にも欠失を示す注記が付されていた可能性もあるが、現段階では表に掲載したものが端本である可能性を示すに止める。なお、端本については、そのすべてが舶載された当初から端本であったわけではないことは、上述した『閫外春秋』の例からも推し量られる。しかしながら、管理厳格な朝廷の秘庫に収められた舶載漢籍は、突発的な事件・災害でも無いかぎり、欠巻が生じることはほとんど無かったのではないかと思われる。(37) 従って、『目録』段階で端本であったものの多くは、『東観漢記』のように舶載時から端本であったと考えてよいだろう。

さて、表4によれば、『目録』に著録された漢籍のうち一六二部が端本もしくは異本であったことになる。また、表5によれば、それに加えて八一部が異本であったことになる。

さらに、表6によれば八七七部の本が宮廷の蔵書目録に無いもので、しかもそのうちの六二八部は国書や国人により編纂抄録されたものか、舶載書であっても撰者・来歴不明なものである。(38) 隋・唐の宮廷蔵書目録に確認できないからといって、一概にその学術的な価値や文化的な意義を否定することはできないが、(39) こうした目録外本の多くは唐代の正統な学術から外れたものであったことは間違いないであろう。『目録』中の端本・異本・目録外本を合計すると一一一〇部にも上る。概数で言うならば、『目録』所載漢籍の三分の二は「正本」ではなかったことになるだろう。(40)

遣唐使は出来うるかぎり唐代学術の正統を引いた、校訂の行き届いた善本・完本の蒐集に努めたと思われるが、その目的を達するのは容易ではなく、結果として多くの端本・異本や素性の定かでない本を持ち帰らざるを得なかったのである。唐にさえ行けば、何でも必要とする本が手に入るという状況ではなかったことは確かである。前節で明らかにした漢籍舶載の遅れと併せ、ここに、遣唐使の漢籍将来を阻む何らかの障碍が存在したことが想定されるのである。

三　写本時代の蒐書

我が遣唐使の蒐書活動を困難なものにしたのは、何と言っても唐代が写本の時代であったということに尽きるであろう。唐代の書籍の流通状況については、井上進氏の研究に詳しいが、「ある特定の書を求めて買うことなどまず不可能であり、伝録（転写）するとなればその底本を借りなければならず、これには相当の家柄なり官位なりが必要不可欠であった」という。(41) 写本時代の唐代にあっては、書籍はとても貴重品であり、市場における流通量もきわめて限られていた。そのため、誰でも彼でも書籍を入手できたわけではなく、特権階級の貴族のみが持ち得るものであった。こうした書籍の稀少さは、個人蔵書の秘密主義を生み、底本の借り出しを困難なものにした。唐・段成式の『酉陽雑俎』には、「いま、世の中で、『書物を貸すのも、返すのも、どちらも同じく阿呆だ』という」当時の人々の意識を示す逸話が載せられている。(42) 唐の博士を騙して『文選』を書き写したという吉備真備の『文選』将来説話も、唐代における借書の困難さを前提としたものと言えるであろう。(43)

借書にはそれなりの家柄・地位が必要だったとすると、外国から来た謂わばよそ者の遣唐使が書籍の所在を探し出し、それを借り受けることは非常な難事であったと思われる。東野治之氏は、唐の皇族邠王家の家政機関（邠王府）の職員が日本の遣唐使に香の処方箋を書き写し与えたという事実を明らかにされ、王家と遣唐使との間に何らかの関係が存在したことを想定された。(44)それ相応の人脈やコネが無くては、借書は不可能であったと考えられる。遣唐留学生の長期の在唐は、修学上それだけの期間を必要としたこともあろうが、唐の縉紳との間に借書のための人脈を作るという上でも必要な期間であったのではないだろうか。それにしても、このような状況を考えれば、遣唐使の蒐書に大きな限界があったことも了解されるであろう。善本・完本ばかりを写し取ることなど不可能で、ある意味手当たり次第可能なかぎり底本を借り出し、写し取るので精一杯だったのではないだろうか。

なお、遣唐使の漢籍将来と言えば、『旧唐書』倭国・日本伝の「得るところの賜賚、尽く文籍を市ひて、海に泛びて還る」という記事から、大量の書籍を買って帰国したと理解されることが多いが、上記のことから考えて、この記事に言う「文籍を市ひて」とは、借り受けた底本を人を雇って書き写させる「傭書」が大半であったと考えるべきであろう。

さて、ここで今一つの書籍入手方法について述べることにしたい。唐代には、皇帝の勅許により宮廷蔵書の複本を下賜する制度が存在した。

〔唐六典〕巻一〇、秘書省

凡そ勅によりて人に書を賜ふに、秘書に本無ければ、皆別に写して給へ。

これは、秘書省に与えるべき複本が無い場合の例外規定であるが、皇帝の許しがあれば、宮廷蔵書の一部が写し与えられていたことを示している。先にも述べたように宮廷蔵書は綿密な校訂の施された最上の善本であり、一種の宝物と言ってもよい存在であった。それ故、その下賜は恩典とも言うべき性格をもつものであったと考えられる。とりわけ、成立後間もない書籍や書写に膨大な費用がかかり、民間への流布があまり無かったと思われる大部の書籍の場合、宮廷蔵書の下賜以外に入手すべき術は無く、この上ない特典となったものと思われる。この恩典は、唐国内の臣下ばかりではなく、外国の国王などにも施された。前節でも触れたように新羅は、完成直後の太宗御撰の『晋書』を下賜されている。そのほかにも、太宗御撰の「温湯碑」および「晋祠碑」、『吉凶要礼』や『文館詞林』、『御注孝経』なども与えられたことが知られるが、多くの最新の書物の下賜は唐の忠実な藩国なればのことと考えられよう。[45]なお、『文館詞林』については、少し補足しておく必要がある。

〔冊府元亀〕巻九九九、外臣部・請求

則天垂拱二年（六八六）二月、新羅王金政明、使を遣はして礼記一部并びに新文章を請ふ。所司をして『吉凶要礼』を写さしめ、并びに『文館詞林』に於いては其の詞規誡に渉るものを採りて勒して五十巻と成し之を賜ふ。

新羅王の求めに応じて、『吉凶要礼』と一緒に『文館詞林』が写し与えられたわけであるが、全一〇〇〇巻のごく一部（五〇巻）が与えられたのであって、しかも「規誡（いましめ）に渉るもの」に限定されていることに注意したい。多くの論者が既に指摘しているように、朝鮮半島（百済・高句麗故地）の領有をめぐって唐と新羅が争った後の政治的に微妙な状況にあったことが関係しているものと思われる。[46]その意味では、坂上康俊氏が「則天武后は『規誡に渉る』ものを選ぶという行為によって、新羅に釘をさしたのである」という指摘は正しいものと思う。[47]また、誡めとして、今回は全巻の賜与を控え、部分的な下賜に留めたとも考えられる。全一〇〇〇巻というこれまでに例を見ない巨大かつ最新の学術成果を、そっくりそのまま蕃国に流出させることを惜しんだとも言えるであろう。[48]

恩典である以上、無制限に誰彼と無く賜与すべきものではなく、その都度、政治的な判断が働いた。[49]吐蕃や渤海への宮廷蔵書の下賜が行われたのが、いずれも交戦後の関係修復期であったことは、このことをよく表している。[50]宮廷蔵書の下賜は、諸外国（蕃国）を唐朝の政治支配下につなぎ止めるための謂わば「餌」として利用されたのである。それは、絹製品などの先進文物を輸出規制品とする一方で、朝貢国への「餌」＝回賜品として与えた手法と軌を一にしている。[51]

簡単には入手できない貴重なものであるからこそ、恩典としての価値が生まれるのである。唐朝が政治的な判断の下、宮廷蔵書の諸外国への下賜を制限したことは当然であり、その制限を「書禁」と呼ぶことは許されるであろう。[52]版本の時代であった宋代においては、優れたテキストが大量に民間にまで流布していたため、輸出規制の法令を設け、国外への書籍流出を防ぐ必要があった。[53]それに対し、書籍の流通量が少なく、善本が国家にほぼ独占されていた唐代にあっては、宋代のような輸出規制の法令を設ける必要は無く、皇帝（国家）の判断の下、宮廷蔵書の下賜を制限することで「書禁」の実質を得ることができたのである。[54]

唐代の「書禁」の下では、日本の遣唐使が望んだからといって、宮廷蔵書の入手が叶えられるとは限らなかった。むしろ、『日本国見在書目録』中の端本・異本・目録外本の多さや舶載書の遅れなどを考えるならば、そうした恩恵を被った形跡はあまり窺うことができないように思われる。[55]

おわりに

これまで、遣唐使の漢籍将来については、『日本国見在書目録』の総巻数やせいぜい四部・家ごとの合計巻数などあくまでも形式的な巻数のみから、いかに多くの書籍がもたらされたかということばかり論じられる傾向があったように思う。[56]しかし、もたらされた漢籍の実質や性格という内容面に視点を移すならば、漢籍の数量だけからは見えないさまざまな文化的な問題が浮かび上がって来るように思われる。

例えば、「正本」という学術の基礎となるべきテキストの将来状況から見た場合、日本古代の学術基盤が従来考えられてきたよりもかなり薄弱・狭小であったことが窺われる。この点、日本の学術の展開にどのような影響を及ぼしたかは、今後精査する必要があるだろう。また、逆に宮廷蔵書の目録に無い漢籍の多さから、唐代のアカデミズムとは異質の在野の学術・技術が古代日本に与えた影響の大きさを想定することも可能ではないだろうか。

遣唐使の文化使節としての性格が拡大解釈された結果、遣唐使は何でも自由に持ち帰ることができたかのような幻想を生んできた。しかし、遣唐使はさまざまな制約の下に置かれていたのであり、彼らを取り巻いていた国際環境や唐代という時代についての正確な認識無くしては、漢籍将来に果たした歴史的意義も彼らの本当の意味での労苦や功績も正当に評価することはできないであろう。

註

（1）唐代の文化を概観したものとして、池田温「隋・唐代前期の文化」・「唐代後期の文化」（松丸道雄ほか編『中国史2　三国～唐』山川出版社、一九九六年）がある。

（2）本記事については、太田晶二郎「吉備真備の漢籍将来」（『太田晶二郎著作集』第一冊、吉川弘文館、一九九一年、初出一九五九年）を参照。

（3）杉本直治郎「吉備真備の将来献上した一百三十巻本の『唐礼』について」（『史学研究』四三、一九五一年）および、太田氏註(2)論文を参照。

（4）孫猛「『日本国見在書目録　天文家・暦数家』考」（早稲田大学法学会『人文論集』三八、一九九九年）を参照。

（5）丸山裕美子「『楽書要録』（池田温編『日本古代史を学ぶための漢文入門』吉川弘文館、二〇〇六年、二一二頁）を参照。

（6）暦そのものと暦を作るための技術書やマニュアルである暦経・立成とは違うのではないかという意見もあるかと思うが、現実に唐代では民間において暦そのものだけでなく暦を作る技術が広まっていたのであり、それほど区別して考える必要はないと思われる。

(7)『日本国見在書目録』正史家の『東観漢記』の注記(後掲)を参照。なお、これ以外にも多くの漢籍を将来した徴証はあるが、具体的書名は明らかでない。太田氏註(2)論文を参照。

(8) 五井直弘「東観漢記」(神田信夫・山根幸夫編『中国史籍解題辞典』燎原書店、一九八九年、二六〇〜二六一頁)、同「秦漢時代」(山根幸夫編『中国史研究入門』上、山川出版社、一九八三年、一九八〜二〇〇頁)、丸山裕美子「後漢書」「東観漢記」(『日本古代史を学ぶための漢文入門』〈註(5)参照〉、二〇二〜二〇三頁)などを参照。

(9) 小島憲之「日本書紀の述作」(『上代日本文学と中国文学』上、塙書房、一九六二年)。

(10) 東野治之「『続日本紀』所載の漢文作品」(『日本古代木簡の研究』塙書房、一九八三年、初出一九七九年)。

(11) 真備には三史の櫃があり、『史記』『漢書』『東観漢記』が納められていたという。『二中暦』および『明文抄』を参照。

(12) 丸山裕美子「日本古代の地方教育と教科書」(『日本古代の医療制度』名著刊行会、一九九八年、初出一九九七年)。なお、当該史料において、三史が『東観漢記』から『後漢書』に代わっていることによっても、ここでの『後漢書』が李賢注本であるという推定を補強するものと思う。

(13) 真備帰朝の天平の遣唐使以後で、神護景雲以前の遣唐使としては、天平勝宝五年(七五三)帰朝と天平宝字五年(七六一)帰朝のものとがあるが、天平宝字の遣唐使は藤原清河を迎えるためという特殊な派遣であり、安史の乱の最中であったことから、書籍を持ち帰った可能性は低いと思われる。それに対し、天平勝宝の遣唐使は、多くの仏経典を舶載したことで知られるので、こちらの遣唐使が持ち帰った可能性が高いと考えられる。

(14) 池田温「魏晋南北朝時代」(山根幸夫編『中国史研究入門』上、山川出版社、一九八三年、二七八〜二七九頁)、丸山裕美子「晋書」(『日本古代史を学ぶための漢文入門』〈註(5)参照〉、二〇三〜二〇四頁)などを参照。

(15) 貞観二十二年(六四八)、太宗が来朝した新羅の金春秋に対し、自らの手になる「温湯碑」と「晋祠碑」、そして新撰の『晋書』を賜与している(『旧唐書』東夷伝・新羅条など)ように、特別な恩典としての意味づけがされていたことが分かる。また、先に示した『続日本紀』神護景雲三年(七六九)十月甲辰条に見えるように、三史と並ぶ位置付けがされていたことが知られる。

(16) 小島氏註(9)論文を参照。

(17)『晋書』は、『日本書紀』以後においては、『続日本紀』以下の正史や『令集解』など多くの書に引用されている。
(18)『隋書』において、煬帝が殊さらに悪帝として描かれていることは有名であろう。布目潮渢「隋唐帝国の成立」(『布目潮渢中国史論集』上、汲古書院、二〇〇三年、初出一九七〇年)などを参照。
(19)『日本書紀』における『晋起居注』の引用は、神功皇后摂政六十六年条注に見られる。なお、小島氏註(9)論文では、この『晋起居注』は孫引きによるものではないかという疑念を示している(三五六頁)。
(20)『大日本古文書』第一巻、三九四頁。ここに見える『晋書』は、晋の王隠撰の『晋書』である可能性も指摘されているが、翌年の「皇后宮職解」(『大日本古文書』第一巻、四四五頁)において『晋書』に一三帙あったことが示されており、一帙一〇巻とした場合、一三〇巻という巻数が合致していることから太宗御撰の『晋書』と見てよいだろう。
(21)この間の新羅使の来日は、養老五年(七二一)、養老七年、神亀三年(七二六)の三度を数える。
(22)養老二年の遣唐使によりもたらされた金光明最勝王経が『日本書紀』の述作に用いられたことは有名だが、短期間の内に新来の書籍を『日本書紀』に利用できたのは、その経典をもたらした本人であり、唐においてすでに経典内容を研究していた道慈が直接述作に関わったという特殊な事情があったからだと思われる。新渡の書籍を読み込み、述作に利用することができるくらい内容を熟知・理解するにはそれなりの時間が必要であっただろう。
(23)『孝経』の書誌については、註(8)の諸文献および、武内義雄・坂本良太郎訳注『孝経・曾子』(岩波文庫、一九四〇年)、坂田充「『御注孝経』の伝来と受容――九世紀日本における唐風化の一事例として――」(『学習院史学』四三、二〇〇五年)を参照。
(24)『日本三代実録』貞観二年(八六〇)十月十六日条。
(25)坂田氏註(23)論文を参照。
(26)註(25)に同じ。
(27)丸山裕美子「律令国家と医学テキスト――本草書を中心に――」(『法史学研究会会報』一一、二〇〇六年)は、『御注孝経』が天平宝字元年の段階で舶載されていたことを述べられており、貞観二年まで正規のテキストにならなかったのは、律令国家のテキスト改定に対する慎重な態度を示すものだとされている。天平宝字段階で『御注孝経』が伝来していた確証は無いと思うが、漢籍の舶載時期と施行時期に大きなズレが存在することを明らかにした好論と思う。

(28) この問題について提議されたのは、坂田氏である。坂田氏註(23)論文を参照。

(29)『日本国見在書目録』には、玄宗注の『孝経』は一種しか著録されておらず、これは開元初注本と考えられている。坂田氏註(23)論文を参照。

(30) ここで検討した唐代の書籍三種以外にも、『貞観政要』、『開元礼』、『唐六典』なども日本への伝来に遅れがあったと推定されている。『貞観政要』については、原田種成『貞観政要の研究』(吉川弘文館、一九六五年)、池田温「『貞観政要』の日本流伝とその影響」(『東アジアの文化交流史』吉川弘文館、二〇〇二年)などを参照。『開元礼』については、弥永貞三「古代の釈奠について」(『日本古代の政治と史料』高科書店、一九八八年、初出一九七二年)、古瀬奈津子「儀式における唐礼の継受」(『日本古代王権と儀式』吉川弘文館、一九九八年、初出一九九二年)、河内春人「日本古代における昊天祭祀の再検討」(『古代文化』五二―一、二〇〇〇年)などを参照。『唐六典』については、利光三津夫「『唐六典』の日本における用例について」(『律令研究続貂』慶応通信、一九九四年、初出一九九〇年)を参照。

(31)『唐会要』巻三五、経籍には、唐朝がたびたび四部書の刊正・校定に努めていたことが記されている。また、秘書省などにおいて、恒常的な典籍の讎校・刊正も行われていた(『唐六典』巻一〇、秘書省、校書郎・正字条)。

(32)『唐会要』巻三六、修撰には、唐代に修撰された多くの書物が秘書省(秘府・秘閣)に収蔵されたことが記されている。

(33)『日本国見在書目録』の引用は、主として矢島玄亮『日本国見在書目録――集証と研究――』(汲古書院、一九八四年)によっているが、この『東観漢記』の注記部分の録文には錯簡があるため、『日本国見在書目録』(名著刊行会、一九九六年)の写真版によって改めている。

(34)『隋書』経籍志は隋代の宮廷蔵書目録の内容を反映していたと考えられ、集賢院の蔵書目録は開元年間の宮廷蔵書の内容を示していたと思われる。

(35)『日本国見在書目録』の史料的性格については、狩野直喜「日本国見在書目録に就いて」(『芸文』一―一、一九一〇年)、山田孝雄「帝室博物館御蔵　日本国見在書目録　解説」(『日本国見在書目録』名著刊行会、一九九六年、初出一九二五年)、和田英松「日本見在書目録に就いて」(『史学雑誌』四一―九、一九三〇年)、小長谷恵吉『日本国見在書目録解説稿』(小宮山出版、一九五六年)、太田晶二郎「日本国見在書目録　解題」(『太田晶二郎著作集』四、吉川弘文館、一九九二年、初出一九六一年)、矢島氏註(33)書などを参照。

(36)　大まかに言って、『隋書』経籍志は隋〜初唐、毋煚の『古今四部目録』によった『旧唐書』経籍志は盛唐期（開元年間）の宮廷蔵書目録の内容を示していると思われる。『新唐書』芸文志は、『旧唐書』経籍志に欠けている開元以後の書も補われている。倉石武四郎『目録学』（東京大学東洋文化研究所附属東洋学文献センター刊行委員会、一九七三年）、興善宏・川合康三『隋書経籍志詳攷』（汲古書院、一九九五年）などを参照。

(37)　朝廷の秘庫の一つが置かれた冷然院の火災については、『日本三代実録』貞観十七年（八七五）正月二十八日条を参照。「秘閣収蔵の図書・文書、灰燼となる」と記され、冷然院所蔵の漢籍が灰燼に帰したことが知られる。しかし、図書寮や嵯峨院など何カ所かに副本が所蔵されていたと考えられ、冷然院の消失がそのまま見在漢籍の喪失を意味したとは思われない。冷然院のみが収蔵した漢籍もあったと思われるが、それがどの程度のものであったかは不明である。

(38)　矢島玄亮「日本国見在書目録の研究」〈同氏註(33)書所収〉は『日本国見在書目録』中の国書一二種、日本人の編纂抄録と思われるもの一五一種を挙げている。

(39)　例えば、『日本国見在書目録』中には、陸善経の著作として、『周易』八巻、『古文尚書』一〇巻、『周詩』一〇巻、『三礼』三〇巻、『春秋三伝』三〇巻、『論語』六巻、『孟子』七巻、『列子』八巻の八種が著録されているが、旧志にも新志にも見えない。陸善経は開元・天宝期の著名な学者であったが、その著作が旧志の本になった『古今四部目録』後の成立であり、新志に漏れたのは安史の乱により喪われてしまったためと推察される。開元・天宝期の重要な著作の内には、安史の乱で湮滅してしまったものも少なくなかったと思われる。なお、陸善経については、新美寛「陸善経の事蹟に就いて」（『支那学』九―一、一九三七年）を参照。

(40)　『日本国見在書目録』所載漢籍の総数については、いくつか説があるが、ここでは矢島氏註(33)書に従い、一五七九部とする。国書ないしは日本人が編纂抄録したものを一〇〇部前後と考えると、全一五〇〇部前後の内、端本・異本・目録外本は一〇〇〇部ほどになり、だいたい三分の二が「正本」ではないということになろう。なお、『目録』の巻数表記にも誤りがあるものも少なくないと思われ、その意味でも概数とならざるを得ない。また、『目録』に載らない舶載本も少なくないと思われるので、あくまでも日本の朝廷蔵書に限った目安ということになるだろう。

(41)　井上進『中国出版文化史　書物世界と知の風景』（名古屋大学出版会、二〇〇二年）一〇一頁。

(42)　今村与志雄訳注『酉陽雑俎　四』（東洋文庫四〇一）』（平凡社、一九八一年）一六四頁。なお、原文は『酉陽雑俎』続集巻

四に「今人云、借書・還書等為二癡一」となっている。

(43)『江談抄』第三・雑事一「吉備入唐の間の事」および『吉備大臣入唐絵詞』などを参照。また、太田晶二郎「吉備大臣入唐絵詞を読んで」(『太田晶二郎著作集』一、一九九一年、初出一九六五年)も参照。

(44) 東野治之「遣唐使の諸問題」(『遣唐使と正倉院』岩波書店、一九九二年、初出一九九〇年)。

(45)『御注孝経』の下賜は、『三国史記』巻九、新羅本紀・景徳王二年(七四三)三月条に見える。坂田氏註(23)論文は、この『御注孝経』を日本同様に開元初注本と考えられている(八三頁)。

(46) 石井正敏「日本通交初期における渤海の情勢について」(『法政史学』二五、一九七三年)、古畑徹「七世紀末から八世紀初にかけての新羅・唐関係」(『朝鮮学報』一〇七、一九八三年)、坂上康俊「書禁・禁書と法典の将来」(『九州史学』一二九、二〇〇一年)などを参照。

(47) 坂上氏註(46)論文、七頁。

(48) 坂上氏註(46)論文は、新羅に『文館詞林』の抄出版を賜与して間もない時期の、大宝の遣唐使が『文館詞林』全巻を日本に将来したと推定されているが、この時に全巻をもたらしたかははなはだ疑問がある。坂上氏の根拠は、冷然院・嵯峨院旧蔵の弘仁写本の『文館詞林』に則天文字が見られることにあるが、それだけでは論拠薄弱であろう。筆者としては、以下の理由により、坂上氏の説は成立しないと考える。まず、則天文字だが見られる巻と見られない巻があり、また「儀鳳二年五月十日　書手　呂神福写」という識語の有無といった巻による違いも見られる。日本古代においては、唐本をまったく書き換えることなく忠実に書写していたとされることを考えると、弘仁写本の底本となった唐写本の『文館詞林』は異本を取り混ぜた取り合わせ本であった可能性が高いと思われる。そもそも弘仁写本が一〇〇〇巻存在した証拠はどこにも無いのであり、また則天朝の『楽書要録』が天平の遣唐使によりもたらされたことを考えても、大宝の遣唐使が『文館詞林』全巻を持ち帰ったとする坂上氏の結論には従うことができない。確かに『日本国見在書目録』には『文館詞林』一〇〇〇巻が著録されているが、それがいつごろ日本にもたらされたかについてはもっと慎重に検討する必要があるだろう。『日本国見在書目録』の一〇〇〇巻という巻数も見在数なのかは定かではないし、なぜ現存本が寺院に払い下げられ、経典の料紙に転用されたかも含めて、検討すべき問題は多いと思われる。なお、『文館詞林』中の則天文字の使用については、蔵中進『則天文字の研究』(翰林書房、一九九五年、八六〜九三頁)を参照。

(49) 敵国を利するような情報を含む書籍の下賜を制限することもあるだろうし、中国の文化的な優位性を損なうような書籍の流失を防ぐ場合もあっただろう。また、どのような外交局面においてどのような書籍を賜与することが効果的かという判断も働いたことと思う。
(50) 『唐会要』巻三六、蕃夷請経史を参照。また、註(46)の各論文を参照。
(51) 本書第一部第四章を参照。
(52) 坂上氏は「書禁」にはそれを命じた規定（法令）が必ず存在していると考えられているようだ〈註(46)論文〉が、坂上氏が基づかれた宮崎市定「書禁と禁書」（『東西交渉史論』中央公論社、一九九八年、初出一九四〇年）においても、次の引用箇所（一三三頁）に示されるように、「書禁」にはそうした法令が存在していない場合も想定されている。すなわち、規定（法令）の有無だけで、「書禁」の存否を決定することはできないであろう。
　日本の永正六年、明の正徳四年に、日本から孔子を祀る儀注を要求しているが、それが拒絶されている所を見ると、たとえ明律の中に輸出禁止品として特に書籍が挙げられていなくても、事実書禁が存在していたに違いない。室町幕府の外交顧問は多く五山の僧侶であったから歴史などに興味を有していなかったせいもあろうが、当時日本で、元末明初に出来た宋史、遼史、元史の中、元史を除いた外は読まれたらしい形迹もなく、それが輸入せられたらしく見えないのは、明が一方で史書の輸出を禁止していた為と思われる（註略）。

唐代においても書籍の輸出禁止を命じた法令は確認できないが、明代同様に書籍の流出制限の実質があったことをもって「書禁」が存在したとすることに問題はないだろう。
(53) 宋代の書禁については、宮崎氏註(52)論文、森克己「日唐・日宋交通における史書の輸入」「日宋交通と宋代典籍の輸入」「宋代槧本の禁輸と日本への流出」（いずれも『森克己著作選集』第四巻、国書刊行会、一九七五年）などを参照。
(54) 南斉朝の「『五経集註』・『論語』は外出せず」という秘閣図書の例（『冊府元亀』巻九九九、外臣部・請求、南斉武帝永明六年〈四八八〉条）のように、外国に賜与すべきではない書籍についての内規的なものが存在した可能性はあるだろう。
(55) 日本の遣唐使が書籍の下賜を受けた例としては、中臣名代が『老子』を与えられたことが唯一知られる（『冊府元亀』巻九九九、外臣部・請求、『太平寰宇記』巻一七四・四夷・倭国条）。
(56) 森克己『遣唐使』（至文堂、一九六六年）一三二〜一三五頁などを参照。

表4　『日本国見在書目録』所載の端本・異本（1）

部	家	書名	本来の巻数	見在の巻数	備考
経	1 易	帰蔵（晋太尉参軍薛貞注）	一三	四	隋志は一三巻とする。
		周易講疏（陳諮議参軍張譏撰）	三〇	一〇	隋・旧・新志すべて三〇巻とする。
		周易講疏（国子祭酒何妥撰）	一三	一二	隋・旧・新志すべて一三巻とする。
		周易私記	二〇	一四	隋志は撰者未詳で二〇巻とする。
		周易流演	五か	一	宋志（五行）に「成玄英　易流演五巻」と見える。
		周易難問（周易問難か）	二	一	隋志は二巻とする。
	2 尚書	尚書鴻範五行伝論	一一	一〇	隋・旧・新志すべて一一巻とする。
		尚書義疏	四〜三〇	二	隋・旧・新志には複数の書をあげるが、四〜三〇巻とする。
	3 詩	毛詩義疏	五〜二九	二	隋志は複数の書（五〜二九巻）を挙げるが、旧・新志はともに張氏撰の五巻本のみを示す。
		毛詩音義（徐邈撰）	二	一	隋志に「毛詩音二巻徐邈撰」とある。
	4 礼	礼記（王粛注）	三〇	二〇	隋・旧・新志すべて三〇巻とする。
		＊御刪定礼記月令	？	一	「冷然録云一巻第一巻」の注記あり。
		三礼義宗	三〇	二〇	隋・旧・新志すべて三〇巻とする。
		＊礼論条牒	？	二	「第四第七」の注記あり。
		喪服要略	二	一	隋志は二巻とする。
	5 楽	律呂旋宮図	二か	一	元亨釈書巻一六力遊に永忠が唐より二巻持ち帰ったことが見える。
	6 春秋	春秋述義	四〇か三七	三〇	隋志は四〇巻、旧・新志は三七巻とする。
		春秋正義	三七か三六	三〇	旧志は三七巻、新志は三六巻とする。
		春秋公羊伝（王氏注）	一三か一二	一〇	隋志は一三巻、旧・新志は一二巻とする。
		春秋穀梁伝（范甯集解）	一二	一一	隋・旧・新志すべて一二巻とする。
		＊閫外春秋	一〇	三	「冷然院本十巻」の注記あり。新志（雑史）・宋志（別史）に、「李筌閫外春秋十巻」と見える。
	8 論語	方言	一三	一〇	隋・旧・新志すべて一三巻とする。
	9 異説	河図	二〇	一	隋志に二〇巻と見える。

	10 小学	孝経雄雌図	三か二	一	隋志には三巻と異本二巻が見える。
		蒼頡篇（蒼頡か）	二	一	隋志に「梁有蒼頡二巻」と見える。
		字林	七か一〇	二	隋・新志は七巻、旧志は一〇巻とする。
		書林	一〇か六	五	旧・新志（総集）は夏赤松撰として六巻とする。隋志（総集）は撰者不明で一〇巻のものと、夏赤松撰として「応璩書林八巻」をあげる。
		石経尚書	六か五か八	一	隋志には「一字石経尚書六巻」と「梁有今字石経鄭氏尚書八巻亡」があげられている。旧・新志は「今字石経尚書五巻」が著録されている。
		＊桂苑珠叢	一〇〇	一〇	「李思博撰。第一帙。件文本一百巻。而見在呂第一帙。其余未知在否云々」の注記あり。旧・新志ともに、諸葛穎撰一〇〇巻とする。
		韻編（韻篇か）	一二	一〇	旧・新志ともに趙氏撰一二巻とする。
		韻海鏡源（顔真卿撰）	三六〇	五	新志は三六〇巻とする。
		四声韻略	一三	四	隋・旧・新志すべて一三巻とする。
		韻詮（武玄之撰）	一五	一〇	新志は一五巻とする。なお、宋志には撰者不明の一四巻を著録する。
史	11 正史	漢書音義	七か一二	三	隋志には、七巻本と一二巻本がある。
		漢書賛（漢書纘か）	一八	九	隋志は一八巻とする。
		＊東観漢記	一四三	一四二	巻数表記は隋志と同じ「百四十三巻」となっているが、注記には「今本朝見在百四十二巻」とある。旧志は一二七巻、新志は一二六巻。
		范漢音（范漢音か）	三	二	隋志は三巻とする。
		晋書（王隠撰）	八六か八九	七六	隋志は八六巻、旧・新志は八九巻とする。なお、隋志によれば本九三巻。
		＊後魏書	一〇〇	六〇	注記に「右経籍志所載数也。而本朝見在書、収魏彦相雑纔六十巻也」とある。
	12 古史	晋陽秋	三二	三〇	隋・旧・新志すべて三二巻とする。
	13 雑史	周書（汲冢書）	一〇	八	隋・新志ともに汲冢周書は一〇巻とする。
		呉越春秋	一二か一〇	七	隋・旧・新志すべて一〇巻本と一二巻本を著録する。
		小史	六〇か一二〇	五〇	新志には「一百二十巻、高峻。初六十巻、其子迥釐益」と注記あり。
	15 起居注	晋起居注	三一七か三二〇	三〇	隋志は三一七巻、旧・新志は三二〇巻とする。
	16 旧事	魏文貞故事	八か	六	新志には「張大業魏文貞故事八巻」と見える。ただし、同じく新志に載せる「劉禕之文貞故事六巻」の可能性もある。

19 刑法	唐貞観勅格（貞観格か）	一八	一〇	旧・新志ともに一八巻とする。
	唐永徽格	一八か七か一一	五	旧・新志には、永徽の格として「散頒（行）天下格七巻」、「留本司行格十八巻」、「永徽留本司格後十一巻」とある。
	垂拱留司格	六	二	旧・新志ともに六巻とする。
	開元新格	一〇	五	新志には、「開元新格十巻」とある。
	格後勅	四〇か五〇	三〇	新志には「大和格後勅四十巻」と「格後勅五十巻」を著録する。
20 雑伝	旋異記	一五	一〇	隋・旧・新志すべて一五巻とする。
	西域求法高僧伝	二	一	旧志に、「西域求法高僧伝二巻　釈義浄撰」とある。
	研神記	一〇	一	隋・旧・新志すべて一〇巻とする。
	七賢伝	七か五	一	隋志は五巻、旧・新志は七巻とする。
21 土地	*山海経	二一か二三	一八	注記に「郭璞注、見十八巻」とある。なお、新志には「郭璞注山海経二十三巻」とあるが、旧志には「山海経十八巻　郭璞撰」とある。隋志は新志と撰者・巻数同じ。
	山海経図賛	二	一	旧志に「山海経図讃二巻　郭璞撰」とあり、隋志・新志も撰者・巻数同じ。
	輿地志	三〇	二〇	隋志・旧志・新志すべて三〇巻とする。
	*括地志	六〇〇か五五〇	一	注記に「元数六百巻。図書録只載第一巻」とある。なお、旧志には「括地志序略五巻」、新志には「括地志五百五十巻。又序略五巻」と見える。
	両京新記	五	四	新志に「韋述両京新記五巻」とある。なお、聖教では三巻とある。
	関東風俗伝	六三	一〇	旧志・新志（雑史）ともに六三巻とする。
22 譜系	釈迦譜	一〇か五	一	新志（道家）や請経には一〇巻とある。また、請経には五巻の異本もあることが示されている。なお、請経には、「釈迦氏略譜一巻　或无略字」とあり、この本を指すか。
23 簿録	*帝王目録	二か三	一	巻数・注記に「一、上巻」とある。
子				
24 儒	孫卿子	一二	一〇	隋志・旧志は一二巻とする。新志の「荀卿子十二巻」とあるのは、「孫卿子十二巻」の誤りか。なお、目録の「十」の下に空白があり、「一二」の脱字の可能性もあり。
	要覧	一〇か五	一	隋志には「要覧十巻」とあり、旧・新志には「要覧五巻」とある。撰

				者はすべて「呂竦」とする。
25 道	老子（王弼注）	二	一	隋志には「老子道徳経　二巻　王弼注」とあり、旧志には「玄言新記道徳　二巻　王弼注」、新志には「王弼注新記玄言道徳二巻」とある。なお、律書には「王註老経一巻」とある。
	老子指帰	一四か	一三	旧・新志は一四巻とする。なお、隋志は一一巻とする。
	老子疏（玄宗御製）	八	六	新志には「玄宗注道徳経二巻。又疏八巻」と見える。なお、宋志には「唐玄宗道徳経音疏六巻」と見える。
	荘子（司馬彪注）	二一	二〇	旧・新志ともに二一巻とする。なお、隋志には「荘子十六巻　司馬彪注本二十一巻、今闕。」とある。
	荘子義疏（王穆夜撰）	一〇	九	旧・新志ともに「王穆」の撰で「荘子疏」一〇巻と見える。
	荘子疏（西華寺法師成英撰）	一二	一〇	旧・新志ともに「成玄英」の撰として、「荘子疏」一二巻とする。
	符子	二〇か三〇	六	隋志は二〇巻とするが、旧・新志は三〇巻とする。
26 法	商君書	五	三	隋・新志ともに五巻とする。旧志には「商子五巻　商鞅撰」と見える。
	韓子	二〇	一〇	隋・旧・新志すべて二〇巻とする。
30 雑	古今善言	三〇	二一	隋・旧・新志すべて三〇巻とする。
	文府	二〇か	一二	新志（総集）は二〇巻とするが、旧・新志には七巻本、隋志には五巻本あり。
	文府	五か	二	上記に同じ。
	＊錦帯書	八か	三	宋志（類事）に「孟詵錦帯書八巻」とある。また注記に「一、二、三」とある。
	類文	三七七か三六二	二一三	新志は三七七巻とする。宋志は三六二巻とする。
	＊兼名苑	二〇か三〇	一五	「今案三十巻」の注記あり。新志（名家）には「僧遠年兼名苑二十巻」とある。なお、旧志（名家）は「兼名苑十巻釈遠年撰」とする。
	帝範	四	二	旧・新志共に四巻とする。なお、宋志は二巻とする。
	類林	一〇	五	新志（類書）・宋志（類事）には「于立政類林十巻」、宋志（伝記）には「于政立類林十巻」とある。なお、新志（小説）には「裴子野類林三巻」とある。
	破邪論（破邪論の誤り。琳法	三か二	一	旧志（道）に「破邪論三巻釈法琳撰」、新志（道）に法琳撰として「破

	郎撰）			邪論二巻」とする。なお、新志（道）には、楚南撰の「破邪論一巻」も見える。
	咲道論（笑道論）	三	二	旧・新・宋志（道）すべて三巻とする。
	中論	六か	四	旧志に「徐氏中論六巻徐幹撰」とある。
33 兵	軍令	八	五	隋志では八巻とする。
	兵書論要（兵書要論か）	七	一	隋志に「兵書要論七巻　亡」とある。
	金海	四七	三七	旧・新志ともに四七巻とする。隋志は三〇巻とする。
34 天文	天文要集	四か三	一	隋志に四〇・四・三巻の三種あり。
	天文書	二	一	隋志は二巻とする。
	天官星占	一〇	六	隋志は一〇巻とする。
	雑星占	一〇か七	一	隋志には、一〇巻本と七巻本の二本が記されている。
35 暦数	＊元嘉暦	二	一	隋・旧・新志すべて二巻とする。
36 五行	五行大義（蕭吉撰）	五	一	宋志は五巻とする。なお、旧・新志は「五行記五巻」とする。
	五姓宅撓（五姓宅経か）	二〇か二	一	旧志は二巻、新志は二〇巻とする。
	六王雑占（六壬式経雑占か）	九	一	隋・新志に「六壬式経雑占九巻」とある。目録の「六壬式雑占書」と同じ書か。
	六壬経（六壬式経か）	三	二	隋志に「梁有六壬式経三巻亡」とある。
	六壬式雑占書	九	一	上記の「六壬雑占」と同一か。
	＊秘要	？	三	「第三、四、五」の注記あり。
	周易新林（郭璞撰）	九か四	三	隋志に九巻本と四巻本あり。
	周易筮（周易筮占か）	二四か	四	隋・旧・新志ともに二四巻とする。
	周易享氏占	一二	九	隋志に「周易占　十二巻　京房撰」とあり、目録の「享氏」は「京氏」の誤記であろう。
	遁甲	三五か三	六	隋志には三五巻本と三巻本あり。なお、旧・新志には遁甲経一〇巻あり。
	遁甲（信都芳撰）	三三か二	一	隋志は三三巻、新志は二巻とする。
	大唐陰陽書	五三	五一	目録は「新撰陰陽書」を呂才撰としているが、「大唐陰陽書」への注記を誤ったものと思われる。なお、「新撰陰陽書」を五〇巻としているが、三〇巻の誤りであろう。

37　医方

天鏡経（天鏡か）	二	一	隋志は二巻とする。
乾坤鏡	二	一	隋志は二巻とする。
大清諸草木方集要	三	一	旧・新志ともに三巻とする。
＊大清神丹経	三か	一	注記に「上篇一」とあり、『抱朴子』金丹篇に「正丹経上中下、凡三巻為り」と見える。隋志には「太清神丹中経三巻」とする。新志は「太清神丹中経　一巻」とあるが、旧・
太清金液丹経	三か	一	宋志（道）に「太清金液神丹経三巻」と見える。
桐君薬録	三	二	隋・旧・新志ともに三巻とする。
方集（集方か）	三〇	二九	隋・旧・新志ともに三〇巻とする。
雑要酒方（雑薬酒方か）	一五	八	隋志に「雑薬酒方　十五巻」とある。
葛氏肘後方（陶弘景撰）	九か六	三	隋志の「陶弘景補闕肘後百一方九巻」か、旧・新志の「補肘後卒急備急方六巻」か。
張仲景方	一五	九	隋・旧・新志ともに一五巻とする。
徐大山随手方（堕年方か）	二	一	隋志に「堕年方二巻　徐太山撰」とある。旧・新志に見える「徐氏落年方三巻」と同一の本か？
道引法図（道引図か）	三	一	隋志は三巻とする。
雑丸方	一〇	一	隋志に「雑丸方十巻」とある。
龍樹菩薩和香方	二	一	隋志に「龍樹菩薩和香方二巻」とある。
経心録方	八か一〇	六	隋・旧志は八巻とし、新志は一〇巻とする。
延年秘録方（延年秘録か）	一二か	四	旧・新志は一二巻とする。宋志は一一巻とする。書名はすべて「延年秘録」。
新修本草（孔志約撰）	二一	二〇	旧・新志共に蘇敬撰。二一巻とする。孔志約撰の本草音義と混乱あるか。
本草音義（甄立言撰）	七	三	隋・新志は七巻とする。
本草音義（殷子厳撰）	二	一	旧・新志ともに二巻とする。
類聚方経（類聚方か）	二六〇〇	一二〇	隋志には「四海類聚方二千六百巻」、旧・新志には「類聚方二千六百巻」と見える。
黄帝針灸経	一二	一	隋・旧・新志すべて一二巻とする。
删繁論（删繁方か）	一三か一二	一〇	隋志は一三巻、旧・新志は一二巻とする。

集			
39 別集			
謝優集（謝偃集か）	一〇	七	旧・新志ともに一〇巻とする。
張昌齢集	二〇	一〇	新志は二〇巻とする。
陸倕集	二〇か一四	八	隋志は一四巻、旧・新志は二〇巻とする。
沈炯後集	一三	一〇	隋・旧・新志すべて一三巻とする。
崔融集	四〇か六〇	一〇	旧志は四〇巻、新志は六〇巻とする。
許敬宗集	六〇か八〇	二〇	旧志は六〇巻、新志は八〇巻とする。なお、旧伝には、「文集八十巻」と見える。宋志は一〇巻とするが、残本であろう。
張正見集	一四か四	三	隋志は一四巻、旧・新志は四巻とする。
王昌齢集	一〇	一	宋志は一〇巻とする。ただし、空海将来本は一巻（雑文）。
張説集	三〇か二〇	一〇	新志は二〇巻、宋志は三〇巻とするが、旧伝では「文集三十巻」と見える。
河南子集（褚遂良集か）	二〇	一〇	旧・新志ともに「褚遂良集二十巻」と見える。
文皇帝集（太宗文皇帝集か）	四〇か三〇	一	旧志には「太宗文皇帝集三十巻」、新志には「太宗集四十巻」と見える。
任昉集	三四	二八	隋・旧・新志ともに三四巻とする。宋志は六巻とするが残本であろう。
韋永慶集（韋承慶集か）	六〇	一	旧・新志ともに「韋承慶集六十巻」とする。
盧昇之集（盧照鄰集）	二〇	一	旧伝に「盧照鄰字昇之」とある。旧・新志ともに二〇巻とする。
王涯集	一〇	一	新志は一〇巻とする。
王僧贈集（王僧孺集か）	三〇	一六	隋・旧・新志すべて三〇巻とする。
煬帝集	五五か三〇	二八	隋志は五五巻、旧・新志は三〇巻とする。
班固集	一七か	一二	隋志は一七巻とする。旧・新志の一〇巻本は異本か。
蕭琮集	七	二	隋志は七巻とする。旧・新志なし。
温子昇集	三九か三五	二八	隋志は三九巻、新志は三五巻とする。旧志は二五巻とするが、三五巻の誤りか。
洪偃集（陳沙門釈洪偃集）	八	七	隋志は八巻とする。旧・新志なし。
呉少微集	一〇	五	旧・新志ともに一〇巻とする。
徐彦伯集	二〇か一〇	三	旧・新志ともに、前集一〇巻・後集一〇巻とする。
喬知之集	二〇	二	旧・新志ともに二〇巻とする。
庚希銑集（康希銑集か）	二〇	三	新志は二〇巻とする。
元氏長慶集	一〇〇	二五	新志は一〇〇巻とする。

40 惣集	白氏長慶集	七五か五〇	二九	新志は七五巻とするが、白氏文集前集五〇巻のみを白氏長慶集とすべきか。
	兎園策	一〇	九	宋志は一〇巻とする。
	詩苑英（古今詩苑栄華集か）	一九か二〇	一〇	隋志は一九巻、旧・新志は二〇巻とする。
	続古今詩苑栄華集	二〇	一〇	旧・新志ともに二〇巻とする。
	河嶽英霊集	二か三	一	新・宋志は二巻とする。なお、現行本は三巻。
	類集	一一三	二	旧・新志ともに一一三巻とする。
	連珠（梁武帝制旨連珠か）	一〇か	七	隋志は「梁邵陵王綸注」のもののほか七種の『連珠』をあげるが、目録に「瑗」と注記があることによれば、陵王綸注が当たるか。なお、目録では、「陵」字を「瑗」字に誤るもの多し。
	劉白唱和集	三	二	新・宋志は三巻とする。
	任司文孝恭集（任孝恭集と同じか）	一〇	一	隋・旧・新志ともに一〇巻とする。なお、目録（別集）に「任孝恭集十一」と見えるが、別本か。
	類文	三七六か三六二	二一三	雑家の「類文」の重出か。
全一六三部				

（凡例）

1．本表は、『日本国見在書目録』所載漢籍のうち、『隋書』経籍志・『旧唐書』経籍志・『新唐書』芸文志所載漢籍と同一の書である可能性が高いにもかかわらず、それらよりも巻数が少なく、端本ないし異本（写本の系統の異なる書）と思われるものと、『日本国見在書目録』の注記から端本であることが分かる書名を整理したものである。

2．書名の頭に＊印のあるものは、端本であることが確実なものである。

3．備考欄の「隋志」は隋書経籍志の、「旧志」は旧唐書経籍志の、「新志」は新唐書芸文志の、「宋志」は宋史芸文志のそれぞれ略称である。また、日本国見在書目録の家分類と違った家に所収されている場合には、「○志（△）」のように（ ）の中に家名を記す。また、「注記」とは、『日本国見在書目録』の巻数表記の下ないし横に書かれた注文を指す。

4．備考欄の上記以外の略称は以下の通り。

「旧伝」『旧唐書』の列伝

「目録」『日本国見在書目録』

「聖教」円仁「入唐新求聖教目録」（『平安遺文』第八巻四四五五、『大正新修大蔵経』第五五冊目録部№二一六七）

「請経」天平勝宝四年正月二十五日付「可請本経目録」（『大日本古文書』一二巻二一〇～二一六頁）

「律書」恵運「恵運律師書目録」（『大正新修大蔵経』第五五冊目録部№二一六八Ｂ）

「通志」鄭樵『通志』芸文略

「雑文」空海「献雑文表」（『性霊集』巻四）

表5 『日本国見在書目録』所載の異本（2）

部	家	書名	部数
経	4 礼	『五服図』	一三部
	6 春秋	『春秋発題』『駮何氏漢議』『春秋弁疑』『春秋文苑』	
	7 孝経	『越王孝経』	
	9 異説	『易緯』『春秋緯』	
	10 小学	『急就篇注序』『説文解字』『字書』『詩評（六巻）』『文章始』	
史	11 正史	『漢書問答』	一四部
	12 古史	『続晋陽秋』	
	13 雑史	『戦国策』『呉越記』『帝王世紀』	
	19 刑法	『唐永徽令』『唐永徽式』	
	20 雑伝	『神仙伝』『冥宝記』『列女伝讃』	
	21 土地	『十洲記』『暦国』『坤元録』『西域記』	
子	24 儒	『揚子太玄経』	四二部
	25 道	『老子義疏』『荘子義疏（二十巻）』『玄書通義』	
	26 法	『管子』	
	30 雑	『淮南子』『風俗通』『文府』『語麗』『彩璧』『王府新書』『貞観政要』『弁正論』	
	33 兵	『孫子兵書（三巻）』	
	34 天文	『天文要集（四十三巻）』『石氏星経簿讃』『周髀』	
	35 暦数	『漏剋経』『長暦』『麟徳暦』『海島』『暦注』	
	36 五行	『九宮経（鄭司農経）』『易髄』『易林』『遁甲（袁宏等撰）』『三元九宮遁甲』『遁甲立成』『新撰陰陽書』『握鏡』『東方朔書』 『青鳥子』『玉女返閉』『飛鳥立成』	
	37 医方	『黄帝素問』『黄帝八十一難経』『葛氏肘後方』『千金方』『治婦人方（療婦人方）』『芝草図』『産経』『劉涓子』	
集	38 楚辞	『楚辞音』	一二部
	39 別集	『陶潜集』『劉豫帝集（劉豫章集）』『沈灼集（沈烱集）』『任孝恭集』『幽憂子集』『王維集』『謝荘集』『張援集（張緩集）』	
	40 惣集	『文選鈔』『杭越寄詩』『類文』	

			八一部

（凡例）

1．本表は、『日本国見在書目録』所載漢籍のうち、『隋書』経籍志・『旧唐書』経籍志・『新唐書』芸文志（以下、それぞれ隋志・旧志・新志と略称す）所載漢籍と同一の書である可能性が高いにもかかわらず、それらよりも巻数が多く、異本（写本の系統の異なる書）と思われるものを列挙し、その部数を示したものである。

2．同名の書がある場合には、区別をするために、書名の後に撰者名ないし巻数を書き加えている。

3．『日本国見在書目録』（以下『目録』と略称する）の巻数が正しいということを前提としたものであるが、もちろん『目録』の巻数表記にも誤りがあると思われ、異本ではなく、宮廷蔵書と同じ巻数、同じ写本の系統のものもいささか含まれている可能性がある。また、隋・唐以前の写本の場合、隋・旧・新志と合致しないからといって宮廷蔵書の異本とは断ずることはできないであろう。

表6　『日本国見在書目録』所載の隋・唐目録外本

部	家	書名	部数
経	1 易	『周易（陸善経注）』『＊周易（冷然院）』『周易（万叔撰注）』『周易異義』『＊周易通義』『周易私記（古豊師撰）』『周易義記』『周易略例』『周易許氏扶柳』『周易通問』『＊周易譔論』『＊周易捜蔵決』『＊周易訳名』『＊周易判卦略例』『＊周易賛』『周易精微賦』『＊周易集音』	一七部
	2 尚書	『古文尚書（陸善経注）』『＊尚書疏抄』『＊尚書発題義』『＊尚書私記音』	四部
	3 詩	『＊釈注毛詩』『周詩』『毛詩序略議』『＊毛詩周南邵南篇決』『＊毛詩不忘記』『＊毛詩私記』	七部
	4 礼	『＊周礼義疏（十四巻）』『＊周官礼抄』『＊周礼義疏（六巻）』『＊周礼図（十五巻）』『＊周礼図（十巻）』『礼記抄』『月礼図讃』『三礼』『周礼図（鄭玄等撰）』『三礼開題義帙』『＊明堂月令論』『＊喪服九族図』『＊古今沿革』『＊那礼録』『＊雑礼要用』『＊新删投壺経』	一六部
	5 楽	『＊古今楽纂』『＊雅楽録』『＊楽歌』『＊歌調』『＊楽図』『琴法』『＊琴録』『＊琴徳譜』『＊琴用手法』『＊雑琴譜』『＊弾琴用手法』『＊雅琴録』『＊院咸図』『＊弾琴手勢法』『＊琵琶譜』『＊横笛』『＊尺八図』『＊律呂施宮図』『＊十二律相生図』	一九部
	6 春秋	『＊春秋左氏伝注略記』『＊左氏伝文句疏』『＊春秋刊例』『春秋不尽義』『＊春秋策』『＊春秋正名』『＊春秋公羊解徽』『＊春秋公羊文義集解』『春秋三伝』『＊三体春秋』『春秋十二公証議』	一一部
	7 孝経	『＊新撰孝経拾遺』『孝経去惑』『＊孝経正義』『孝経抄』『＊孝経玄』『＊孝経策』『女孝経』	七部
	8 論語	『論語（陸善経注）』『＊論語（六巻）』『＊論語義』『＊論語私記』『＊家語抄』『爾雅音決』『＊五経発題』『＊五経問答』『＊梁集雅義趣』	九部
	9 異説	『＊春秋災異董仲舒占』『＊春秋災異志』『＊孝経援神契意隠』『＊孝経雄図』『＊孝経雌図』	五部

	10 小学	『＊注博雅』『蒼頡篇』『＊急就章音義』『開蒙要訓』『千字文（李暹注）』『千字文（陳駝固撰）』『千字文（智達撰）』『千字文（丁覘撰）』『＊字書抄分』『＊玉篇抄』『定字』『＊入声』『＊銘訓』『書譜』『筆勢集』『筆勢論』『＊書評』『用筆陳図碑』『韻篇叔例抄』『＊集縦字』『＊異形同字』『＊同音異訓』『＊釈字』『＊借音（三巻）』『借音（釈道高撰）』『＊新抄借音』『＊翻胡語』『＊周字対語』『名数』『＊韻字』『要略』『＊文府四声』『＊桂苑珠叢抄』『＊新撰音淵』『韻林（戴規撰）』『＊韻圃』『＊文字苑』『＊古今文字苑抄』『＊古今字』『＊古今雑字書』『＊集字』『＊四声韻音』『＊清濁音』『正名要録』『韻詮（十二巻）』『切韻（王仁煦撰）』『切韻（釈弘演撰）』『切韻（麻果撰）』『切韻（孫伷撰）』『切韻（長孫納言撰）』『切韻（祝尚丘撰）』『切韻（王在藝撰）』『切韻（裴務斉撰）』『切韻（陳道固撰）』『切韻（沙門清徹撰）』『切韻（盧自始撰）』『切韻（蔣魴撰）』『切韻（郭知玄撰）』『切韻（韓知十撰）』『唐韻正義』『切韻図』『五経字様』『古今篆隷文体』『異体同音議字』『定字書』『勅定字様』『字様（顔真卿撰）』『字様（戴行方撰）』『字様（顔師古撰）』『＊東台字様』『＊波斯国字様』『＊隷字決疑正字賦』『＊突厥語』『＊詩経』『＊文軌』『＊文軌抄』『＊筆札華梁』『＊文譜』『＊文章体』『＊文章体例』『＊文章体例抄』『＊文章体様』『＊文章儀式』『＊文章論』『＊文章要決』『＊文章釈雑義』『＊文章四声譜』『＊文章式』『＊詩筆体』『＊論体』『文筆要決』『＊文筆式』『＊属体法』『＊四声八体』『詩髄脳』『＊注詩髄脳』『詩格（三巻）』『＊詩病体』『＊宝篋』『＊大唐文章博士嫌吾文筆病書』『＊詩八病』『＊文音病』『＊文章故事』『＊詩体』『＊八病詩式』『＊読異体諸詩法』『百属篇』『＊古今詩類』『＊文儀集注』『唐朝新定詩体』『＊五格四声』『＊累玉記』	一一二部
史	11 正史	『史記新論』『＊太史公史記問』『漢書音義（顔師古撰）』『漢書序例』『＊漢書私記』『＊晋書評』	六部
	13 雑史	『＊春秋後（伝）（十巻）』『＊呉越春秋次録』『＊側子春秋』『帝紀』『陳帝紀』『暦帝紀』『建康実録（馬総撰）』『晋書抄（司馬綽撰）』『世代年号要暦』『古今帝王年代暦』『帝王年代譜』『＊帝王年代暦』『＊帝王世暦』『＊年号』『年号私記』『通暦（馬総撰）』『唐実録（房玄齢等撰）』『唐実録（許敬宗撰）』『高宗実録（武玄之撰）』	一九部
	18 儀注	『＊大唐書儀（十五巻）』『＊文儀注』『月儀』『＊十二月儀』『新修書儀（趙燈撰）』『九族書儀』『鮑昭書儀』	七部
	19 刑法	『×大律』『×新律』『大唐律』『＊刑法抄』『＊唐具注律』『＊律附釈』『×古令』『×新令』『＊唐令私記』『＊金科類聚』『垂拱後常格』『＊開元格私記』『＊長行格』『＊開元口勅』『＊僧格』『＊判様』『＊判軌』『＊救急判罪』『＊百節判』『＊貞観勅』『中台判集』『＊大唐判書』	二三部
	20 雑伝	『＊列女伝抄』『＊列女伝図』『＊貞形伝』『＊哲婦伝』『＊西域求法高僧伝要抄』『＊七十弟子賛文』『清涼山伝』『＊孝子伝図』『忠孝図』『＊伍子胥伝』『＊陳候大子伝』	一一部
	21 土地	『山海経』『＊山海経抄』『＊山海経略』『×海外記』『＊三国地方経』『坤元録』『＊古国都記』『＊高麗国記』『＊十道志』『＊楊洲図経』『＊濮陽県図経』『＊唐洲図経』『＊越州都叡府図経』『＊海洲図経』『＊南岳山記』『＊洲県図経』『＊閻浮提記』『＊波羅門摩伽陀等国図記』『＊西明寺図讃』『＊建国論』『＊国図』	二一部
	22 譜系	『＊黄帝大聖李氏譜』『＊皇室内外諸房系図』『＊太宗文武聖皇帝行記』『＊李氏譜』『＊諸家譜』『＊劉昉等定四海姓望譜』	六部

23	簿録	『＊四部書目録』『＊麟台書目録』『＊帝王目録』『＊僧数録』『＊内典僧数』	五部
子			
24	儒	『孟子（陸善経注）』『＊瓊林要覧』『＊淮南略』	三部
25	道	『老子（周文帝注）』『＊老子論賛』『＊老子徳論略』『老子讃義』『老子十条略』『老子発題私記』『老子義記』『老子義疏（王弼撰）』『老子義疏（周文帝撰）』『老子疏』『新撰老子義記』『＊老子要抄』『＊老子抄文』『＊老子元生十二紀図経』『△老子化胡経』『荘子義記』『荘子義疏（賈彦咸撰）』『篇荘子』『荘子疏』『＊荘子私義記』『＊荘子後撰』『＊荘子序略』『＊荘子序略集解』『＊荘子序略要難』『＊荘子字訓』『荘子音義（道士方守一撰）』『＊荘子音義（二巻）』『＊荘子音訓事義』『＊南華仙人荘子義類』『列子（陸善経注）』『＊列子天瑞』『＊道腴』『本際経』『太上霊宝経』『冲虚真経』『＊消魔宝真安志経』	三六部
28	墨	『＊纏子』	一部
30	雑	『＊側子』『＊側子抄』『＊博物章』『＊外伝博要』『＊纂要録』『袖中書』『＊袖中抄』『＊典言私記』『＊文府（二巻）』『＊文府雑体』『＊文府啓法』『＊文府四声』『＊錦帯書』『×弁色立成』『＊而部書抄』『＊雑抄』『＊青史』『＊王府新書』『玉苑麗文』『玉苑』『＊編珠録』『＊人鏡』『＊群書疏』『＊帝範賛』『×弘帝範』『＊類林』『独断』『教誡』『＊諸葛武候上事』『＊鳥書』『朝野僉載』『＊注詩品』『勁孥子』『＊劉子（五巻）』『＊劉子（三巻）』『勧学章』『＊内伝博要抄』『＊注破邪論』『＊安身論』『三教不斉論』『＊混斉三教論』『＊内外伝論』『＊三名』『金七十論』『＊弁士論』『＊五徳論』『＊真言要決論』	四七部
32	小説	『＊咲論』『＊世説問答』『＊世説問録』『＊志林小説』『座右銘』『続座右銘』	六部
33	兵	『＊六陣兵法図』『＊八陣書』『＊陣法』『＊孫子兵法八陣図』『＊黄帝用兵勝敵法』『＊黄帝陰符』『＊兵林玉府』『＊兵林正府』『＊太公明金匱用兵要記』『＊慮敗』『＊出軍禁忌法』『兵書要』『＊安国兵法』『軍誡（李定遠撰）』『＊斉兵法』『＊簡日兵法』『＊練習令』『＊武王代殷法』『＊河上公兵法』『＊帝王秘録』『＊金壇秘決』『＊孝子宝決』『黄帝太一天目経』『＊魏武帝兵書』『＊兵書要』『＊瑞祥兵法』『＊雲気兵法』『＊遁甲兵法』『＊投壺経』『投壺経』『＊伎経』『＊弾棊法』『＊樗蒲経』『＊壺中秘兵法』	三四部
34	天文	『＊天文録石氏中宮占』『天文要録』『＊天文録図』『天文要会』『＊天文略集決』『＊天文災異雑占』『天文要会（高氏撰）』『＊天文要会』『＊日月暈食占妻』『＊日月雑災異図』『＊日月要録』『＊日月要録私記』『日月分野法』『＊天文占書』『＊天文要決』『＊天文記』『＊天文要記』『天文私記』『＊天文私要』『＊天文要録月災図』『＊天文要録日災占』『＊天地瑞祥志』『＊要決済類』『＊鴻範本論』『＊荊洲要略占』『＊占候要略経』『＊犯昴星書』『簿讃（陳卓撰）』『簿讃（魏石申等撰）』『簿讃（晋史石申造）』『＊三星賛』『＊属七星』『＊属星符』『＊比斗人属星占』『＊星躔』『＊怪星図』『＊日月五星占図』『＊日月客星瑞相図』『＊五星二十八宿占』『＊五星告度』『＊日月虹珥図』『＊乾家論』『＊彗孛占』『＊蓋天玄象経』『＊撰集流星客気占』『＊神光占』『＊天地人図象経』『＊二十八宿五星占』『＊鍾律星卦分野図』『＊十二律分	

	野図』『*客星占』『*日暈占』『*日暈占図』『*月暈占図』『*鶩家占』『*鶩家占図』『*二十八宿図』『*彗星図』『*日月災異図』『*春秋経中災異』『*雲気讖図』『*陳占図列讃』『*日月讖図』『星経流占』『*七曜巡行』『*七曜星辰別行法』	
35 暦数	『*章程纂要』『*玄鏡宿曜』『*漏尅銘』『*立成暦』『*六甲一周暦』『*二十四気用箭暦』『*尚書暦』『儀鳳暦』『九章（祖中撰）』『九章述義』『*九章十一義』『*九章乗除私記』『*九章妙言』『*九章私記』『*九法算術』『六章』『*六章図』『*六章私記』『*九司』『九司算術』『*三開』『*三開図』『海島（徐氏撰）』『海島（祖仲撰）』『*海島図』『*新集算例』『*要用算例』『*中星暦』『*暦例』『*注流』『*五行算』	六六部
36 五行	『*三甲神符経』『*三五神禁治一切病存法』『*三五禁法』『*三五神禁』『*三五大禁咒禁決』『三原伯子』『*四天王讖』『*四印』『*四式出門法』『*五行法』『*五行雑占』『*五行知天地論』『*五行経要』『*五行秘要立成』『*五行精微』『*五行卦図占』『*五行備問』『*五行書』『五明論（一巻）』『五明論（五巻）』『*五明論術』『*五明論宝剣鏡印法』『*龍樹菩薩五明論秘要隠法』『*合五姓宅図』『*五姓葬図』『*六壬式枢機経』『*釈六壬式六十四卦法』『*六壬式一切法』『*六壬左右上符』『*六甲図』『*大道老君六甲秘符』『*八史図』『*八史神符』『*九宮式経』『*九宮飢穣暦』『*交異九宮経』『太一経（周氏撰）』『*秘要立成（一巻）』『*秘要口訣』『秘要立成（張氏撰）』『*秘要鑿度』『*秘要四神暦基』『*秘要決並雑陰陽』『*秘要式』『秘要日計立成図』『周易命期（釈氏英撰）』『易髄要決』『霊易』『易林（右術・京房・郭璞等七人雑撰）』『周易林』『遁甲（袁宏等撰）』『*門元太一遁甲経』『遁甲経序』『遁甲用決』『*式経尺』『用決』『式』『*式占』『*将決』『*式家用印字決』『雑祭暦』『*黄帝式龍昻経』『*黄帝式用常年経』『*八公霊纂経』『八公霊纂卜経』『*宇宙経』『*京房占六情百鳥鳴』『*京房雑占』『*黄帝注金匱経』『黄帝金匱疏』『*黄帝金匱玉門曾門経』『*黄帝金匱誡経』『*仙相経』『*新撰相人経』『*許眉相男女経』『*伯楽図』『*要集相馬経』『*孫伯楽相馬』『相馬経（知非撰）』『相馬経（申屠撰）』『*八駿図』『*水牛図』『*瑞応図』『*五嶽図』『*讖書』『*孔子讖紀』『*新図讖緯』『*雑書讖緯鈔』『*高麗国讖』『*作金墨法』『*龍樹出印法』『*明鏡要経』『握鏡方』『*玄経』『*龍首経』『乾坤経』『*霊纂』『×新撰宿曜経』『×新撰鷹経』『*天地通文経』『*龍虎上経』『*地判経』『*赤松子玉暦』『*武王算方』『*故墓視法』『*玉女返閉局抄』『*黄帝玉女返閉神林抄』『*印書禹歩』『*破子』『*禄命決』『*喟焉経』『*乾坤冊問答』『*大約経』	三一部
37 医方	『*素問音訓』『*素問改錯』『*素女問』『*甲乙注』『*甲乙経私記』『八十一難音義』『大清経（十二巻）』『*大清経（二巻）』『*大清神丹経』『薬薗』『*薬弁決』『*薬方草本』『*薬石』『*仙薬方』『*仙薬合方』『*五岳仙薬方』『*五岳芝薬方』『*神薬方』『*雑薬方（一巻）』『*神仙新薬方』『神仙入山服薬方』『*平昌丸方面口雑薬方』『雑薬方（中尉王栄撰）』『雑薬方（徐文伯撰）』『雑薬方（姚太夫撰）』『*雑単薬方』『*採薬図』『*雑薬論』『*雑薬方（十八巻）』『*雑薬図』『*新撰方』『*神仙服薬経』『*老子神仙服薬経』『*雑薬四印法』『*雑要酒方』『*作	一一三部

	酒方』『＊五茄酒方』『＊要方』『＊集験方決』『＊葛氏方』『＊通玄方』『＊通玄』『新撰単要方』『×鑑上人秘方』『＊張家方』『＊様要方』『＊新修諸要太清秘方』『＊惟方』『＊老子孔子枕中雑方』『＊太清治方』『＊千金方抄』『＊治癰疽方』『＊五金作方』『＊調気道引方』『＊新修大清秘経方』『＊石流丹方』『＊諸香方』『＊朱沙丸方』『＊腎気丸方』『＊雑療』『＊神仙法方』『＊太一神丹精治方』『＊練石方』『養生方』『＊生髪膏方』『＊苟杞乾煎方』『＊治馬病方』『＊治馬法』『＊治馬病書』『＊耆婆伏苓散方』『黄帝脈経決』『耆婆脈決』『脈経音』『本草音（李君撰）』『雑注本草』『＊本草』『＊本草図』『新修本草音義』『本草夾注音』『本草注音』『注本草表序』『＊老子教人服薬循常住仙経』『＊神仙芝草図』『＊仙草図』『針経音』『明堂音義』『食経（馬琬撰）』『＊新撰食経』『＊食禁』『食注』『＊龍樹菩薩眼経』『脚気論（周礼撰集）』『＊産経図』『黄帝三部灸経音義』『×摂養要決』『＊練皮煎』『＊丹決』『＊杏丹方』『＊徐文伯』『＊染蘇方法』『＊赤松子試』『＊八史術』『八素』『＊老子道精経』『＊素女経』『＊禁法』『霊奇奥秘術』『＊龍樹菩薩印法』『龍樹菩薩馬鳴菩薩秘法』『＊軒轅皇帝録集』『＊鬼名』『＊三五禁法』『＊三五神禁治病図』『＊八史神図』	一一四部
集		
38 楚辞	『＊楚辞集音』『離騒』『＊楚辞経潤』	三部
39 別集	『＊謝吏集』『＊江陵公集』『＊新注王勃集』『魯集』『＊薩後集』『玄焚集（玄奘集カ）』『玄奘集』『＊酔後集』『釈恵精集』『＊無名集（十巻）』『慧静師集』『静泰師集』『恵文太子集』『呉厳集』『＊令集』『張文成集』『口遊厳集（田遊厳集カ）』『＊姚納集』『李山人集』『張謂集』『李嶠百二十詠』『＊劉希夷集私記』『＊英藻集』『楊斉哲集』『＊無名集（十八巻）』『＊李特進集』『＊劇華文集』『＊湘東王集』『李少通集』『賀蘭遂集』『李白歌行集』『李登集』『王梵志集』『釈太閑集』『＊揚広集抄』『＊白雲集』『祖君彦集』『＊祖君彦集私記』『＊愚公集』『＊京兆集』『＊二石集』『釈復礼集』『＊泡大尉王氏集』『＊岳陽詩』『＊趙公集』『釈霊実集』『徐陵筆集』『＊西平公集』『＊李河間集』『李澄之集』『道高法師集』『王梵志詩』『元思敬集』『許敬宗八詠』『沈約八詠』『＊武媚娘』『杜之高集』『＊御製王照君集』『釈波崙集』『釈懐義集』『＊文祖集』『＊李氏哀詞』『遊仙窟』『朱子奢集』『＊南充郡太守敬集』『＊進士富煒雑文』『＊私記』『白氏文集』	六八部
40 惣集	『＊注策林』『文選抄』『文選音義（李善撰）』『＊文選抄韻』『＊小文選』『金輪万歳集』『鏡中集』『＊鏡中観伎集』『＊後集』『＊注続詩苑英華集』『＊続詩苑英華抄』『＊天宝集（九巻）』『＊天宝集（三巻）』『＊文林麗藻集』『＊朝士近代大才集』『＊詩詩経』『＊大唐新文章』『＊帝徳録』『＊弁正集』『＊続文会集』『＊秀句集』『＊雑文集』『＊庾信任大常等集』『＊適越甲離集』『＊荊揚挺秀集』『＊吏部集』『＊詞林警句集』『＊要集』『＊新集』『聖母神皇垂拱後集』『聖母集』『＊玉相集』『＊文房麗藻』『詩苑』『＊開成集』『＊河南集』『＊鳳厳集』『＊倡松』『＊予章集』『＊酔後集』『＊大周朝英集』『＊貞観集』『＊金華瀛州集』『＊王等四子集』『＊融帰信門』『杭越寄詩』『月詩題』『＊文儀集』『＊荊楚時序』『大唐新集書儀』『＊前代君臣詔録屏風本』	五一部
合計		八七七部（×＊△は

（六二八部）

（凡例）

1．本表は、『日本国見在書目録』所載漢籍の内、『隋書』経籍志・『旧唐書』経籍志・『新唐書』芸文志（以下、それぞれ隋志・旧志・新志と略称す）に著録されていない書名と　部数をまとめたものである。

2．書名の前に付された記号の意味は以下の通りである。

「＊」撰者名もなく、直接の書誌情報のないものを示す。

「×」明らかに国書であるものを示す。

「△」元宮廷蔵書であった可能性があるが、皇帝により毀除を命じられたものを示す。ここでは、老子化胡経が該当する。

3．唐以後の目録類に見えるものでも、隋・旧・新志に見えないものは表に加えた。

第三章　「国風文化」の成立

はじめに

現在、「国風文化」という歴史用語は教科書などで広く用いられているが、関連分野の研究の進展により従来の理解に修正の必要が生じてきている(1)。

これまでは、九世紀末に遣唐使が廃止された結果、唐文化の影響が薄れ、多年にわたって吸収した大陸文化を基礎として、日本の風土・生活に根ざした独自の文化が生み出された、とされてきた。そして、その具体例として、かな文字と国文学の発達、書道・絵画・彫刻など美術工芸における和風化が挙げられてきた。こうした通説の基礎には、唐文物輸入の担い手としての遣唐使に対する非常に高い評価と、「国風文化」とそれ以前の「唐風文化」とをまったく異質なものとして対立的に捉える見方があると思われる。しかし、遣唐使廃止後の日宋貿易の活発化を思うなら、遣唐使廃止が中国文化の流入途絶を意味するものではないことはすぐに理解されるであろうし、唐物を愛でた摂関政治期の人々が「唐風文化」とまったく異質な文化を創造したとは考えにくいであろう(補註1)。

本章では、近年の研究成果に基づきながら、「国風文化」と「唐風文化」との関係、遣唐使を派遣した時代とその後の時代の唐文物の輸入状況の違いなどから、「国風文化」の成立について述べることにしたい。

一　「国風文化」と「唐風文化」

「国風文化」の時代、すなわち摂関政治期——研究者によっては、院政期まで含める場合もあるが——の貴族の生活といえば、寝殿造と言われる和風邸宅や十二単・直衣・狩衣といった和風装束などが連想されることと思う。白木造・檜皮葺という寝殿造の建築は、壁塗り瓦葺の中国風の建築と比べた場合、建築様式の和風化を強く印象付けるが、屋内に目を転じると、その空間は中国商船により輸入された香料の薫りに充たされ、家具・調度品も紫檀・白檀などの輸入材を用いたものが少なくなく、大和絵のものと並んで唐絵を描いた障子・屏風が屋内空間を仕切っていたのであり、和漢混淆ともいうべき住環境であった。日本人向きに優美なデザインにつくりかえられた和風装束も、その素材には唐綾・唐絹・唐錦など中国製品がふんだんに用いられ、蘇芳などの輸入染料により艶やかに染め上げられたのであり、和漢合作ともいうべきものであった。藤原明衡（九八九〜一〇六六）晩年の作とされる『新猿楽記』には、当時日本に輸入された唐物のリストが見られるが、上記のもの以外にも薬品・陶磁器・工芸品など種々の生活物資が含まれている。和風化したとされる摂関期の貴族生活が意外なほどに唐物によって充たされていたことは、十分注意しておかなければならない。

以上に述べた貴族生活における和漢並列・混在の傾向は、文化の面でも確認できる。先に挙げた障屏画における大和絵と唐絵の並置、文学における和歌と漢詩の並存など、いわば「国風文化」と「唐風文化」が共存していたのである。しかし、当時の人々は、和漢をまったく対等のものとして考えていたわけではない。この時代にあっても、公的・正式の書類は漢文で書かれたし、漢詩文は貴族男性の必須の教養であった。王朝文学では、理想的な美しさを

「唐絵」に譬えたり、異国的な華麗さを「唐めく」と表現したりしていた。また、次に挙げる『源氏物語』の一節が示すように、本朝（日本）の物より唐物の方が高く評価されていた。

〈源氏物語〉若菜上

御しつらひは、柏殿の西面に、御几帳よりはじめて、こゝ（日本）の綾錦をまぜさせ給はず、唐土の后の飾りをおぼしやりて、うるはしくこと〳〵しく、かゝやくばかり調へさせ給へり。

日本製の綾・錦ではなく、中国製のものを用いることで「ことごとしく、輝く」ことができると考えられていたのである。要するに、「国風文化」の時代においても、「漢」―中国文化―は、「和」の上に位置づけられる規範・理想であり、憧憬の対象であった。このことは、「国風文化」が「唐風文化」とまったく異なる価値観のもとに生まれたものではなく、「漢」を尊び、手本とする同じ価値観の延長線上に生まれたことを意味している。

小野道風（八九四〜九六六）は和風書道の大成者として知られるが、中国東晋の書家王羲之（三〇七?〜六五?）の再生と讃えられた。実際、彼の筆法は、丸みを帯びた和風の特徴をもつものであったが、羲之の書を模範としたものであった。

〈麒麟抄増補〉

……而ニ日本ノ山河草木ノ姿ハ和ナル故ニ、其ニ似タルアイダ、羲之ガ手ニ肉ヲ懸テ、道風ハ書給ヘリ。雖然羲之ガ所定ノ筆法ニ不替也。

道風と並び三蹟と称される藤原佐理（九四四〜九八）・藤原行成（九七二〜一〇二七）などの遺墨にも王書に学んだ跡が明らかであり、和風の生成・発展に「漢」が深く関わっていたことが知られる。(2) 同様なことは、和歌についても言える。

〔古今和歌集〕真名序

昔、平城の天子、侍臣に詔して万葉集を撰ばしむ。それより来、時は十代を歴、数は百年を過ぎたり。その後、和歌　弃てて採られず。

『万葉集』が編まれた後、平安時代初期は所謂「国風暗黒時代」であり、和歌は廃れてしまった。しかし、承和年間（八三四〜四七）を境にして、和歌の復興が見られることになる。それは、空海（七七四〜八三五）・淳和上皇（七八六〜八四〇）・菅原清公（七七〇〜八四二）・嵯峨上皇（七八六〜八四二）といった「唐風文化」の推進者たちの相次ぐ死去、そしてかな文字の発達によるところが大きいと思われるが、新来の漢詩文の影響も見逃すことはできない。承和の頃に伝来した『白氏文集』は、漢詩文は言うに及ばず、和歌に対しても多大な影響を及ぼした。

〔古今和歌集〕巻一三、恋歌三（六三五番歌）

秋の夜も名のみなりけり　あふといへば事ぞともなく明けぬるものを

右の小野小町（生没年不詳）の歌は、『白氏文集』巻三の「上陽白髪人」中の「秋夜長　夜長無寐天不明」という詩句を踏襲したものと言われる。承和期以降の漢詩や和歌は、『白氏文集』の詩句・詩語を摂取することにより、技法や表現力を飛躍的に高めたのである。白詩すなわち白居易（七七二〜八四六）の詩に通暁した小野篁（八〇二〜五二）は、「詩家の宗匠」と称せられたが、同時に和歌の再生期の秀れた歌人でもあった。『古今和歌集』から『新古今和歌集』に至る八代集には、『白氏文集』の詩句を翻案したものや、白詩に着想を得た歌が少なくないとされる(3)。

中国文化の摂取は、遣唐使が派遣された唐風文化の時代に限定されるものではなく、「国風文化」の時代にも継続して行われたのであり、中国文化に学ぶことなくして、「国風文化」の生成・発展はありえなかったのである。

二　遣唐使と中国商船

最近に至るまで、平安時代の外交は次のように考えられていた。遣唐使廃止後、朝廷の対外方針は消極的になり、宋や高麗など新興国との正式な国交を一切拒否し、中国商船の来航を制限したり、日本人の海外渡航を厳禁するなど鎖国的な政策をとるようになった、と。[4]そのため、遣唐使廃絶から平氏による日宋貿易が行われるまでの間――「国風文化」の時代にほぼ該当する――は、中国文化の流入が極端に制限されていたと考えられた。ところが、近年進展の目ざましい平安時代の対外関係史や貿易陶磁史の研究成果によって、[5]「国風文化」の時代にも中国商船は頻繁に来航し、陶磁器をはじめとして多くの文物がもたらされていたことが明らかになった。また、海外渡航の禁制（当時は、「渡海制」などと称されていた）も、遣唐使廃止後に制定されたものではなく、八世紀初頭成立の大宝律令に規定されていたとする説が有力になっており、「国風文化」の時代が前代に比べ中国文化流入の減少期であったとする通説は疑ってみる必要がある。[6]

唐の文物の将来、留学生・留学僧の送迎など先進文化の輸入に果たした遣唐使の役割は、もちろん大きいものであった。遣唐使を抜きにして、日本の古代文化を語ることができないのは確かである。しかし、これまでは、遣唐使の存在をあまりに過大に捉えすぎるきらいがあったように思われる。第一回遣唐使が派遣された舒明二年（六三〇）から、遣唐使が廃止されたという寛平六年（八九四）までの約二六〇年の間に、遣唐使の派遣は二〇回計画され、実際に派遣されたのは一六回であったとされる。[7]八世紀以降に限ってみるならば、ほぼ一五年から二〇年に一度の割合で派遣されていたことになるが、毎年のように使節を派遣していた隣国新羅に比べれば、その派遣頻度はきわめて低く、日中関係は活発というよりむしろ疎遠に近いものであった。中国商船の海外進出が本格化するのは九世紀以降であり、少なくとも八世紀に日本に来航した形跡はまったく見当らず、来航の確実な記事は承和年間（八三四〜四七）にならないと見出せない。(8)となると、所謂「唐風文化」の時代、日中間を直接結びつけていたのは遣唐使だけであったということになる。新羅や渤海を介しての間接的なつながりを考慮するにしても、この時期の日中間の交流の少なさは否定できないであろう。

遣唐使の一行は、多いときには五〇〇人を超える大規模なものであったが、その大部分は操船にあたる乗組員や通訳、医師、陰陽師など遣唐使の航海をサポートする人々であり、純粋な外交使節に相当する大使以下の四等官や留学生・留学僧らの占める割合は低かった。一度に多人数が中国に渡ったといっても、唐文化移入に直接携わった人数はきわめて少なかったのである。また、遣唐使はたびたび遭難しており、すべての者がその使命を達することができたわけではなかった。

遣唐使はさまざまな文物を日本にもたらしたが、派遣の回数、また当時の船の規模を考えるならば、その絶対量を多く見積もることはできない。また、唐朝の輸出制限もあり、何でも自由に日本に持ち帰れたわけでもなかった。(9)

以上のような遣唐使の実態を考えるならば、「唐風文化」の時代が「国風文化」の時代に比して、中国文化の流入が多く、その影響が強かったとみることに、躊躇を覚える。そして、その思いは、九世紀以降次第に増加する中国商船による唐物の流入や日本僧の入唐・帰国という新たな日中交流の展開に目を向けることによりいっそう強まる。

正確な実数を把握するのはきわめて困難であるが、承和年間以降毎年とまでは言えないがきわめて頻繁に中国商船が来航していたことが確認でき、唐、五代（この時期に日本に来航したのは、呉越国の商船）、宋と王朝が交替してもその状況は基本的に変わらなかった。(10)中国商船の来航の頻度やその主目的が貿易にあったことを考えるならば、八世紀に比べ唐物の流入は増大したとみてよいだろう。そうなると、次に問題になるのは、その中身や質であろう。確かに、正倉院に残された美術品・工芸品のような一級品を想定することはできないが、書籍をはじめとして文房具・画材・楽器の材料など広く文化活動に関わるものがもたらされた。ちなみに、唐絵も大和絵も、その用いる絵の具（顔料）は同じで、中国商船により輸入されたものであった。また、八世紀には厳しい輸出規制によりあまりもたらされなかった高級絹織物や香料などもだんだんと持ち込まれるようになった。先述したように、華麗な和風装束の誕生には唐綾・唐錦など中国の絹織物が必須であったし、薫物という生活風習には中国商船のもたらす香料がなくてはならなかった。その意味で、中国商船は「国風文化」誕生の物質的基盤を用意したと言ってよいであろう。

遣唐使が廃止されたといっても、学問を志す者の道が閉ざされたわけではなく、中国商船に便乗することによって、その目的は十分達成できた[11]。勅許を得た者以外の出国の禁止という「渡海制」は八世紀以来堅持されていたが[12]、遣唐使以外の直接通行のなかった時代と違って、頻繁な中国商船の往来は密出国をも可能にした。『参天台五台山記』の著者であり、大量の新訳経典を日本にもたらすことに尽力した成尋（一〇一一～八一）は、密出国者の代表とも言うべき人物である。また、直接留学しなくとも、便船を利用して書信によって彼の地の学識者に疑義を質すこともできたのである[13]。

「唐風文化」の時代に比べ、「国風文化」の時代における中国文化の流入は減少するどころか、むしろ量的には増大し、日本社会への着実な広がりが見て取れるのである。

三　「国風文化」の成立

「国風文化」といえば、女流文学の誕生に触れないわけにはいかないであろう。この時代、多くの女流作家が登場し、かなの物語や日記・随筆などの名品が著された。なかでも、紫式部(?~一〇一六?)の『源氏物語』と清少納言(生没年不詳)の『枕草子』は、その双璧とも言うべきものである。しかし、なぜこの時代になって、女流文学が発生し、かくも多くの名作が生み出されたのであろう。かな文字の発達がその原因の一つであることは確かであるが、男性もかな文字を用いて和歌を作っているし、紀貫之(?~九四五)の『土佐日記』の例もあることから、それだけで女性文学の成立を説明することはできないであろう。当時の摂関政治における後宮の重要性から、后に侍らせた女房たちは才識すぐれた者ばかりが選ばれ、いずれ劣らぬ才女が競い合う文化サロンが形成されたことに原因を求める説もある(14)。紫式部や清少納言ら女房たちの激しい対抗心を目の当たりにすると、なるほどとも思われる。しかし、女流作家のすべてが女房であったわけではないし、そもそも、その女房たちの才識とはいかなるもので、どのようにして身につけられたのか明らかでない。

『源氏物語』や『枕草子』については、国文学者により綿密な研究が積み重ねられており、どのようにしてこの傑作ができあがったのか、その製作の過程や背景がかなり具体的に明らかにされている。この両作品に共通していえることは、『白氏文集』をはじめとする多くの漢籍の素養をもとに書かれていることである(15)。先にみた和歌と同様に、中国文化の摂取により生み出された一面をもつのである。男性と同じレベルで考えることはできないが、女性の中にも漢才を持つ者が登場したことと女流文学が発生したこととは密接な関係があると思われる。かつては大学への入学は言うに及ばず、漢字を読むことさえ許されなかった女性が、多くの漢籍を学べるようになった背景には、上述した中国文物の流入増大があったことは間違いないであろう。その点、女流作家はいずれも比較的裕福な受領層の、しかも、漢籍に関心の深い文人貴族の近親者であったことに注目したい。また、当時の和歌が漢詩文と相即不離の関係にあったことから、和歌を通して間接的に中国文学を学べたことも考慮する必要があるであろう。中国文化の女性貴族層への浸透が、女性に文学を著す実力を身につけさせたのではないだろうか。

この時代、貴族女性の多くが『白氏文集』の影響を受けていたことは、彼女らの詠んだ和歌などから読み取れる。しかし、彼女らが憧れていた『白氏文集』に描かれた世界――もっともポピュラーなのは「長恨歌」にうたわれた玄宗皇帝と楊貴妃との悲恋物語――の中に独力で溶け込めた者はそれほど多くはなかったであろう。

〔更級日記〕治安二年（一〇二二）七月

世中に、長恨歌といふ文を、物語にかきてある所あんなりときくに、いみじくゆかしけれど、えいひよらぬに、さるべきたよりをたづねて、七月七日いひやる。

漢才をもつ女性が現れたといっても、紫式部のようにすらすらと漢文を読める者は少ないのであって、多くの女性はその「翻訳」が必要だったのであった。また、日本とまったく異なる風土・社会を舞台とする外国文学は、よほどの予備知識と想像力がなくては馴染みにくいものである。その意味で、多くの読者の期待に応えるためには、ただ単に和訳すれば事足りるということにはならず、舞台設定や登場人物など日本人に親しみやすい内容に翻案する必要もあったのである。逆の見方をするならば、中国の文学作品の筋立てを利用して、日本人の精神世界を表現することになったとも言えるであろう。ここに、国風文学誕生の原点があると思われる。

平安時代における中国商船による文物の流入増大は、中国文化の受容者を広げた――といっても、ほぼ貴族社会に限定される――が、文化受容者層の拡大は文化の変質をもたらすことになったと思われる。多くの日本人にとって理解しやすく、馴染みやすいものへの中国文化の変容、誤解を恐れずに言うならば、エリートの文化から「大衆」の文化への変容である。「国風文化」とは、中国文化の骨組みを利用して、その表面のみを日本的な装いに改めたものであるとしたら、言い過ぎであろうか。

おわりに

本章では、「国風文化」成立の背景として主として対外的要因について述べたが、もとより中国文化の影響だけで「国風文化」が生まれたわけではなく、ほかのさまざまな要因も考え合わせる必要がある。例えば、平安貴族の精神世界に絶大な影響を及ぼした浄土教や御霊信仰・陰陽道などとの関係、文化創造の場であった平安京の都市構造・性格の変質との関わり、中央と地方の交流拡大との関連、また貴族政権内の構造変化——摂関政治の成立——の影響などいろいろな要因が考えられる。これらほかの要因も加味して多面的に論じるべきであったと考えるが、筆者の力不足により果たせなかった。この点、今後の課題としたい。

註

（1）「国風文化」に関する主要な研究としては、池田利夫「唐風文化と国風文化」（『歴史評論』三一七、一九七七年）、川崎庸之「摂関政治と国風文化」（『平安の文化と歴史　川崎庸之歴史著作選集第三巻』東京大学出版会、一九八二年、初出一九五一年）、河音能平「「国風文化」の歴史的位置」（『中世封建制成立史論』東京大学出版会、一九七一年、初出一九七〇年）、木村茂光『「国風文化」の時代』（青木書店、一九九七年）、笹山晴生「唐風文化と国風文化」（『岩波講座　日本通史』五、岩波書店、一九九五年）、村井康彦「国風文化の創造と普及」（『文芸の創成と展開』思文閣出版、一九九一年、初出一九七六年）なお、米田雄介「貴族文化の展開」（『講座日本歴史』2、東京大学出版会、一九八四年）のように、「国風文化」は歴史用語として不適当であるという意見もあるが、本章ではその問題には立ち入らないことにする。

（2）三蹟については、小松茂美『平安朝伝来の白氏文集と三蹟の研究』（墨水書房、一九六五年）を参照。

（3）小島憲之『古今集以前』（塙書房、一九七六年）を参照。

(4) 森克己『新訂日宋貿易の研究　森克己著作選集第一巻』(国書刊行会、一九七五年、初出一九四八年)、同『続日宋貿易の研究　森克己著作選集第二巻』(国書刊行会、一九七五年)などを参照。

(5) 石上英一「日本古代一〇世紀の外交」(『東アジア世界における日本古代史講座』七、学生社、一九八二年)、山内晋次「古代における渡海禁制の再検討」(『待兼山論叢』史学篇二二、一九八八年)、稲川やよい「「渡海制」と「唐物使」の検討」(『史論』四四、一九九一年)、田島公「海外との交渉」(橋本義彦編『古文書の語る日本史2　平安』筑摩書房、一九九一年)、亀井明徳『日本貿易陶磁史の研究』(同朋舎出版、一九八六年)などを参照。また、本書第一部第一章も参照。

(6) 本書第二部終章を参照。

(7) 研究者によって、遣唐使の回数の数え方に違いがある。石井正敏「外交関係」(池田温編『古代を考える　唐と日本』吉川弘文館、一九九二年)を参照。

(8) 田島公「日本、中国、朝鮮対外交流史年表――大宝元年～文治元年――」(橿原考古学研究所附属博物館編『貿易陶磁――奈良・平安の中国陶磁――』(臨川書店、一九九三年、初出一九九〇年)を参照。承和年間以前にも、弘仁十年(八一九)に唐人の来日が知られるが、新羅商船によるものであった(『日本紀略』弘仁十年六月壬戌条)。

(9) 本書第一部第四章を参照。

(10) 田島氏註(8)年表を参照。

(11) 平安時代の留学生・留学僧の全体像については、木宮泰彦『日華文化交流史』(冨山房、一九五五年)を参照。なお、平安時代中期以降の留学生は僧侶に限られ、その目的も次第に純粋な学問修行から聖地巡礼へと変化していったという。田島氏註(5)論文、石井正敏「入宋巡礼僧」(荒野泰典ほか編『アジアのなかの日本史V　自意識と相互理解』東京大学出版会、一九九三年)も参照。

(12) 本書第一部第一章を参照。

(13) 恵心僧都源信が、寂照の入宋にあたって、宗義疑問二七条を託し、天台山の四明知礼の回答を得たことが知られる。山下克明「遣唐請益と難義」(『平安時代の宗教文化と陰陽道』岩田書院、一九九六年、初出一九八九年)を参照。

(14) 村井康彦「才女の季節」(『王朝文化断章』教育社、一九八五年、初出一九七七年)を参照。

(15) 『源氏物語』『枕草子』における漢籍の影響については、膨大な研究が存在する。ここでは川口久雄氏の二著を挙げるに止

めたい。『三訂平安朝日本漢文学史の研究』中（明治書院、一九八二年）、『西域の虎——平安朝比較文学論集——』（吉川弘文館、一九七四年）。

（補註1） 河添房江『源氏物語時空論』（東京大学出版会、二〇〇五年）は、平安時代における唐物の文化的な意義を多面的に論じており、参照されたい。

〔補記〕 「国風文化」に関する最近の研究に、西村さとみ『平安京の空間と文学』（吉川弘文館、二〇〇五年）がある。また、大津透『日本の歴史 第06巻 道長と宮廷社会』（講談社、二〇〇一年）、佐々木恵介『受領と地方社会』（山川出版社、二〇〇四年）、河添房江『源氏物語と東アジア世界』（日本放送出版協会、二〇〇七年）にも、「国風文化」について有益な言及が見られる。

第四章　「蕃国」から「異国」へ

はじめに

九世紀以降展開する東アジア諸国間交易の日本への影響とそれにともなう対外関係の転換期について、いささか私見を述べてみたいと思う。

行論の都合上、先に対外関係の転換期に関する先行研究の問題点に触れてから、貿易の影響と転換期についての卑見を述べることにしたい。

一　転換期の東アジア

(1)　転換期としての十世紀

東アジア世界の変貌と日本の古代国家の転換期との関連性を取り上げたこれまでの通説的研究としては、西嶋定生氏の一連の研究を挙げることができる(1)。

氏の説によれば、東アジアの国際秩序（冊封体制）の中心にあった唐朝が衰亡することで、唐と政治的関係をもっていた周辺諸国もその影響をうけて滅亡や王朝交替といった大変動が生じた。その一方で、中国王朝の政治的・文化的規制力が失われることで東アジア諸国に民族文化が出現し、東アジア交易圏が形成されたという。日本の場合は冊封を受けていなかったため他国に比べ影響が少なかったとはいえ、天慶の乱が起こるなどの動揺があり、国風文化（民族文化の誕生）や日宋貿易（東アジア交易圏への参入）の展開などほかの東アジア諸国同様の変化がみられるとする。すなわち、十世紀初頭の唐朝の滅亡を重要視し、十世紀に古代国家の画期を見出すというものである。

西嶋氏の説は、東アジアの国際関係の構造を本格的に究明し、長大な前近代東アジアの歴史を視野に入れたきわめてスケールの大きいもので、その後の研究の方向性を決定づけたものとして大変重要である。しかしながら、氏の依拠した森克己氏の対外関係史研究[2]以後の研究の進展や東洋史における「東アジア世界」論の深化[3]などにより、見直しが迫られている。例えば、西嶋氏は唐朝の滅亡後に国風文化や東アジア交易圏が生まれたとされるが、実際にはどちらも唐滅亡以前の九世紀半ばにすでに形成されていたことが明らかにされている。また、唐朝を中心とする国際秩序は冊封関係のみによって律されていたわけではなく、朝貢、羈縻州、和蕃公主などさまざまな関係によって成り立っていたとされる。

中国の外交体制をもとに東アジアの国際関係を構造的に捉えるという西嶋氏の研究視角は今後も継承すべきであると考えるが、冊封関係という政治的関係だけで東アジアの国際関係や古代国家の変貌を説明することは不可能ということである。冊封関係を結ばない国々との関係を規定していたもの、また東アジア以外の国々との関係なども考慮した上で、西嶋氏の唱えられた「冊封体制」論を再検討する必要があるだろう。

(2) 転換期としての九世紀

近年の研究では、九世紀の変化に大きな意味を見出しているように思われる。遣渤海使、遣新羅使、遣唐使といった外交使節の派遣はすべて九世紀前半に事実上停止されており、また承知九年（八四二）の大宰大弐藤原衛の四条起請に見られる新羅に対する排外意識が生まれ、さらに貞観十一年（八六九）の新羅海賊襲撃事件の前後には神明の加護を祈る「神国思想」も現れるなど対外関係・意識の一大変化が起こったことが指摘されている。[4]村井章介氏はこうした外交関係や対外意識の変化に呼応するかたちで王土王民思想が形成されたことを主張し、この時期に肥大化したケガレ観念や「神国思想」、正式な国交の不在など「中世的」な要素の発現をもって九世紀の画期性を論じられた。[5]

筆者も九世紀の変化の意義を認めるにやぶさかではないが、[6]九世紀と十世紀以降の時期とでは無視できない質的な違いがあると考える。同じく神国思想といっても、九世紀の新羅だけを対象とする記紀神話の焼き直しのようなものと院政期以降のすべての異国に対して日本の優越性を主張するものとでは、まったく意味内容が異なっている。しかも、九世紀の「神国思想」がそのまま院政期まで直結していたという史料的裏付けもない。[7]また、九世紀には正式な国交が無くなり、民間貿易が展開するが、九世紀は主に官人の肩書きを持つ者が貿易の担い手となっていたのに対し、十世紀以降の貿易商人にはそうした肩書きは見られないように思う。[8]類似の事象があるにしても、その質的内容の検討無しに同一視することはできないであろう。

村井氏は九世紀に中世につながる対外意識の変化があったことを述べられたが、対外意識についていうならば筆者はむしろ十世紀にこそ大きな画期があったと考える。それは、「異国意識」の成立に端的に示されている。

二 「異国意識」の成立

(1) 「本朝意識」と「異国（異朝）意識」

律令制においては、唐のみが例外的に「隣国」とされ、それ以外の外国は「蕃国」（「外蕃」「蕃」「諸蕃」）と位置付けられた。「隣国」には上下優劣の価値判断は含まないが、「蕃国」という表現には、日本中心の価値観が反映しており、日本に服属（朝貢）すべき下位の国という意味が込められている。本来中華思想に基づく用語であるが、律令制とともに中華思想が継受されたものである。実際の対唐観が事大主義（唐を中華・上位国とみなす立場）と日本中心主義（唐を日本の蕃国・下位国とみなす立場）の二重構造となっており、時代によってもぶれがあったことが明らかにされているが[9]、それ以外の新羅や渤海などに対しては十世紀初頭に至るまで一貫して「蕃国」観が維持されていた[10]。その意味で、八・九世紀を通して対外認識に基本的変化はなかったといえるであろう。

以上のような対外認識に変化が生じるのが、十世紀である。十世紀前半頃から外国を「異国」と表現する用例が見え始める。これ以後、一部例外があるにしても諸外国を「異国」と表記することが一般化してゆき[11]、それが中世のみならず近世にまで引き継がれることになる。「異国」という表現には「蕃国」とは違い本来的には上下優劣の価値判断は入っておらず、また「蕃国」に制度上では含まれなかった中国王朝さえも含み込むものであり、対外認識に大きな転換があったことを想定させる[12]。

「異国」という認識や表現が生れた背景として、十世紀前半に「隣国」の唐、「蕃国」の渤海・新羅が相次いで滅亡したことも大いに関係があると思われるが、宋や高麗など東アジア諸国がそれぞれの中華秩序の再編を行い、他国に対する「蕃国」観を堅持したことを考え合わせるならば、日本のみ「異国」観を持つようになった理由を「蕃国」や「隣国」の消失だけで説明することはできないであろう。この問題を考えるにあたって大きな手がかりを与えてくれるものとして、「異国」という認識・表現とほぼ同じ時期に成立したとされる「本朝意識」に注目したい。(13)(補註1)「異国」(異朝)という用語は「本朝」(本国)の対概念であり、両者の成立がほぼ同時期であるのは対外認識と自国認識が別個に形成されるのではなく、まさに表裏一体の関係にあることを示している。以下、文化的な自国意識とされる「本朝意識」と対をなす対外意識を「異国意識」と称することにする。

(2) 摂関政治期の「異国」意識の特質

「本朝意識」については、川口久雄氏の概念規定(14)を承けてその内実・成立の背景などを解明された小原仁氏の研究がある。(15)小原氏は「本朝意識」昂揚の担い手を文人貴族と考える立場から、主に文人貴族の著作や活動を検討の対象とされた。確かに「本朝意識」形成の中心に文人貴族が存在したことは間違いないと思われるが、「本朝」や「異国」の意識は文人貴族の間にのみとどまるものとは思われず、また「本朝」と「異国」に対する意識が別々に生じたとも考えられないため、本項では文人貴族に限定されないより多くの人々が意識しえた彼我の文物をも含めて検討したい。以下、「本朝」と「異国」の文物などがどのように対比、意識されたかを主に『源氏物語』を題材にみてゆくことにする。ちなみに、『源氏物語』を取り上げるのは、九世紀と十世紀との質的違いを考えるだけでなく、摂関政治期と院政期との間にも違いを見ているからであり、「本朝意識」や「異国意識」の生まれた摂関政治期に限って検討するためである。

長い期間にわたって中国の先進的文化の導入に努め、中国を模範として国家体制をつくり上げてきたことにより、日本の古代社会においては中国的なもの（「漢」）が規範・権威として尊ばれた。そうした意識は、摂関政治期にも厳然として存在していた。

〔源氏物語〕梅枝

延喜の帝の古今和歌集を、唐の浅縹の紙を継ぎて、おなじ色の濃き紋の綺の表紙、おなじき玉の軸、緂の唐組の紐などなまめかしうて、巻ごとに御手の筋を変へつゝ、いみじう書きつくさせ給へる、……

これはほんの一例だが、摂関政治期に唐物による荘厳が権威の表象とされたことは、この時期の文学作品を見れば、類例をいくらでも見出すことができるであろう。

「漢」尊重の伝統が続いている一方で、「和」（日本・本朝）や「韓」（高麗）も「漢」と同列に取り上げる新しい見方・意識も確認される。

〔源氏物語〕若菜上

御をくり物に、すぐれたる和琴一つ、好み給高麗笛添へて、紫檀の箱一よろひに、唐の本どもこゝの草の本など入れて、御車にをひてたてまつれ給。

唐物一辺倒ではなく、ここ（日本・本朝）や高麗の文物もすぐれたもの、好ましいものとして評価されていることに注意したい。こうした新しい見方が生まれてきたのは、「和」なるもの、「韓」なるものの文化的・技術的水準が高まったこともあるが、次に見るように各国の文物を客観的に対比する視点が生まれていたことを重視したい。

〔源氏物語〕梅枝

唐の紙のいとすくみたるに、草書き給へる、すぐれてめでたしと見給に、高麗の紙の、肌こまかに和うなつかしきが、色などははなやかならでなまめきたるに、おほどかなる女手の、うるはしう心とゞめて書き給へる、たとふべき方なし。見給ふ人の涙さへ水茎に流れ添ふ心地して、飽く世あるまじきに、またこゝの紙屋の色紙の色あひはなやかなるに、乱れたるさうの歌を、筆にまかせて乱れ書き給へる、見どころ限りなし。

唐の紙、高麗の紙、ここ（日本・本朝）の紙屋の色紙とその特性が的確に区別され、それぞれの特性に合った書法がとられている。

〔源氏物語〕鈴虫

唐の紙はもろくて、朝夕の御手馴らしにもいかゞとて、紙屋の人を召して、ことに仰せ言給ひて、心ことにきよらに漉かせ給へるに、……

何が何でも唐のもの（「漢」）が絶対であった時代は去り、唐のものであっても客観的に良いものは良い、悪いものは悪いという峻別が行われるようになっている。

〔源氏物語〕若菜下

ことぐしき高麗唐土の楽よりも、東遊の耳馴れたるは、なつかしくおもしろく、……

荘重ではあっても仰々しい高麗楽や唐楽よりも、耳慣れた日本の東遊に心惹かれるという、感性の面での「和」への傾斜が示される。

〔源氏物語〕薄雲

いよく御学問をせさせ給つゝ、さまぐの書どもを御覧ずるに、唐土には、あらはれても忍びても乱りがはしき事いと多かりけり。日本には、さらに御覧じうる所なし。

書物を通して「漢」への知識・理解も深まり、「和」との対比において、相互の国の歴史・特性が意識されていいったと考えられる。

雑駁な挙例に終始したが、上にみてきたように自国（のもの）と他国（のもの）はどのように違うのか（または同じなのか）という相互の客観的な対比によりそれぞれが認識されるようになり、日本（本朝）とは異なった国として「異国」という認識・表現が生まれることになったのではないだろうか。[16]すなわち、「中華―蕃国」のような差別意識を含まず、あるがままに他国を捉えようとする対外意識が「異国意識」であり、「異国」との相対的関係から自覚された自国意識が「本朝意識」ではないかと考える。[17]

この摂関政治期において、確かに「和」への感性的傾斜はみられるものの、日本を最上位に位置づける独善的な意識はみられず、また高麗（「韓」＝朝鮮）に対する差別意識もみられない。その意味では、その二つの意識が顕在化する院政期以降とはまったく異なっている。九世紀以前の唐（「漢」）を絶対視する価値観から離脱し、「韓」であろうと「和」であろうと良いものは良いとする相対的で多様な価値観が十世紀以降摂関政治期に広まっていたのではないかと考える。[18]

(3)「異国意識」と対外政策

「異国意識」の成立は、「蕃国」観を生んだ中華思想など律令制的な外交体制を支えた理念・思想の喪失ないし変質を意味するであろう。従って、外交体制や政策にも少なからずその反映が見られるはずである。「異国意識」の成立した十世紀前半以降の変化としてまず指摘できることは、[19]私交禁止原則の虚構化である。律令体制の下では私的な外交関係は禁止されていたが、「境外の交わりを恐るる」という原則尊重の姿勢をとりつつ、現実には口実をつくり、実質的に私交が容認化されていったのである。

同じことは、年紀制の無実化にもあらわれている。一定の年限を空けずに来航した中国商船を廻却するという年紀制は、律令制における官司先買権を確保するために延喜年間（九〇一～二三）に制定されたと考えられるが、摂関政治期になると「帰化」を口実にする中国商船の来航を受け入れるようになり、実質的に年紀制が守られない状況になっていった。

「異国意識」の成立とともにこのような律令制的外交体制の形骸化が確認されることは、「蕃国」から「異国」へと対外認識・意識が変化したことの歴史的意義を如実に物語っていると思われる。これ以後、律令制的な対外貿易への歯止めが次第に失われ、唐物需要の増大という要因と相俟って、貿易の容認、拡大がいっそう進展してゆくことになる。

「異国意識」と対外政策との関連でいま一つ触れておきたいのは、中国中心の国際秩序からの離脱がある。日本の律令制では唐を「隣国」と位置づけていたが、実際には唐は日本を「蕃国」・朝貢国として扱っており、日本もその立場を受け入れていた。日本（中国の東方の日出づる国）という国名にも示されるように、少なくとも「異国意識」が生まれるまでは日本は中国中心の国際秩序（世界観）に従っていたと考えられる。それに対し、「異国意識」の成立は中国を相対的にみることを意味し[20]、中国を絶対的価値の根元とみなす中国中心の世界観・国際秩序から離脱したことを示していると考える。中国中心の世界観から抜け出すことによって、日本が天竺・震旦（中国）と肩を並べる「三国世界」観が生まれることになったのではないだろうか[21]。

おわりに

朝鮮諸国のみならず、日本の古代国家・社会に絶大な影響を与えた中国さえも「異国」とみなす相対的な見方が生まれたのはなぜだろうか。東アジア諸国の衰亡などいろいろな要因が考えられるが、ここでは東アジア諸国間における人間・文物・情報の交流拡大による自国認識・対外認識の変化を指摘したい。すなわち、律令制下の外交使節のみによる交流の時代から民間商船の行きかう時代に移り変わることにより、諸国間の交流が量的に増大するばかりでなく質的にも大きな広がりをもつことになったため、自国・他国に対する認識が広がり、深まったことがあると思われる。もう少し具体的に述べるならば、外交使節の交流では政治的に大きな制約を受けたため、政治的に作られたイメージ（一種の幻想）で相互を理解・認識せざるをえなかったが[22]、民間交流の展開はそうした政治性から離れ日常的な現実の姿をお互いに知らしめることになったと考える。文物の点で述べるならば、その国々の超一級品で構成された回賜品・貢物の交換から日常的な物品を主とする交易への変化である。唐朝の権威は物質的面でみるならば、そうした回賜品として日本にもたらされた超一級品によって作られた部分が大きかったのではないだろうか。日常品として輸入された唐物には良いものもあれば、悪いものもあり、中国（「漢」）を相対化してゆくことになったと思われる。

大弐のたてまつれる香ども御覧ずるに、なほいにしへのには劣りてやあらむと思して、二条院の御倉あけさせ給て、唐の物ども取り渡させ給て、御覧じくらぶるに、「錦、綾なども、猶古き物こそなつかしうこまやかにはありけれ」とて、……

〔源氏物語〕梅枝

いつのものと明確な時期は記されていないが、新しい唐物より古い唐物の方が品質が高いというのは、あるいは交易品と回賜品との違いを示しているのかもしれない。そこまでも言えないにしても、交流の拡大の中で品質の低下が進行していたことを、そしてそれに呼応して「漢」の相対化も進んでいったことが想定されるだろう。

以上、東アジア諸国間交易の影響と日本古代の対外関係の転換期について、私見を述べてきた。従来の研究では事件史的な変化の捉え方が主にされてきたが、貿易などによる長期間にわたる影響・変化も十分考慮する必要があるものと考える。

最後に、「異国意識」が生まれた摂関政治期の文化の国際性について一言しておきたい。これまでは「国風文化」を中国文化（「漢」）との関連のみで考え、高麗的なもの（「韓」）も重要な要素となっていたことを見落としてきたと思われる。「国風文化」成立の背景には、前後の時代に比較して客観的な外国観・自国観が存在していたのではないだろうか。(補註2)

註

（1）当テーマに関連する西嶋氏の主要な論文は、李成市氏の編により『古代東アジア世界と日本』（岩波書店、二〇〇〇年）にまとめられた。

（2）森克己氏の主要な研究は、『森克己著作選集』（国書刊行会、一九七五年）にまとめられている。森氏以後の研究については、ここでは省略する。

（3）堀敏一『中国と古代東アジア世界』（岩波書店、一九九三年）、同『律令制と東アジア世界』（汲古書院、一九九四年）、同『東アジアのなかの古代日本』（研文出版、一九九八年）、李成市『東アジア文化圏の形成』（山川出版社、二〇〇〇年）などを参照。なお、東洋史ではないが、山内晋次「日本古代史研究からみた東アジア世界論」（『新しい歴史学のために』二三〇・二三一、一九九八年）も参照されたい。

（4）石上英一「古代国家と対外関係」（『講座日本歴史』2、東京大学出版会、一九八四年）。

（5）村井章介「王土王民思想と九世紀の転換」（『思想』八四七、一九九五年）。

（6）村井氏は九世紀の画期性を強調するあまり、九世紀と八世紀のつながりを軽視されているように思われる。例えば、新羅などへのケガレ意識や排外意識にしても八世紀からの連続性が考えられる。この点については、森公章「古代日本における在日外国人観小考」（『古代日本の対外認識と通交』吉川弘文館、一九九八年、初出一九九五年）一一六頁の註(38)、中野高行「延喜玄蕃寮式に見える新羅使への給酒規定について」（『ヒストリア』一二四、一九八九年）などを参照。
(7) 大津透「権記」（『歴史物語講座七　時代と文化』風間書房、一九九八年）。
(8) 九世紀の貿易の担い手が官人の肩書きを有していたことは、石井正敏「九世紀の日本・唐・新羅三国間貿易について」（『歴史と地理』三九四、一九八八年）を参照。
(9) 森公章「古代日本における対唐観の研究」、同「平安貴族の国際認識についての一考察」（『古代日本の対外認識と通交』吉川弘文館、一九九八年、前者の初出は一九八八年）を参照。
(10) 九世紀末の『寛平御遺戒』では、唐人も含め外国人は「外蕃之人」とされている。
(11) 十世紀半ばの『九条年中行事』には、「唐人来着事（渤海客并異国亦同）」と見え、渤海滅亡前の十世紀前半から「異国」表現が現れたと考える。しかしながら、『九条年中行事』の成立した時期を重要視するならば、十世紀半ばとするべきかもしれない。
(12) 森公章「平安貴族の国際認識についての一考察」〈註(9)参照〉一八六～一八七頁にも「異国」認識・表現の出現について詳細な検討が見られるので参照されたい。
(13) 「本朝意識」と対外認識・意識の変化との関連を指摘した研究としては、小原仁「摂関・院政期における本朝意識の構造」（『中世貴族社会と仏教』吉川弘文館、二〇〇七年、初出一九八七年）、森氏註(9)論文などがある。
(14) 川口久雄『平安朝の漢文学』（吉川弘文館、一九八一年）。
(15) 小原氏註(13)論文。
(16) 註(12)を参照。
(17) 小原氏註(13)論文は「本朝意識」について摂関政治期と院政期を区別せずに検討をしているが、筆者は両時期の「本朝意識」・「異国意識」に違いがあったと考える。
(18) 大隅和雄「古代末期における価値観の変動」（『北海道大学文学部紀要』一六―一、一九六八年）を参照。
(19) 本書第一部第一章を参照。
(20) 森氏註(12)論文を参照。
(21) 「三国世界」観は、天竺中心の「世界」と震旦（中国）中心の「世界」と日本の「世界」から成っているという世界観と考える。朝鮮は震旦（中国）中心の「世界」に所属するのであり、その存在を無視・排除したものではないと考える。

（22）日本が「黄金の島」と認識されたのは、九世紀の日唐の交流・通交が政治的に制約された時代であった。遣唐使の貢物としての砂金が限られた交流の中でイメージ的に増幅された結果ではないかと考える。

（補註1）本章の旧稿発表後、本朝意識に関わる論考として次の二本の論考があることに気付いた。久曾神昇「日本と本朝」（『新訂増補国史大系月報　付異本公卿補任』吉川弘文館、二〇〇一年、初出一九六六年）、清水潔「『本朝月令』書名考」（所功先生還暦記念会編『国書・逸文の研究』臨川書店、二〇〇一年）。

（補註2）保立道久「画期的な大会、しかしもっと論争を――二〇〇〇年度日本史研究会での山内晋次報告について――」（『歴史学をみつめ直す・封建制概念の放棄』校倉書房、二〇〇四年、初出二〇〇一年）は、「端的にいって「国風文化」の背景に、前後の時代に比較して客観的で偏見が少ない、摂関期の外国観・自国観が存在するという指摘には、疑問をもつ。（中略）エキゾチズムとナショナリズム（排外主義）は両立するものである。やはり、高麗の文物に対して高い評価があるから、独善的な意識は存在しないというのは、日本の支配的国家思想に対する甘い見方を結果しないだろうか」（一〇九～一一〇頁）として、本章の元になった二〇〇〇年度日本史研究会における筆者の報告を批判された。確かにエキゾチズムとナショナリズムは両立するものであるが、ナショナリズムは時々の状況に応じて高下するものであり、一定普遍のものではない。渡邊誠「平安貴族の対外意識と異国牒状問題」（『歴史学研究』八二三、二〇〇七年）の「11～12世紀の対外観を、高麗・宋おしなべて「排外的」と評価するのは正しくない。高麗に対しては高句麗・渤海の継承国として「盟約」を結んだ国家とする意識や、新羅以来の「敵国」とする意識などが複雑に絡んで一様でなく、軍事的脅威が危惧された場合などは「敵国」とする意識が台頭するが、医師派遣問題などのように、後者の意識を普遍的に捉えることはできない。中国王朝に対する姿勢も通時的に「排外的」と評することは困難である」（一七・六四頁）という考え方に賛意を表する。渡邊氏の「承和・貞観期の貿易政策と大宰府」（『ヒストリア』一八四、二〇〇三年）も参照されたい。

（補記）本章では、『源氏物語』における日本・唐・高麗の文物に対する捉え方を取り上げたが、高麗が具体的にどの国を指すのかが問題にされることが多い。光源氏と鴻臚館で対面した高麗人は渤海人のイメージで書かれているという説が有力だが、『源氏物語』中の高麗がすべて渤海を意味するものとは言えないであろう。例えば、「高麗の紙」などは、十世紀に朝鮮半島を統一した高麗からもたらされた紙を指すものと考えられる。『源氏物語』のなかの高麗という用語には、渤海のみならず新羅や高麗など半島諸国の複合的なイメージが含まれていると考える。高麗の紙については、池田温「前近代東亜における紙の国際流通」(『東アジアの文化交流史』吉川弘文館、二〇〇二年、初出一九八九年)を参照。

青木和夫先生からの私信において、本章で扱ったテーマに関して『源氏物語』と『宇津保物語』の違いを問われた。この問いに対しては、中島尚「うつほ物語から源氏物語へ——漢と和と——」(『国語と国文学』昭和五十二年年十一月号、一九七七年)が答えていると思う。中島氏の研究に拠れば、『源氏物語』に先行する『宇津保物語』においては、まだ「漢」を崇拝する価値観が強く、「和」と「漢」を対比して価値判断するには至っていなかったと思われる。

終章　文化受容における朝貢と貿易

はじめに

本書では、唐代朝貢体制下の日唐関係を制度的な面から考察し、朝貢体制下とその崩壊後では中国文化の日本への流入状況に違いがあったことを明らかにしてきた。そして、古代日本が一貫して中国文化の強い影響下にありながら、その流入状況の変化が「唐風文化」から「国風文化」への転成を促したことを述べた。

本章では、改めて「国風文化」の生成について朝貢と民間貿易という視点からまとめ直し、日本古代における外交と文化の関係を論じてきた本書の結びに代えたいと思う。

一　「国風文化」のなかの中国文化

(1)　「国風文化」とは

平安時代中期の文化は、一般に「国風文化」と呼ばれ、それ以前の中国風文化と区別されている。遣隋使・遣唐使などの派遣を通じて中国文化を摂取・模倣する時代は、寛平六年（八九四）の遣唐使廃止により終りをつげ、この平安時代中期には唐の文物の影響が薄れたため、日本独自の文化が生みだされることになったのだとされる。

しかし、一歩その内容にたちいってみるならば、「国風文化」にも唐などの中国文化の影響が色濃く反映しており、平安時代中期以降中国文化の影響が弱まったという通説の誤りであることがすぐにわかるであろう。中国文化の影響の強い「国風文化」とはどういうことなのか、納得のいかない方もおられると思うので、まず「国風文化」における中国文化の影響の具体例について見てみることにしたい。

(2)　三蹟と王羲之

わが国の書が、中国の書法を学ぶことで進歩・発達をとげたことはいうまでもない。とりわけ、東晋時代の書家王羲之（三〇七?～六五?）の書法の影響は絶大であった。たとえば、『万葉集』のなかで、「羲之」・「大王」（王羲之を「大王」、その子献之を「小王」と通称した。また二人あわせて、「二王」とも称した）が「てし」（＝手師。書法の手本となる能書家）という助動詞の戯訓としてもちいられていたことに、その影響力の一端が示されている。奈良時代において、手師といえば、第一に王羲之が思い浮かべられるほどの王書盛行の状況があったのであろう。ちなみに正倉院に現存する光明皇后（七〇一～六〇）筆の「楽毅論」も、王羲之の書の臨写本とされている。

平安時代にはいっても王書は書法の中心的存在であり、空海（七七四～八三五）・嵯峨天皇（七八六～八四二）・橘逸勢（?～八四二）らいわゆる三筆の遺墨にも羲之に学んだ跡が明瞭である。三筆は唐風書道の名人であるから、羲之の書法を学ぶのは当然であるとされるかもしれないが、和風書道の名筆として知られる三蹟の書にも、王書の影響がはっきりとうかがわれるのである。

小松茂美氏は、王羲之と三蹟の筆蹟を細密に対照され、王書の三蹟に及ぼした影響を実証されたが、[1]すでに室町時代の書道の口伝書においても、小野道風（八九四～九六六）の筆法が王書に基づいたものであったことを指摘されている。[2]三蹟の人々が王書を学んだことは、藤原行成（九七二～一〇二七）が王羲之の書を宮中から三年間も借りだしていた事実からも裏づけられる。[3]

長保五年（一〇〇三）に入宋した僧寂照（九六二?～一〇三四）は、かの地で能書を認められたことで名高いが、彼の書に関して「国中多く王右軍（王羲之は右軍将軍であった）の書を習う。寂照頗るその筆法を得たり」と評されていることは注目される。[4]在宋の寂照のもとには、具平親王（九六四～一〇〇九）・藤原道長（九六六～一〇二七。藤原行成の代筆か）・源俊賢（九六〇～一〇二七）ら三人の書状がもたらされたが、その三人の書に対しても「皆二王の迹」が指摘されている。[5]和風書道が確立したとされる平安時代中期においても、三蹟をはじめとして多くの人々が王羲之の書から直接的に学んでいたのである。

(3)　国文学と白氏文集

〔枕草子〕二一一段

書は、文集、文選、新賦、史記五帝本紀、願文、表、博士の申文。

清少納言が書籍の筆頭にあげた「文集」とは、いうまでもなく『白氏文集』、すなわち中唐の官僚詩人白居易（七七二～八四六、白楽天ともいう）の漢詩文集をさす。この『白氏文集』がわが国の文学に与えたインパクトは、まさに書における王羲之に匹敵するほど大きなものであった。平安時代中期の女流文学も、『白氏文集』の強力な影響下にあったことは、すでに多くの先学の指摘されるところである。[6]

たとえば、清少納言の『枕草子』だが、書籍の最たるものとして『白氏文集』をあげているように、その傾倒ぶりを示して、そのなかには『白氏文集』を典拠とした挿話が散見される。雪の高く降り積った日、中宮定子（九七六〜一〇〇〇）の「香爐峯の雪いかならん」との問いに、清少納言がすぐさま機転をきかせて、御格子・御簾をあげさせた話などはご存じの方もおられるだろう。この話も、『白氏文集』巻一六の「香鑪峯の下に新たに山居を卜し草堂初めて成りて、偶東壁に題す」という律詩に基づいたものである。

清少納言が『白氏文集』の内容をどの程度理解していたかについては一部疑問もあるようだが、彼女を「真字書きちらし」、「したり顔」していると難じた紫式部は別として、当時の多くの人々に称讃される程度の素養があったことは認めてよいだろう。また、『白氏文集』以外にも、『詩経』『史記』『漢書』『列子』『晋書』『論語』などの漢籍が引用されているが、(7)『枕草子』を書くにあたって、これら漢籍の素養が重要なバックボーンとなっていたことも否定できないだろう。

『白氏文集』の強い影響下にあったことでは、紫式部も同様であった。彼女が、中宮彰子に請われて「新楽府二巻」を講じた話は、(8)ご存じの方も多いと思われるが、彼女の『白氏文集』への通暁ぶりを示す逸話として興味深い。実際、『源氏物語』のなかには、白詩の引用や構想の模倣・翻案が数多く見られ、彼女の『白氏文集』に対する理解・素養の深さが指摘されている。(9)理解の深浅、受容のあり方に違いがあるにしても、『白氏文集』から得たものが作品の重要な構成要素となっていたことでは、『源氏物語』も『枕草子』と同じである。

『源氏物語』にも、じつに多くの漢籍が引用されている。『史記』『漢書』『晋書』といった史書をはじめとして、『文選』『礼記』『戦国策』『管子』『述異記』『西京雑記』『遊仙窟』など、『枕草子』を上回る幅広い漢籍の引用・影響が見られ、(10)その学識の博さは、兄惟規（?〜一〇一一）より漢籍の読解にすぐれ、父為時をして「残念なことだ。この子が男子でなかったのは不幸なことよ」と嘆かせたエピソード(11)を思いおこさせる。

清少納言・紫式部という国風文学を代表する女流作家二人が、『白氏文集』をはじめとする多くの漢籍に通じており、その素養が作品に強く反映しているという共通点をもったことは、見逃すことのできない重要な事実だと思われる。

(4)　平安中期の文化の様相

平安時代中期の文化というと、すぐに和歌や大和絵などがもちだされ、「国風文化」の展開のもと、漢詩文や唐絵など中国風の文化はすたれてしまったかのような印象をうけてしまうが、実際にはそうではない。宮中の障子絵・屏風絵に見られるように唐絵と大和絵が一緒にならべられたり、藤原公任（九六六～一〇四一）の『和漢朗詠集』に示されるように漢詩文と和歌が交互に吟唱されるなど、中国風文化と「国風文化」が並存する状態にあったのである。中国風文化一辺倒の時代が終ったのは確かであるが、書や女流文学の例に見たように中国文化の影響は脈々として続いているのであり、この時代の唐物貿易の拡大にも示されるように中国の文物に対する憧憬はいささかも衰えてはいないのである(12)。

「国風文化」の時代も、中国風文化の時代と同様に中国文化の強い影響下にあったが、それではなぜこの平安時代中期になって文化の「国風化」が進展したのであろうか。通説では遣唐使廃止がその原因の一つとしてあげられるが、果たして遣唐使の廃止は文化の「国風化」とどのような関連があるのであろうか。遣唐使による中国文化摂取のあり方を再検討し、さらに遣唐使廃止以後の文化摂取のあり方とくらべることにより、こうした疑問に対する私見を述べることにしたい。

二　遣唐使（朝貢）による文化摂取

(1)　遣唐使の限界

平安時代前期までの唐文化の影響が強かったとされる時代は、だいたい遣唐使が派遣されていた時代と重なる。最近は、新羅や渤海など朝鮮諸国を通じての流入経路が注目されているが、それでも唐の文物の日本将来に中心的な役割を果たしたのが遣唐使であったことに異論はない。七世紀前半から九世紀前半までの約二世紀のあいだ、唐の先進文物を直接もたらし、日唐間の文化・学術交流の架け橋となった遣唐使の文化史上の意義は、おおいに評価されるべきものと思う。しかし、その一方でこれまでの遣唐使に対する評価は、あまりに過大なのではないかとも思われる。遣唐使は、あらゆる唐の文物を無制限にもたらすことができたわけではなく、種々の制約のもと限られた範囲内のもののしか舶載できなかったという一面を十分認識しておく必要がある。

遣唐使の派遣自体、八世紀になると特別な場合を除きほぼ二〇年に一度のものとなり、随伴の留学生の数も使節全体の数に対して多いとはいえず、その留学生の研究分野にも時期によりかたよりがあるといわれている[13]。約二〇年に一回という数少ない機会に、限られた人数によりもっとも効果的にかつ必要度の高いものを入手しなければならなかったのである。当然、そのもたらされる文物・学術も政府の意向のもと選択されたものであって、政府にとって必要度の低いものは選から洩れざるをえなかっただろう。

遣唐使派遣には、海路の危険がともなうほか、朝貢使として唐皇帝などへの多くの貢物や使節・随員への支給品を用意しなければならないため莫大な費用がかかり、派遣回数を簡単に増やすことはできなかった。それならば、朝貢使の形をとらず、小規模な編成で小まめに留学生を送りこんだり、民間貿易の形で唐の文物を入手すればよかったのではないかという疑問が生じることと思うが、実際にはそうした方法は不可能であった。

(2)　唐代律令制下の対外方針

一般に、シルクロードなどからの連想により、唐と諸外国とのあいだにはつねに自由な通交があったと考えることが多い。しかし、現実には唐朝では、少なくとも八世紀前半の律令制が機能していた時代までは、原則として公的な外交使節以外の出入国を認めていなかったのである。[14] 公使以外の出入国には特別に皇帝の勅許を得る必要があり、密出入国は厳罰に処されることになっていた。玄奘三蔵（六〇二～六四）や鑑真（六八八～七六三）らが、求法や布教のためあえて国憲を犯し密出国した際、非常な艱苦を強いられたのもそのためであった。

唐代前半にもペルシャ人やソグド人などの外国商人が唐国内に存在したことが知られるが、彼らも唐と外国とのあいだを自由に往来していたわけではなく、唐と突厥との戦争などにより、唐国内に逃げこんできた人々と考えられる。彼らにしても勝手に唐から出国することは認められておらず、唐国内での交易のみ許されていたのである。[15]

唐の律令制下では公的な外交使節以外の入国を認めてなかった以上、唐の文物・学術を入手するためには制約が多くとも遣唐使を派遣せざるをえなかったのである。

(3)　唐の輸出制限

唐への入国を認められた遣唐使など公的な外交使節であっても、唐国内での行動には、さまざまな制限が加えられていた。例えば、外国使は唐の一般人との会話は禁じられ、唐側の官人も用事がなければ面会もできなかったのであり、外国使は公務以外での唐国人との接触が極力制限されていた。この種の規制はこのほかにもいろいろあったと思われるが、現在具体的に知りうるものとしては、外国使の買物に対する規制がある。

唐律では、公的使者として派遣された者が、私かに交易をした場合、盗罪に準じて罰せられることになっていた。(16)外国の使者がもし買物を望むのであれば、申請して、皇帝の勅許などを得ることが必要であったし、また、たとえ勅許を得たとしても、原則として唐の法律などで決められた輸出禁止品の国外持ち出しは認められなかった。

輸出禁止品について唐律では、大きく二つに分けて説明している。一つは、狭義の「禁物」で、禁兵器や禁書など個人的に所有することを認められていないものである。もう一つは、「禁約物」で、私有はできるが、令などで国外持ち出しが禁じられているものである。その代表的な物品名は、関市令に規定されていた。

〔唐令拾遺〕関市令第四条

諸そ錦・綾・羅・縠・紬・綿・絹・絲布・氂牛の尾・真珠・金・銀・鉄は、並びに西辺・北辺の諸関を度すこと、及び縁辺の諸州に至りて興易することを得ず。

錦以下の高級織維品は、唐の先進的紡織技術により作られたもので、当時の諸外国の技術水準ではとうてい作りえないものであった。また、氂牛の尾や真珠・金・銀・鉄は、原材料としても貴重であったが、唐の高度な工芸技術により加工された場合、その価値をいっそう高めたことはいうまでもない。まさに諸外国の垂涎の品々が、輸出禁止品とされていたのである。こうした禁制品を自国へ持ち帰ることを唯一例外的に許されたのが朝貢使であった。朝貢使には、回賜品（朝貢物に対する返礼）や別勅の賜物として、これら貴重な禁制品が賜与されたのである。日本をふくめて多くの国々が、唐に朝貢使を送った背景には、このような唐の輸出制限が存在したのである。(17)

輸出禁止品は、関市令に規定された物品には限らなかった。そのときどきの状況・必要によって禁止品の追加・変更などが勅によって行われたからである。こうした勅による輸出禁止措置は古く漢代から見られるが、その禁制の厳しさはすでに唐代には伝説として西域に広まっていたほどだった。

(4)　勅断品

昔、瞿薩旦那国では、桑も蚕も知らなかった。東の中国にあると聞いた国王は、使を派遣してこれらのものを求めさせた。しかし、このとき、中国の君主は秘して賜与せず、厳しく関所に勅命して、桑や蚕の類の国外持ち出しを禁じた。そこで、瞿薩旦那王はへりくだって中国の王女との結婚を求めた。中国の君主には遠国の民を手なづけようという気持があったので、ついにその請求を許した。瞿薩旦那王は使に命じて妻を迎えに行かせるにあたって、誡しめていうには、「おまえは中国の君主の娘にこのように言うのだ。わが国には素より絲・綿・桑・蚕の類はないので、もって来て自分で衣服を作るように」と。王女はその言葉を聞いて、ひそかにその類を手に入れ、桑・蚕の子をわた帽子の中に隠した。国境の関所に着くと、係りの者が遍く調べあげたが、ただ王女の帽子だけはあえて調べなかったので、ついに瞿薩旦那国に入ることができた。

この養蚕西漸伝説は、唐初に于闐（和田）を訪れた玄奘法師が聞いた話として、彼の旅行記『大唐西域記』に記されたものである。[18] 伝説である以上そのすべてを真実とすることはできないが、唐代以前のある時期に、勅により桑や蚕の類が輸出禁止品になっていたことは事実とみてよいだろう。ちなみに、今世紀初頭、イギリスの探検家オーレル・スタイン（一八六二〜一九四三）が、和田付近のダンダンウィリクの唐代の遺跡でこの伝説を描いた板絵「絹の王女の伝説の図」を発見しており、『大唐西域記』の記事を考古学的に裏づけている。[19]

ところで、この養蚕西漸伝説に類似した伝説が日本にもあったのである。『長谷寺霊験記』に見える「山陰中納言聖人の告を得て、総持寺の仏を造る事」がそれである。その内容をかいつまんで紹介することにしよう。

藤原山陰（八二四〜八八）は、仏像を造るという父高房（七九五〜八五二）の宿願を果たしたいと幼少のころから思っていた。たまたま大神御井という遣唐使がいたので、仏像を造る木を得るため、砂金一〇〇両を預けた。依頼をうけた御井が、唐でさがしたところ、清涼山仏母院に光を放つ一本の霊木があることを聞いた。御井は、栴檀香のこの霊木を金一〇〇両で入手し、日本に持ち帰ろうとした。ところが、このことを聞いた唐の皇帝は、その霊木の国外持ち出しを堅く禁じて、御井の船の出航をとどめてしまった。そこで御井は、その霊木に、山陰が千手観音像を造るために用意した香木であるむねと、無事山陰のもとに届くよう祈願を記して海に投げいれた。日本では山陰が播磨守に任じられていたが、その霊木は任国の明石浦に流れつき、山陰の手に入ることになったという。

この伝説が架空ものではなく、もととなった史実が存在したことは、東野治之氏により明らかにされている。[20]伝承の過程で次第に変容し、霊験譚となったのだろう。

さて、この伝説のなかで注目されるのは、唐の皇帝が香木の持ち出しを禁じたくだりである。結果として日本に持ち出すことに成功し、それは霊験によって初めて可能だったことになっているが、この話の筋の前提には、当時唐朝の規制のもと香木の持ち出しがかなり困難であった状況を推定できるのではないだろうか。この場合、とりわけ貴重な霊木だからとくにこの霊木に限って持ち出しを禁じたことになっているが、実際には当時一般に香木は輸出規制をうけていたと考えられる。

大神御井が入唐したのと同じころ、天台僧円仁（慈覚大師、七九四〜八六四）が、承和の遣唐使に伴われて唐に渡った。彼の旅行記『入唐求法巡礼行記』のなかには、遣唐使の随員が「勅断色」（勅により禁断された物品）を買ったため唐の役人の呼びだしを受けたり、市に香薬を買いに行って、官憲につかまりそうになって二百余貫もの大金を捨てて逃げ帰ったという記事が見られる。[21] この場合の「勅断色」に香薬がふくまれるかどうかは明らかでないが、少なくとも唐で香薬を入手し、日本に持ち帰るのはかなり至難であったと思われる。そのため、この承和の遣唐使が大宰府に帰りついたとき、唐皇帝からの回賜品（「信物」）とならんで「要薬」が特別な扱いをうけて都に運搬された。[22] また、平城朝において、唐の回賜品とならんで（もしくは、回賜品の一部として）綾・錦・香薬が、参議以上の貴顕に限って頒賜されていることも注意される。[23] すなわち、先掲の唐関市令で見たように綾・錦は輸出禁制品であり、それらと一緒の扱いをうけた香薬もほぼ同様に貴重なものであったことを示している。

七世紀後半ごろから新羅を通して「薬物」がもたらされていたが、あくまでも数多くの朝貢品のなかの一つにすぎず、量的には大したことはなかったであろう。天平勝宝四年（七五二）の新羅使が大量の香薬をもたらしたことは事実だが、このような例は後にも先にもなく、この一回限りの例外で、一般に九世紀後半までは香薬の入手はかなり困難であったと考えられる。

(5)　唐代の書禁

宋代に厳しい書禁（書物の輸出禁制）があったことは広く知られているが、[24] 唐代、そしてそれ以前から書禁が存在していたことはあまり述べられることがない。古く後漢の時代には諸子や『史記』の下賜を禁じた例が知られ、その後の王朝においても書籍の輸出禁制が布かれたものと考えられる。例えば、南斉朝では、「『五経集註』、『論語』は外出せず」という秘閣図書の例があったことが知られている。[25]

唐代に書禁が存在したことを示す徴証は、あちこちの史料に散見される。まず、外国使節が自国に書籍を持ち帰りたいときは、皇帝の勅許や地方官である刺史の許可をもとめたことが知られるが、このことは書籍の国外帯出に制限があったことを示している。(補註1)また、書籍下賜の申請がつねに認められていたわけではなく、唐朝の判断により賜与されないこともあった。

〔冊府元亀〕巻九九九、外臣部・請求

則天垂拱二年（六八六）二月、新羅王金政明、使を遣はして礼記一部并びに新文章を請ふ。所司をして『吉凶要礼』を写さしめ、并びに『文館詞林』に於いては其の詞規戒に渉るものを採りて勒して五十巻と成し之を賜ふ。

『文館詞林』は、顕慶三年（六五八）に完成した全一〇〇〇巻の大漢詩文集である。そのすべてを与えず、規戒に関するものだけを抄出して与えたのは、当時としては最新・最高の漢詩文集の成果をそっくりそのまま与えるのを惜しんだためであろう。(26)

唐が最新の、しかも支配にかかわるような書籍の国外持ち出しを制限していたことは、日本に対しても同様であった。天平六年（七三四）に帰朝した吉備真備（六九五〜七七五）は、多くの漢籍をもたらしたが、そのなかには「唐礼一百卅巻」もふくまれていた。この唐礼は巻数からみて、顕慶三年に撰上された『顕慶礼』と考えられるが、(27)実をいうと、唐では、真備帰朝の二年前の開元二十年（七三二）に『開元礼』一五〇巻が完成し、諸司に頒行されていた。(28)時間的に『開元礼』を持ち帰ることは十分可能であったにもかかわらず、それ以前の『顕慶礼』しかもたらしえなかったのは、やはり最新の『開元礼』の持ち出しが許されなかったからと考えられる。見方をかえて述べるならば、完成後七〇年以上もたったこの時に『顕慶礼』をようやくもたらすことができたのは、新しく『開元礼』が完成し、古くなった『顕慶礼』の重要性が減じたからだと考えられるだろう。唐末・五代の混乱期をへて宋代になると、『太平御覧』一〇〇〇巻を初めとして多くの書籍の輸出が禁じられたが、この禁制は宋代のみの特殊なものではなく、漢代から唐代にいたる伝統的な政策の復活ととらえるべきものと考える。

『旧唐書』日本伝に、日本の使人が「得るところの錫賚、尽く文籍を市ひ、海に泛びて還る」とあるように、遣唐使が大量の漢籍をもたらしたことは事実であるが、無制限に持ち出せたわけではないし、また約二〇年に一度という限られた機会しかなかった以上、どのような書籍がもたらされ、どのような書籍はもたらしえなかったのか、さらに持ち出せたとしてもその時期はいつごろであったかは、十分留意しておく必要がある。

奈良時代における漢籍将来の状況は、次の記事に端的に示されている。

〔続日本紀〕神護景雲三年（七六九）十月甲辰条

大宰府言す、「この府は人物殷繁にして、天下の一都会なり。子弟の徒、学者稍く衆し。しかるに府庫ただ五経を蓄へて、未だ三史の正本有らず。渉猟の人、その道広からず。伏して乞ふ、列代の諸史、各一本を給へ。管内に伝習せしめて、以て学業を興さむ」と。詔して『史記』・『漢書』・『後漢書』・『三国志』・『晋書』各一部を賜ふ。

平城京につぐ古代の大都市であり、外交の窓口でもあった大宰府においてすら、十分な漢籍が備えられていなかったのである。(29) 平安時代中期には、個人的にもかなりの漢籍の入手・所有が行われていたことと比較するならば、奈良時代における漢籍の流入がいかに限られていたかを如実に示しているといえよう。(補註2)

以上、遣唐使の文物将来の限界について見てきたが、こうしてもたらされた唐の文物は、日本においてどのように受け入れられたかを次に述べることにしたい。

(6)　日本の中国文化受容のあり方

唐から日本への文物将来に制約があったことは、日本の支配者層にとっては必ずしも不都合なことばかりではなかった。原則として、遣唐使以外には中国の文物を直接入手する方法はなく、その数量も限られていたことは、中国の文物の独占を可能にし、またその価値を高めることになったからである。

遣唐使の持ち帰った錦・綾・香薬などの唐物は、神社や天皇陵に奉献されるとともに、天皇から臣下へ君恩として賜与され、天皇の権威・君臣秩序の強化に役立てられた。また、唐物を所有・使用できる階層は限定され、身分秩序の安定・強化にも利用された。とりわけ、蘇芳（赤色系染料）や玳（瑇）瑁（南海産のカメで、背甲は鼈甲といい各種の装飾品に使用）などの服飾に関連する唐物は、身につけるだけでその人の身分の高さを示すことになり、身分標示の手段として効果的であった。

書籍は、一部個人的に持ち帰り私有されたものもあったであろうが、遣唐使という国家事業の性格から大部分は国家・天皇の所有するところとなったと思われる。典籍を初めとして書法・屏風・障子・図面・絵画にいたるまで、図書寮に収められた書籍類は、天皇の勅許なしには親王といえども借覧できないきまりとなっていた(30)。留学生が優秀な官人・官僧から選抜されたことと相俟って、先進の学術・知識が国家に独占され、支配制度の確立・維持のために集中的に活用できる仕組みとなっていたのである。また、国家が書籍を独占することは、学問や知識が反国家的な運動や思想に展開することを未然に防ぐというメリットもあった。国家による中国文物の独占は、支配の手段としてきわめて有効であり、かつ重要な政策であったといえるだろう。しかし、その反面、文化の発展という点では大きな制約を受けることになったことは否めない。

まず第一に、文化の自由な発達・展開を妨げられることになった。中国文物の移入が、あくまでも支配の手段として限定されたことにより、それに直接結びつかないような文化の導入が阻害されることになったのである。『日本国見在書目録』は、藤原佐世（八四七〜九七）がつくった九世紀末の日本に存在した漢籍の目録で、一七三四五巻もの書籍名が記載されているが、(31)支配体制維持に関連しない書、例えば伝奇小説の類などはほとんどといって良いほど見られないのである。こうした制約が、とりわけ文学の発展を阻害したことは、後の叙述で明らかになると思う。

第二に、中国文化に接触しうる人が極端に限られたといえる。唐からもたらされた文物の絶対量が限られていたこともあるが、国家の政策により、国家の支配・運営にかかわる官人・官僧のみが中国の学術に接しえたのであり、さもなくば一握りの上級貴族が奢侈品としての唐物を所有しえたのであった。そのため、貴族であっても、国家支配の表舞台から排除された女性たちは、大学・国学への入学はいうに及ばず、中国の学術などから疎外されることになったのである。こうした状況が長く続くことにより、後に女性は漢籍を学ぶと不幸になるという迷信をも生むことになったのであろう。

中国文化が支配という特定の用途に限定され、また文化の受容者が極端に限られたことは、まさに文化の独自の発展にとって致命的な障害であった。この時代唐のすぐれた文化を受け入れたといっても、日本の文化が中国文化の模倣の域をでなかったのは、当然といえるであろう。

三　民間貿易の展開と文化の国風化

(1)　唐の対外方針の変化

先に述べたように、唐代の前半――律令制が機能していた時代――においては、原則として朝貢使などの公的な外交使節以外の通交は認められていなかった。唐から律令制を継受した新羅・渤海、そして日本などもこの対外方針をとっていたと考えられ、[32]この時期の東アジアにおいては、民間貿易の展開する余地はなかった。

ところが唐では、八世紀前後から律令体制の弛緩・財政の悪化が進行し、安史の乱（七五五〜六三）でそれらの問題が決定的なものとなったことにより、それまでの律令制的な支配方針の見直しを迫られることになった。すなわち、律令制下では伝統的な抑商政策がとられていたが、すでに開元（七一三〜四一）・天宝（七四二〜五五）期には商工業の発達を背景として商業税徴収などを行う財政国家的政策がとられるようになっており、安史の乱以降そうした政策が拡大されていったのである。こうした支配方針の転換に加え、イスラムのアッバース朝の積極的な海外貿易政策に刺激されたこともあって、それまで制限されていた民間貿易も次第に公認されるようになった。[33]

八世紀後半以降の民間貿易の展開は、周辺諸国への中国の文物の流出を少しずつ拡大していくことになったが、それでも唐王朝が存続していたあいだは、輸出規制など貿易管理が行われていたため、文物の流出にはある程度歯止めがかけられていた。

(2)　民間貿易による中国文化の流入

八世紀後半の唐の対外方針変化の影響を、すぐさま受けたのが、新羅であった。新羅商船は積極的に海外に進出し、唐と日本の中継貿易にも乗り出した。しかし、九世紀にはいり新羅と日本の関係が悪化する一方で、中国商船が日本へ来航するようになったため、新羅商船は日本市場から後退し、その後は中国商船が日本市場を独占した。

九世紀以降、さしもの唐王朝も衰勢が著しくなり、それとともに次第に貿易管理にも弛緩が生じるようになった。そのため、日本への唐物の流入量も拡大し、国家による唐物の独占を困難なものにしてゆくこととなる。とりわけ、唐が滅亡に瀕した十世紀前後には、中国商船の日本来航が急増し、政府は貿易統制の強化を迫られることになった。

国家による貿易品の先買権の強化や中国商船の来航制限などを行ったが、唐滅亡後もとどまることのない中国商船の来航と国内の唐物需要の高まりは、次第にこうした貿易制限を無力化させ、国家の中国文物独占体制を崩してゆくことになった(34)。

さて、中国商船は、日本に何をもたらしたのであろうか。平安時代の貴族の日記類にも、その具体的品目名が散見されるが、まとまった形で唐物の内容を記したものとしては、藤原明衡（九八九?〜一〇六六）の『新猿楽記』に次の記載がある。

唐物には、沈・麝香・衣比・丁子・甘松・薫陸・青木・龍脳・牛頭・雞舌・白壇・赤木・紫壇・蘇芳・陶砂・紅雪・紫雪・金益丹・銀益丹・紫金膏・巴豆・雄黄・可梨勒・檳榔子・銅黄・緑青・燕脂・空青・丹・朱砂・胡粉・豹虎皮・藤茶碗・籠子・犀生角・水牛如意・瑪瑙帯・瑠璃壺・綾・錦・羅・穀・呉竹・甘竹・吹玉等なり。

『新猿楽記』は、十一世紀なかばの成立とされるが、唐物の内容については九世紀以来大きな変化はなかったと思われる。ただし、ここにはあげられていないが、これ以外にも、書籍や鸚鵡・孔雀・鴿・白鵝・羊・水牛・唐犬・唐猫・唐馬などの鳥獣類、唐紙・唐硯・唐墨などの文房具類がもたらされたことが知られている。

中国商船のもたらした物品を通覧して、まず注意されるのは、綾・錦などの高級繊維製品や香薬など唐代には輸出禁制品ないしは入手困難であったものが多くふくまれていることである。このことは朝貢という形式で遣唐使を派遣していた時代には、入手困難であったり、また手にはいっても回賜などとして数量的に限られていた中国の文物が、民間貿易の展開によって容易に、また大量に入手できるようになったことを示している。しかも、国家の統制を離れ、個人的に入手できるようになったのである。

(3)　中国文物の浸透

民間貿易展開による中国文物の流入量の増大は、当然日本の文化のありようにも影響を与えずにはおかなかった。

まず第一に、中国からの文物の増大は、遣唐使時代の国家による中国文物の独占体制を弛緩、そして崩壊させ、中国の文物を享受できる人々の階層を広げることになった。とりわけ平安時代中期以降経済的に裕福となった受領層を中心に、高価な中国文物が浸透していったと思われる。女流文学の代表的作家である紫式部と清少納言が、いずれも漢文学の教養をもった受領層貴族の娘であったことは単なる偶然ではないだろう。奈良時代以来、女性は漢籍から遠ざけられていたが、紫式部らが漢籍を読むようになった平安時代中期においても、まだ「女は漢籍を読むべきではない。読むと不幸になる」という偏見・迷信が存在した。(35)しかし、この時代、女性のあいだにようやく漢籍が浸透するようになったことは確かと思われる。紫式部や清少納言は特殊なケースとされるかもしれないが、十一世紀ごろの成立とされる『篁物語』第一部でも、主人公「小野篁」が異母妹に漢籍を教えた話が見られることなどから、ある程度一般的な現象としてとらえることができるであろう。

第二の影響としては、支配に直接関連しない文学作品も個人的に入手できるようになったため、漢文学のみならず、国文学の発展をもうながすことになった。たとえば、『源氏物語』には、『飛燕外伝』『飛燕遺事』『趙后遺事』などの中国伝奇小説のストーリーや小説手法の影響が随所に見られるという。(36)また『枕草子』には、晩唐の詩人李商隠（八一三〜五八）の『李義山雑纂』などの雑纂もしくは十列の形式がとりいれられているという。(37)上記の伝記小説も雑纂も九世紀末の『日本国見在書目録』には見えないものであり、その後中国商船によりもたらされたものと考えられる。

平安時代には、詩宴が頻繁に催されていたが、貴族はそれに備えて漢詩・和歌の鍛錬が必要とされたが、その際の手本として『白氏文集』や『元稹集』などが中国商人を介して買い求められていたことも知られている。[38]

第三に、中国的物質文化の浸透がある。当時の貴族の生活は純和風と思われがちだが、意外なほどに中国からの物資が彼らの生活のすみずみまで行き渡っていた。十二単や直衣など和風装束の素材には、唐錦・唐綾がふんだんに用いられたし、また、薫物という生活風習が生まれていたが、屋内にくゆらされ、衣料に焚きしめられた香料も中国を経由して輸入されたものだった。調度品としての屛風や障子には、唐絵や大和絵が描かれたが、その大和絵の顔料さえ中国から輸入したものであったし、家具の用材にも紫檀・白檀などの輸入材が用いられた。和歌や書をしたためる際も唐紙に唐墨で書かれることが少なくなく、食事のときには唐物の茶碗を用い、病気には唐薬といったように、中国からの輸入物資は貴族の生活や文化活動において欠かすことができないものとなっていた。こうした中国的物質文化が、貴族らの生活感覚のみならず、「雅」などといわれる美意識にも多大な影響を及ぼし、「国風文化」の物質的基盤・背景となっていたことは重視されなければならない。

「国風文化」といいながらも、実際には中国からの文物の輸入なしでは成立しえないきわめてエキゾチックな文化だったのである。

おわりに

これまでは、唐帝国の滅亡が、中国文化の影響力・規制力を弱めたため、周辺諸国にその国独自の民族文化が生まれることになったと理解されてきた。契丹文化・西夏文化・高麗文化、そして日本の「国風文化」もそうした民族文化だとされている。[39]

しかし、本章で述べてきたように、「国風文化」においては、中国文化の影響は強まりこそすれ、弱まることはなかった。むしろ、唐代では入手困難であったさまざまな中国の文物を大量に摂取できるようになったことで「国風文化」が形成されたと考えられる。遣唐使の派遣停止も、唐の文物への欲求が薄れたためというよりも、唐朝の衰亡により民間貿易が展開し、いながらにして中国の文物を入手できるようになったため、莫大な費用がかかり、危険の伴う国家使節をわざわざ派遣する必要がなくなったからであろう。(40)

中国文物の流入増大は、わが国の文化水準を高める一方で、国内の社会・経済の発展と相俟って文化の受容者層を広げることとなった。文化は、作り手だけでは発展せず、受け手がいなくてはならないといわれる。中国文化はそのままでは日本人一般にとって難解で違和感のある外国文化である。それを個人的能力や条件・環境の違いなどにかかわらず享受できるよう、その変容――「国風化」――が求められることになったのも、文化の受け手の広まりと無関係ではあるまい。たとえば、当時女性のあいだにも漢籍が浸透しつつあったが、誰でも紫式部や清少納言のように『白氏文集』をスラスラと読解できて、その中国的な情景描写にとけこめたわけではなかった。

〔更級日記〕

世中に、長恨歌といふ文を、物語にかきてある所あんなりときくに、いみじくゆかしけれど、えいひよらぬに、さるべきたよりをたづねて、七月七日いひやる。

菅原孝標女のような多くの普通の女性にとっては、白居易の「長恨歌」に憧れつつも、日本版に翻案された作品が必要だったのである。その意味において、「国風文化」とは、日本における中国文化の一種の大衆化ととらえることも可能と思う。しかしながら、外国文化が日本の社会に定着・浸透するためには、つねにこのような「国風化」が行われたのであり、この平安時代中期に限ったことではない。(補註3) したがって、この時代にのみ外国文化の「国風化」が行われたとか、ましてや純和風の文化であるといった誤解をまねくような「国風文化」という名称には、問題が多いと思われる。

ともかくも、唐の衰亡の結果、日本では以上のような中国文化の変質が進行したが、このような状況はほかの東アジア諸国にもあてはまるものと考える。すなわち、契丹にしろ、高麗にしろ、民間レベルでの文物交流拡大のなかでその国ごとの中国文化の「国風化」が進展し、文化の成熟をみたのではないだろうか。

註

(1) 小松茂美『平安朝伝来の白氏文集と三蹟の研究』(墨水書房、一九六五年)を参照。
(2) 『麒麟抄増補』には、「而ニ日本ノ山河草木ノ姿ハ和ナル故ニ、其ニ似タルアイダ、義之ガ手ニ肉ヲ懸テ、道風ハ書給ヘリ。雖然義之ガ所定ノ筆法ニ不替也」とある。
(3) 『権記』寛弘八年(一〇一一)六月八日条。
(4) 『宋朝事実類苑』巻四三、仙釈僧道・日本僧条。
(5) 註(4)に同じ。
(6) 矢作武「枕草子の源泉——中国文学」(『枕草子講座』第四巻、有精堂、一九七六年)などを参照。
(7) 註(6)に同じ。
(8) 『紫式部日記』に、「宮の御前にて、『文集』のところどころ読ませたまひなどして、さるさまのこと知ろしめさまほしげにおぼいたりしかば、いとしのびて、人のさぶらはぬもののひまひまに、をととしの夏ごろより、『楽府』といふ書二巻をぞしどけなながら教へたてきこえさせてはべる、隠しはべり」と見える。ここに見える「楽府」とは、『白氏文集』の巻三・四の「新楽府」を指す。
(9) 丸山キヨ子『源氏物語と白氏文集』(東京女子大学学会、一九六四年)などを参照。
(10) 丸山氏註(9)書、および古沢未知男『漢詩文引用より見た源氏物語の研究』(桜楓社、一九六四年)などを参照。
(11) 『紫式部日記』に、「この式部の丞といふ人の、童にて書読み侍し時、聞きならひつゝ、かの人はをそう読みとり、忘るゝ所をも、あやしきまでぞさとく侍しかば、書に心入れたる親は、『口惜しう。男子にて持たらぬこそ幸なかりけれ』とぞ、つねに嘆かれ侍し」と見える。
(12) 村井康彦「国風文化の創造と普及」(『文芸の創成と展開』思文閣出版、一九九一年、初出一九七六年)、秋山光和・清水好子・村井康彦「座談会＊王朝文化とその時代」(『王朝文化断章』教育社、一九八五年、初出一九七七年)などを参照。
(13) 山下克明「遣唐請益と難義」(『平安時代の宗教文化と陰陽道』岩田書院、一九九六年、初出一九八九年)を参照。
(14) 本書第一部第一章を参照。
(15) 「開元戸部格残巻」所収の垂拱元年(六八五)八月二十八日勅(Tatsuro YAMAMOTO, On IKEDA, Makoto OKANO, *TUN-HUANG AND TURFAN DOCUMENTS I Legal Texts*, THE TOYO BUNKO, 1980)。
(16) 『唐律疏議』巻八、衛禁31越度縁辺関塞条。
(17) 本書第一部第四章を参照。
(18) 『大唐西域記』巻一二、瞿薩旦那国条。
(19) オーレル・スタイン(沢崎順之助訳)『中央アジア踏査記』(白水社、一九八四年)などを参照。
(20) 東野治之「遣唐使の諸問題」(『遣唐使と正倉院』岩波書店、一九九二年、初出一九九〇年)、佐伯有清「承和の遣唐使の人名の研究」(『日本古代氏族の研究』吉川弘文館、一九八五年、初出一九七八年)を参照。
(21) 『入唐求法巡礼行記』巻一、開成四年(八三九)二月二十日条。
(22) 『続日本後紀』承和六年(八三九)八月甲戌条。
(23) 『日本紀略』大同二年(八〇七)正月丙辰条。
(24) 宮崎市定「書禁と禁書」(『東西交渉史論』中央公論社、一九九八年、初出一九四〇年)を参照。
(25) 『冊府元亀』巻九九九、外臣部・請求、南斉武帝永明六年(四八八)条。
(26) 本書第二部第二章を参照。
(27) 杉本直治郎「吉備真備の将来献上した一百三十巻本の『唐礼』について」(『史学研究』四三、一九五一年)、太田晶二郎「吉備真備の漢籍将来」(『太田晶二郎著作集』一、吉川弘文館、一九九一年、初出一九五一年)を参照。
(28) 池田温「大唐開元礼解説」(『大唐開元礼　付大唐郊祀録』汲古書院、一九七二年)を参照。

(29)　森克己「日唐・日宋交通における史書の輸入」（『増補日宋文化交流の諸問題　森克己著作選集第四巻』国書刊行会、一九七五年、初出一九三九年）を参照。
(30)　『類聚三代格』巻一九、禁制事、神亀五年（七二八）九月六日勅。
(31)　『日本国見在書目録』に著録された漢籍の総巻数については諸説があるが、ここでは矢島玄亮『日本国見在書目録――集証と研究――』（汲古書院、一九八四年）の説に従っておく。
(32)　本書第一部第一章を参照。
(33)　本書第一部第二章、第四章を参照。
(34)　本書第一部第一章を参照。
(35)　『紫式部日記』には、「御前はかくおはすれば、御幸ひはすくなきなり。なでふ女か真名書は読む。むかしは経読むをだに人は制しき。」と紫式部が陰口を言われたことが書かれている。
(36)　川口久雄「寛弘期漢文学と源氏物語の形成」（『三訂平安朝日本漢文学史の研究』中、明治書院、一九八二年）、同「『源氏物語』における中国伝奇小説の影」（『西域の虎――平安朝比較文学論集――』吉川弘文館、一九七四年、初出一九五三年）などを参照。
(37)　川口久雄「唐代民間文学と枕草子の形成」（『三訂平安朝日本漢文学史の研究』中、明治書院、一九八二年）、同「『李商隠雑纂』と『清少納言枕草子』について」・同「『枕草子』の文体における俗文学的様式」（『西域の虎――平安朝比較文学論集――』吉川弘文館、一九七四年、初出一九五四・七一年）などを参照。
(38)　飯沼清子「藤原道長の書籍蒐集」（『風俗』二七―二、一九八八年）、同「寛弘年間の道長と元白集」（『国学院大学日本文化研究所報』一四一、一九八八年）などを参照。
(39)　西嶋定生「東アジア世界と日本史」（李成市編『古代東アジア世界と日本』岩波書店、二〇〇〇年、初出一九七五～七六年）などを参照。
(40)　田島公「海外との交渉」（橋本義彦編『古文書の語る日本史　平安』筑摩書房、一九九一年）、石井正敏「一〇世紀の国際変動と日宋貿易」（田村晃一・鈴木靖民編『新版　古代の日本　②アジアからみた古代日本』角川書店、一九九二年）などを参照。

（補註1） 唐関市令においては、蕃客が帰国するにあたって、禁制品の持ち出しがないか所持品の届け出が規定されていた（本書第一部第三章および補論三を参照）。恐らく、帰国に際して支給された過所（公憑）か、その付属文書に所持品のリストが記載され、出国にあたって不正な持ち出しがないか所持品検査が行われていたと考えられる。詳しい論証は別の機会に譲りたいと思うが、入唐僧の将来目録などに刺史の印信が加えられているのは、出国地の刺史による持ち出し書籍のチェックが行われていたことを示していると考える。なお、これに関連して、仏典などの国外持ち出しの許可を台州刺史に求めた天台僧維蠲の書状を取り上げた東野治之『遣唐使』（岩波書店、二〇〇七年、二八〜四〇頁）を参照されたい。

（補註2） 奈良時代の漢籍の流入状況については、本書第二部第二章を参照。なお、本章で述べた「唐代の書禁」については、坂上康俊氏の批判（「書禁・禁書と法典の将来」『九州史学』一二九、二〇〇一年）があるが、その反論も第二部第二章で行った。書禁が無かったとされる坂上氏だが、氏には唐開元七年令および二十五年令は日本に舶載されなかったことを論証された研究（「舶載唐開元令考」『日本歴史』五七八、一九九六年）がある。氏は、天平年間以降、令による改変を控え格によって法条を変更するという唐の立法方針が理解されたためとされるが、完成度の高い開元二十五年律令をあえて将来しない理由としては薄弱ではないだろうか。むしろ、書禁など何らかの理由により、開元七年令および開元二十五年律令は日本に舶載できなかったと考えるのが自然のように思われる。

（補註3） 西村さとみ氏は、「外国文化が日本の社会に定着・浸透するためには、つねにこのような『国風化』が行われたのであり、この平安時代中期に限ったことではない」という本章旧稿の一文を捉えて、本章の考察がこの時期におきた現象の歴史性を無視しているかのような行論をされている（「古典文化と国風文化」『平安京の空間と文学』吉川弘文館、二〇〇五年、一〇頁）が、西村氏の誤解である。輸入文化の「国風化」という現象は平安時代中期には限らないとは述べたが、この時期の文化の特殊性・歴史性を否定するものではない。本書第二部第三章の終りで述べているように、「国風文化」成立にはこの時代のさまざまな要因が存在していたことを指摘している。

あとがき

本書に収めた論文のうち、一番古いものは第一部第一章の「律令国家の対外方針と「渡海制」」（初出一九九一年）であり、その次に古いものが終章の「文化受容における朝貢と貿易」（初出一九九二年）である。すなわち、本書の骨組みは一九九二年の段階でほぼ出来上がっていたのであり、それ以来、筆者の研究はそれほど進歩していないということになる。この間、日本古代の対外関係史研究においては、大家の著作が相次ぎ、優秀な若手研究者が続々と登場し、研究水準は飛躍的に向上してきている。こうした状況の中で、時代に乗り遅れた本書を刊行する意義がどれほどあるのか疑わしく思われるが、事ここに至っては、読者の評価に任せるほかはないだろう。

本書を吉川弘文館から出版して頂けることになったのは、故佐伯有清先生のお口添えがあったからと伺っている。当時編集部の企画担当次長であった大岩由明氏からお送り頂いた出版依頼状には、「平成八年四月五日」という日付があることから、もう十二年も前のことになる。佐伯先生は、その後十年もの間、絶えず筆者に早く本をまとめるように励まし続けて下さったが、二〇〇五年七月にお亡くなりになられた。先生の生前に、本書を完成できなかったことは、痛恨の極みである。天上の先生に、本書の上梓をご報告申し上げるとともに、不明不敏を心からお詫びしたいと思う。また、長年にわたって筆者を督促し続け、辛抱強く原稿を待って下さった大岩氏には深甚なる感謝の意を表したい。

人生五十年にして、ようやくこの貧しい一書を成すことができたが、ここに至るまでには、実に多くの方々からさまざまなご恩を蒙った。そのすべての方のお名前を挙げることはできないが、大学入学以来公私にわたってご指導を仰いでいる笹山晴生先生のお名前を逸することはできない。故土田直鎮先生、青木和夫先生、池田温先生をはじめとする諸先生のご教導、そして国史研究室の諸先輩・同学諸氏から受けたご教示と刺激も、忘れることはできない。畏友大津透氏、丸山裕美子氏と一緒に研究を始めることができたのも、筆者にとって幸せであった。また、いつも忌憚無く拙論をご批判下さる坂上康俊氏は、実はもっとも面倒見のよい先輩である。お名前を挙げることの出来なかった方々と併せて、ここにお礼申し上げる。

最後になるが、本書の校正を手伝って下さった吉永匡史氏、製作を担当して頂いた慶友社の桑室一之氏、および吉川弘文館編集第一部の重田秀樹氏には、多大なご面倒をおかけした。適確かつ丁寧なお仕事に、改めて感謝する次第である。

二〇〇八年四月十八日

榎本淳一

著者略歴

一九五八年　秋田県に生まれる
一九九一年　東京大学大学院人文科学研究科博士課程単位取得退学
現在　工学院大学工学部共通課程教授

〔主要論文〕

律令賤民制の構造と特質（『中国礼法と日本律令制』東方書店、一九九二年）
養老律令試論（『日本律令制論集』上巻、吉川弘文館、一九九三年）
日唐賤民の身分標識について（『日本律令制の構造』吉川弘文館、二〇〇三年）

唐王朝と古代日本

二〇〇八年（平成二十）七月一日　第一刷発行
二〇二〇年（令和二）五月十日　第二刷発行

著者　榎《えの》本《もと》淳《じゅん》一《いち》

発行者　吉川道郎

発行所　株式会社　吉川弘文館
郵便番号一一三―〇〇三三
東京都文京区本郷七丁目二番八号
電話〇三―三八一三―九一五一〈代〉
振替口座〇〇一〇〇―五―二四四番
http://www.yoshikawa-k.co.jp/

印刷＝株式会社　理想社
製本＝株式会社　ブックアート
装幀＝山崎　登

ISBN978-4-642-02469-3

索　　引

1. 本索引は，Ⅰ．研究者索引，Ⅱ．史料・書名索引，Ⅲ．事項索引から成る．
2. Ⅰにおいて，中国人・韓国人研究者名は，日本語の漢字音に拠って排列した．
3. Ⅱにおいて，表4〜6掲載の書名は取り上げていない．
4. Ⅱにおいて，引用回数の極めて多い律令関係の史料については，条文ないし編目名の明示されているものだけを取り上げた．(「律」「令」「律令」「開元令」「天聖令」「養老令」などの項目は設けていない．)
5. Ⅲにおいては，事項だけでなく，人名（研究者以外）も取り上げている．

Ⅰ．研究者索引

あ　行

か　行

さ 行

た 行

な 行

は 行

ま　行

や　行

ら　行

わ　行

II. 史料・書名索引

あ 行

か 行

さ 行

た　行

な　行

は　行

ま　行

や　行

ら　行

わ　行

Ⅲ. 事項索引

あ　行

か　行

さ　行

た　行

な　行

は　行

ま　行

や　行

ら　行

わ　行